新文科背景下的
外语教学与研究
（2023）

刘 影 关 涛 刘明宇 ◎ 主编

首都经济贸易大学出版社
Capital University of Economics and Business Press
·北京·

图书在版编目（CIP）数据

新文科背景下的外语教学与研究.2023 / 刘影，关涛，刘明宇主编. -- 北京：首都经济贸易大学出版社，2023.8

ISBN 978-7-5638-3588-1

Ⅰ.①新… Ⅱ.①刘… ②关… ③刘… Ⅲ.①外语教学—教学研究—文集 Ⅳ.①H09-53

中国国家版本馆CIP数据核字（2023）第164384号

新文科背景下的外语教学与研究（2023）
XINWENKE BEIJING XIA DE WAIYU JIAOXUE YU YANJIU（2023）
刘　影　关　涛　刘明宇　主编

责任编辑	杨丹璇
封面设计	砚祥志远·激光照排　TEL：010-65976003
出版发行	首都经济贸易大学出版社
地　　址	北京市朝阳区红庙（邮编100026）
电　　话	（010）65976483　65065761　65071505（传真）
网　　址	http://www.sjmcb.com
E - mail	publish@cueb.edu.cn
经　　销	全国新华书店
照　　排	北京砚祥志远激光照排技术有限公司
印　　刷	北京建宏印刷有限公司
成品尺寸	170毫米×240毫米　1/16
字　　数	296千字
印　　张	20
版　　次	2023年8月第1版　2023年8月第1次印刷
书　　号	ISBN 978-7-5638-3588-1
定　　价	79.00元

图书印装若有质量问题，本社负责调换

版权所有　侵权必究

目 录

第一篇　教学类 ································· 1

课程思政如何融入大学外语教学课堂设计 ···············3

浅谈影响大学生提高英语听力水平的主要因素 ············8

以阅读圈为特色的师生共建英语课堂实践探索 ············11

大学英语教学中的美育实施路径探究

　　——以《新标准大学英语综合教程3》为例 ··········15

大学英语视听说课程思政教学探究 ··················19

大学英语学习中长难句攻克策略 ···················23

语言·思辨·思政——三位一体大学英语教学模式之一

　　——理论研究 ··························27

语言·思辨·思政——三位一体大学英语教学模式之二

　　——实践研究 ··························30

国际商务谈判英语词汇特点浅析 ···················34

大学英语六级翻译中的错误分析及应对策略

　　——以"京剧"的翻译为例 ··················37

教育数字化转型背景下的翻译教学 ··················40

新文科背景下大学英语教学模式的探索与创新 ············43

二语课堂支架式教学中的教师角色 ··················47

人工智能背景下大学英语教学变革的发展展望 ············52

翻译工作坊在口译教学中的应用 ···················56

阅读教学中的思辨能力培养 …………………………………………… 59
本科西班牙语文学课程中的课程思政元素初探
　——以 *A Juan Ramón Jiménez* 和《我爱这土地》为例 ………… 63
浅谈 CET-6 翻译题型 …………………………………………………… 70
跨文化视角下大学英语课程思政建设初探 …………………………… 74
基于测试使用论证的研究生公共英语修辞测试 ……………………… 77
浅谈拼图式阅读在大学英语教学中的应用 …………………………… 81
"产出导向法"视域下基于课文材料的分级写作任务设计
　——以《捉螃蟹》为例 ………………………………………………… 84
数字化转型背景下的大学英语教学 …………………………………… 88
新文科建设视阈下"商务西班牙语"课程改革路径研究 …………… 92
如何引导学生利用 TED 演讲视频提高英文思辨能力？……………… 95
POA 理论下大学英语课程思政"三位一体"教学探究 ……………… 99
西班牙语语法教学数字化初探 ………………………………………… 103
略论大学英语教师的信息素养 ………………………………………… 107
浅析人工智能赋能大学英语教学 ……………………………………… 112
中国高校跨文化教育资源研究（RICH-Ed）项目对中国
　大学外语教学方法共同构建的启示 ………………………………… 116
"跨文化商务沟通"思政教学探索 …………………………………… 121
大学外语智慧课堂的构建研究 ………………………………………… 125

第二篇　翻译和语言学类 …………………………………………… 129

国家形象网宣片《PRC》的翻译策略研究 …………………………… 131
2023 年政府工作报告英译句式中主语的调整 ………………………… 137
以《动物建筑师》为例浅谈纪录片文本汉译英的特色 ……………… 143
"合法"一词翻译探究——以《民法典》英译本为例 ……………… 147
目的论视角下"一带一路"时政新闻翻译 …………………………… 151

目录

网络流行语的构成方式与翻译策略····················· 155

隐喻视角下外宣新闻的翻译研究

　　——以"一带一路"相关新闻报道为例············· 159

探微秘塔对翻译的挑战

　　——以《联合国船舶司法出售国际效力公约》的几个术语为例···· 163

从关联理论的角度探讨《深圳经济特区平安建设条例》的英译······· 166

形合与意合视角下产品说明书的翻译···················· 171

重新语境化视角下企业简介翻译

　　——以华为为例····························· 176

商标名称的翻译方法································ 180

芒迪 Introducing Translation Studies 评介············ 185

顺应论视角下致辞翻译研究

　　——以 2021 小米董事长致辞为例················· 189

文化翻译理论视角下字幕中的文化负载词英译研究

　　——以电影《长津湖》为例····················· 193

新闻中部分高频前缀的语义探究······················· 198

翻译规范理论下我国大学校训的英译策略················ 202

委婉语在商务交际中的应用和翻译····················· 208

关联翻译理论视域下的外宣文本翻译研究

　　——以《新时代的中国绿色发展》白皮书为例········· 215

静态对等理论下的法律文本英译探析

　　——以《中华人民共和国个人所得税法》为例········· 221

立法文本翻译思维视角下《民法典》英译本的对比研究······· 227

我国强奸罪立法文本汉英语言对比分析·················· 231

英语法律文本中被动语态的翻译研究··················· 235

重新语境化视角下化妆品介绍的汉译研究················ 238

抽象与具体表达在商务广告翻译中的运用················ 242

谈汉英翻译中意合到形合的转变策略
　　——以《习近平谈治国理政》英译本为例 ················ 246
浅析英语商务广告文体的特点 ································ 250
从接受美学角度谈商标的翻译 ································ 253
浅析党的二十大报告热词的英译 ······························ 258
汉西视译非流利现象产生原因探究 ···························· 262

第三篇　文学、文化、教育、社会类等 ················ 265

由疫情下外教到岗难对国内教师教学方式的反思 ················ 267
高校智慧校园建设中的挑战与反思
　　——以北京某大学为例 ·································· 271
论沙盘疗法在高校心理健康团体活动中的应用 ·················· 275
法国地方语言研究初探 ······································ 280
浅谈大学生日语学习情况和动漫的联系 ························ 285
"产出导向法"视域下培养大学生中华文化传播能力的探索
　　与实践 ·· 289
简析莎剧语言的音韵美 ······································ 293
背后的真相
　　——从奈保尔获诺奖谈起 ································ 297
人工智能技术应用于英汉同声传译的前景分析 ·················· 302
未完结的旧梦：论《$10\frac{1}{2}$ 章世界史》中的叙梦文本 ············ 305
浅析中国、阿根廷茶文化中蕴含的民族共性 ···················· 309
涩泽荣一和日本的商业教育 ·································· 312

第一篇

教学类

第一篇

光室内

课程思政如何融入大学外语教学课堂设计

艾丽娜[①]

> **摘 要**：以立德树人为根本任务的"课程思政"教育理念日益受到外语学界关注。有关大学外语课程思政的研究和实践不断涌现，对广大一线教师理解和实施大学英语课程思政大有裨益。教育部高等学校大学外语教学指导委员会于2021年开始着手制定《大学外语课程思政教学指南》（以下简称《课程思政指南》）。《课程思政指南》对大学外语课程思政教学目标、教学内容、教学设计、教学方法与手段等均提出明确要求。为了更好地落实指南的要求，本文以《新标准大学英语综合教程》为例，探讨课程思政与教学设计的融合。
>
> **关键词**：课程思政；教学设计；立德树人

1 课程思政内涵

习近平总书记（2018）在全国教育大会上提出："要把立德树人融入思想道德教育、文化知识教育、社会实践教育各环节，贯穿基础教育、职业教育、高等教育各领域，学科体系、教学体系、教材体系、管理体系要围绕这

[①] 艾丽娜，北京工商大学外国语学院讲师，主要研究方向为英语教育。

个目标来设计,教师要围绕这个目标来教,学生要围绕这个目标来学。凡是不利于实现这个目标的做法都要坚决改过来。"课程思政在本质上是一种教育,目的是实现立德树人。"育人"先"育德",注重传道授业解惑、育人育才的有机统一,这一直是我国教育的优良传统。思想政治教育是做人的工作,解决的是培养什么样的人、如何培养人的问题,是我们党和国家的优良传统及各项工作的生命线。课程思政始终坚持以德立身、以德立学、以德施教,注重加强对学生的世界观、人生观和价值观的教育,传承弘扬中华优秀传统文化,积极引导当代学生树立正确的国家观、民族观、历史观、文化观,从而为社会培养更多德智体美劳全面发展的人才,为中国特色社会主义事业培养合格的建设者和可靠的接班人;同时,增强学生的中国特色社会主义道路自信、理论自信、制度自信、文化自信,立志肩负起民族复兴的时代重任。要在加强品德修养上下功夫,教育引导学生培育和践行社会主义核心价值观,踏踏实实修好品德,成为有大爱大德大情怀的人。要在增长知识见识上下功夫,教育引导学生珍惜学习时光,心无旁骛求知问学,增长见识,丰富学识,沿着求真理、悟道理、明事理的方向前进。育人先育德、德才兼备就是课程思政的核心内涵。

2　大学英语课堂思政教育的必要性

2020年颁布的《大学英语教学指南》明确指出,大学英语课程兼具工具性和人文性,人文性的核心是以人为本,弘扬人的价值,注重人的综合素质培养和全面发展,将社会主义核心价值观有机融入大学英语教学内容。大学英语课程的工具性是人文性的基础和载体,人文性是工具性的升华[1]。外语课堂是大学生接触外国思想文化和意识形态的主要场所,他们对外国文化充满好奇与探究的渴望,因此一线外语教师责任重大。我们要始终以"立德树人"为首要目标,在教学设计中深挖思政元素,指引学生客观准确地理解外国元素,对外国元素有客观的理解力和共情力,尊重差异,认同本民族文化,尊重其他民族文化,相互借鉴,求同存异。外语课堂不能一味地吸收外国文化，也要提倡中国文化对外国文化的影响，培养学生的道德品质、爱国情怀与文化自信。

公元前8世纪至公元2世纪，中国丝绸源源不断地通过"丝绸之路"运往欧洲。通过丝绸贸易，中国文化对西方产生了重大影响。唐宋时期起，"海上丝路"贸易往来频繁，西方国家开始大批进口中国瓷器。18世纪时，中国瓷器在西方已经拥有了较大的市场，收藏中国瓷器成为一种时尚。元朝时期，大批的西方旅行家和传教士来到中国，其中最著名的是马可·波罗，他的《马可·波罗游记》在西方引起了极大的反响，掀起了一股东方热、中国流，激发了欧洲人此后几个世纪的东方情结。从17世纪开始，中国的一些儒家经典，如《论语》《大学》等，就通过法国传到了欧洲其他国家，直接或间接地影响了法国的启蒙运动及德国的辩证法思想。法国18世纪的启蒙思想家对中国文化的推崇程度让我们到现在都感到震惊，比如伏尔泰就在礼拜堂里供奉着孔子的画像，把孔子奉为人类道德的楷模。18世纪以来，中国的古典小说开始在西方国家翻译和传播。走出国门的第一部长篇小说《好逑传》，颇受德国文豪歌德的青睐。19世纪，我国四大名著的英译活动就已开始，不同程度地影响了西方文学的发展，并在西方读者心目中成为经典。21世纪以来，汉语推广在世界范围内掀起了一股"中国热"。由此可见，中国文化对世界文化的影响悠远。大学外语教师在传播外国文化的同时，要树立文化自信，用外语这个工具培养学生正确的道德观和价值取向以及跨文化反思力，使学生既能对本土文化进行客观的评价，也能对外来文化予以公允的鉴别，既不崇洋媚外，也不妄自尊大。这就是大学英语课堂融入课程思政的必要性。

3 融入思政元素的课堂设计

一直以来，外语教学重点围绕听、说、读、写能力的培养以及语言文化知识的传播，外语教学的目的就是培养学生的外语技能。而现在的教学目标正在悄然发生变化，我们要以大学外语课堂为载体，深挖教材中的思政元素，对教材内容深耕选择。教师要精选语篇，通过挖掘文章中蕴含的人文精神、社会责任、个人品格等主题，培养学生的人文素养、道德情操、意志品质，坚定学生的理想信念。

《新标准大学英语综合教程3》第三单元介绍不同文化的童年。本文认为童年是一种处于变化之中的社会现象，具有持续的吸引力，并且不断受到关注。从跨文化角度来看待这个问题能展示出世界上各种各样的童年生活，并警示我们不要随意干涉或指责那些生活方式及世界观跟我们不一样的人。这篇文章与同学们的生活贴近，可能会引起他们的兴趣。在课堂设计时，可以引导学生们介绍自己的童年生活，讨论何种文化背景造就这样的童年，并鼓励同学们探讨地域差异、家庭背景、生活经历对童年生活的影响，最后对自己的童年生活作出理性、客观的理解。同学们可能会有幸福的童年也有不幸的童年。教师应对个别学生进行关注。对幸福指数很高的学生，要引导他们感恩。对经历不幸童年的学生，要鼓励他们阳光、积极地面对过往，所遭不幸均是人生体验，不怨怼，不放弃，前路充满希望。同时结合课文，比较中英两国的童年差异。以看管孩子为例，在英国，14岁以下的儿童在没有成人监督的情况下照看其他孩子是非法的，因为人们认为他们缺少看护孩子的能力和责任心。而在中国，一个有两个以上孩子的家庭里，大孩子帮忙照顾幼小的孩子的现象是普遍被接受的，并且人们认为这是家庭责任感的体现。在照顾孩子这个问题上，中英两国存在文化碰撞。这是一个非常好的思政元素，可以在课堂上进行深挖，通过比较文化差异，培养学生的文化理解力、共情力、反思力。《新标准大学英语综合教程2》第一单元对比了过去的大学生活和现在的大学生活，主要以欧洲和美国的大学为例。我们在课堂设计时，可以首先介绍西方国家的教育制度、大学的教学方式，既结合了教材，又开阔了视野；同时引导学生自由讨论中国大学的前世今生、大学生精神面貌的变化，从而帮助学生理解当代大学生"立德"的重要性。第七单元是战争主题，引导同学们批判地理解战争的目的和后果，培养有格局的爱国情操，避免个别同学盲目激进，好勇斗狠。还可以引申对"战争"的理解，比如人与病毒的战争，鼓励学生们珍惜当下，感恩那些负重前行的英雄。由此可见，大学英语课堂是一个窗口，既可以向外看，拓宽视野，增加见识；也可以向内看，培养批判式思维。课程与思政密不可分，这一点在大学英语课堂上得到了很好的体现。课程思政不是在教学中生硬插入的，而是自然融合的。大学英语是帮助学生向外看的工具，但要立身在内，立德在内。

4 结语

综上所述，大学英语课程对大学生的未来发展具有现实意义和长远影响，学习英语有助于学生树立世界眼光，培养国际意识，提高人文素养，同时为学生的潜能发挥和全面发展提供基本工具，为迎接全球化时代的挑战和机遇做好准备。大学英语课程是高等学校人文教育的一部分，兼具工具性和人文性双重属性。外语教学不仅讲授外语语言技能和外国文化，我们可以利用这个平台，在学生的思想政治教育方面发挥其得天独厚的优势，全方位地引导、关爱和教育学生，培养学生坚定的中国特色社会主义理想信念以及正确的思辨能力，形成正确的世界观、价值观和人生观。在了解外国文化的同时，新时代的外语教育更要教会学生如何输出中国文化，如何做好中国人，办好中国事，讲好中国故事。

参考文献

[1] 教育部高等学校大学外语教学指导委员会. 大学英语教学指南（2020版）[M]. 北京：高等教育出版社，2020.

浅谈影响大学生提高英语听力水平的主要因素

陈秀珍[①]

> **摘　要**：很多大学生从很小就开始学习英语。熟练掌握英语词汇，努力提高自身的英语听、说、读、写和翻译技能，一直是他们努力的方向。学习英语，首先要从听开始。作为语言输入的方式之一，大量练习听是非常有效的英语学习方式。但是，仍然有很多大学生听力水平没有达标，不能够在跨文化人际交往中实现顺利沟通的目标。影响大学生提高英语听力水平的因素有很多，本文重点讨论笔者在多年教学过程中发现的几个主要因素。
>
> **关键词**：听力水平；影响；因素

很多大学生从很小就开始学习英语。熟练掌握英语词汇，努力提高自身的英语听、说、读、写和翻译技能，一直是他们努力的方向。学习英语，首先要从听开始。作为语言输入的方式之一，大量练习听是非常有效的英语学习方式。但是，笔者在多年的大学英语实践教学过程中发现，在大学生中，有相当多的人在大学英语四、六级考试中的听力理解题目的得分率最低（相比其他三个题型）。在跨文化交往中，他们的听力理解能力不能帮助他们实

[①] 陈秀珍，北京工商大学外国语学院讲师，主要研究方向为应用语言学、跨文化交际。

现顺畅沟通的目标。

《大学英语教学指南（2020版）》中对基础目标的听力理解能力作出了明确说明："能听懂语速正常、有关一般性话题的音视频材料和题材熟悉的讲座，掌握中心大意，获取要点和细节，明确其中的逻辑关系，理解话语的基本文化内涵；在收听、观看一般性话题的英语广播、电视节目时，能理解其主要内容；能听懂用英语讲授的相应级别的英语课程；能听懂与工作岗位相关的常用指令、产品介绍或操作说明等。能运用基本的听力技巧。"[1]笔者通过分析自己所任教班级学生的大学英语四级考试成绩发现，很多大学生无法达到《大学英语教学指南（2020版）》中对基础目标的英语听力水平提出的要求。他们普遍感到提高听力理解水平非常困难。本文重点讨论在多年教学过程中发现的影响大学生提高英语听力水平的几个主要因素。

1　词汇量不够

众所周知，想要提高英语整体水平，最基础的部分就是掌握足够的词汇。在熟练掌握适量词汇的基础上，才能通过大量练习，提高听力理解水平。大学英语教学大纲要求，非英语专业的大学生需要掌握大约5 500个生词，其中能够熟练运用的词要达到2 500个左右。笔者在教学过程中发现，仅词汇量这一点，就有不少学生不能达到要求，不仅需要熟练运用的词汇量不足，而且掌握的整体词汇量也没有达到5 500个词左右，有的学生词汇量甚至更低。造成以上结果的原因各种各样：有的学生主观上不爱记单词，不能主动背记达标所需要的词汇；有的学生没有反复复习所记单词，对所背诵的词汇生疏。背单词需要长期积累，有的学生试图"走捷径"，期待通过短时间内突击背诵单词来达成目标，结果未能如愿。

2　练习量不足

听力水平的提高是一个缓慢积累的过程。有些大学生在学习英语的过程中没有注重平时的练习，不能按照任课老师的要求每天练习听力半小时，对英语语音材料的了解不够多也不够熟悉，在收听、观看一般性话题的英语广播、电视节目时，对所听到的内容无法抓住重点或者细节，无法理解视听材料的大意。听力水平的提高是一个由量变到质变的过程。只有时常练习，才会真正熟悉所学词汇，最终达到一听就懂的目标。

3　练习所用的视听材料语速过慢

有的学生平时练习时听的是慢语速的视听材料，久而久之养成了习惯，结果对正常语速的听力内容反应不过来。在日常交流中，放慢语速基本都是在特定情况下进行的，比如为了强调所说的内容，或者为了让对方听得更清楚。在实际生活中，人们很少有意放慢语速讲话。因此，学习英语听力，不能只习惯于听慢速英语，要逐步过渡到常速英语，如此才能练好听力。

4　发音不标准

笔者在教学过程中了解到，学生中几乎有一半在入学前没有系统地学习过国际音标，也没有很好地学习过自然拼读。学生在遇到生词时不会读或者发音不准确。当他们在练听力的过程中听到那些词汇时，分辨不出是哪个单词，甚至造成对该词汇的错误理解（比如：因为发音问题，把 A 词听成了 B 词），这样直接影响了他们对篇章里部分内容的正确理解。

综上所述，影响大学生提高听力水平的因素很多，笔者在此不一一赘述。要想在大学阶段提高英语听力水平，没有捷径可走。只有持续不断地努力，慢慢积累，才能在国际交流中听懂对方以正常语速所讲的内容。

参考文献

[1] 教育部高等学校大学外语教学指导委员会. 大学英语教学指南（2020 版）[M]. 北京：高等教育出版社，2020.

以阅读圈为特色的师生共建英语课堂实践探索

董 玥[①]

> **摘 要**：英语阅读的过程是意义建构的过程。在英语阅读课堂中，教师要鼓励学生自主对文本内容进行意义建构，创造机会让学生表达和交流想法。阅读圈就是一种有效的教学方式。本文以北京某高校英语专业学生的英语商业报刊选读课程为例，阐述阅读圈应用于英语阅读课堂的过程，提出"以阅读圈为特色的师生共建英语课堂"概念，希望在教师的课堂组织和引导下，学生能真正成为英语阅读的行动者、参与者和享受者。
>
> **关键词**：英语阅读；意义建构；阅读圈；师生共建课堂

1 引言

阅读的过程是意义建构的过程[1]。读者在阅读时不是被动地接收文字信息的，而是主动与文本互动，对作者有意传递的信息进行意义重构[2]。在英语阅读课堂中，教师要鼓励学生自主解读文本信息，让学生有机会表达他

[①] 董玥，北京工商大学外国语学院讲师，主要研究方向为外语教学、英汉翻译理论与实践。

们对文本的理解与看法。而阅读圈这一教学方式可以在最大程度上将阅读的意义建构过程还给学生。本文以北京某高校面向英语专业大三年级学生开设的英语商业报刊选读课程为例，阐述阅读圈在英语阅读课堂中的实施过程，提出"以阅读圈为特色的师生共建英语课堂"概念。

2 阅读圈

阅读圈（reading circles）即阅读讨论小组，是一种以"学习者为中心"，将自主阅读与合作学习结合起来的阅读活动。阅读圈通常由四至五人组成，每个成员承担的角色和职责不同，常见的角色有讨论组长（discussion leader）、文章概括者（summarizer）、词汇大师（word master）、篇章解读者（passage person）和生活联系者（connector）等[3]。小组成员独立阅读同一篇文章，从不同角度出发解读文章内容，完成各自任务后进行分享交流[4]。

阅读圈最早应用于以母语为英语国家的课堂教学，后来逐渐普及于以英语作为外语和第二语言教学的课堂环境中[5]。英语阅读课堂开展阅读圈活动，有助于学生自主解读文本内容，在意义建构的过程中形成独到认识，同时在合作学习中分享交流，开阔眼界，收获新感悟。

3 以阅读圈为特色的师生共建英语课堂

报刊阅读课程是本科英语专业阅读课程的补充与拓展，通常作为选修课面向高年级学生开设。下面以笔者所授英语商业报刊选读课为例，介绍阅读圈实施过程和"以阅读圈为特色的师生共建英语课堂"概念。

3.1 教师介绍阅读圈概念，学生组成阅读圈小组

在报刊选读第一节课上，教师向学生介绍阅读圈概念和角色职责，并以一篇英文报刊文章为例，展示讨论组长、文章概括者、词汇大师、篇章解读者和生活联系者五个角色的任务，带领学生初步了解阅读圈实施过程。例如：讨论组长负责准备与主旨大意相关的问题，确保成员在讨论过程中积极发言；文章概括者负责概括段落大意，梳理逻辑结构；词汇大师和篇章解读

者选择重点词句进行讲解；生活联系者从自身经历或时事热点出发，分析文章反映的现实问题或探讨文章主题对读者的启发。

随后，教师组织学生组成阅读圈小组，提前布置下节课所学报刊文章。小组成员自行选择角色，以幻灯片的形式提交各自任务成果，由讨论组长在课前将本组阅读圈作业汇整好提交给教师。

3.2 阅读圈小组讨论汇报，师生点评共建课堂

教师于课前浏览各阅读圈小组作业，从中选择一组给予书面反馈，并邀请该组学生在课上面向全班做口头汇报。课上，学生首先进行组内讨论，组员认真聆听，必要时进行提问和探讨。

随后，课前被教师选中的阅读圈小组进行课堂汇报，每一位成员均从各自角色出发分享他们对文章的理解。这是学生在对文本内容进行意义建构之后的汇报分享，目的是打破小组之间的藩篱，鼓励学生表达想法，同时和其他小组交换意见。例如，当文章概括者运用思维导图展示文本逻辑后，其他小组可以进行点评或分享本组是如何梳理文章结构的。此时，教师也会与学生一起讨论并作出点评，和学生一起创建阅读课堂。

3.3 教师展示阅读圈作业，师生讲解共建课堂

阅读圈小组完成课上讨论和课堂汇报后，教师带领学生再次分析文章主题和逻辑结构，深入讲解重难点词句，帮助学生进一步提高阅读理解能力。

教师于课前阅读和挑选各组阅读圈作业，将优秀作业融入授课内容，课上先请学生讲解，然后进行拓展补充。例如，在学习主题为"Z世代毕业生求职现状"的一篇外刊文章时，一位篇章解读者选择了这句话进行分析："Now technology bosses are more willing than their opposite numbers in finance to let employees work from home." 该生在阅读圈作业里重点分析了"opposite numbers"的含义和用法，而这一短语恰恰是笔者希望学生掌握的语言点。因此，笔者首先在课上展示这位学生的作业，请学生先讲解，然后进行点评和补充。值得一提的是，学生此前并不知道作业会被教师选中展示，所以通

常会满怀期待地关注课堂，而当看到自己的作业得到教师肯定时，往往会带着欣喜之情进行讲解与分享。这一做法的实质是把阅读课堂还给学生，在教师的组织和引导下邀请学生与教师一起共建阅读课堂。

4 结语

阅读圈是一种把阅读的意义建构过程还给学生的学习形式。阅读圈小组学习有利于学生自主解读文本和表达观点，在合作中增长见识，收获感悟。教师要引导和带领学生了解阅读圈实施过程，在学生讨论汇报时给予点评反馈，将学生的阅读圈作业转化为教学资源并融入课程内容，邀请学生讲解。"以阅读圈为特色的师生共建英语课堂"能使学生成为积极的阅读者和思考者，在参与课堂的过程中享受英语阅读的乐趣。

参考文献

[1] 陈则航, 李翠. 阅读圈在英语阅读教学中的应用 [M]. 北京: 外语教学与研究出版社, 2021: 1.

[2] NUNAN D. Teaching English to speakers of other languages: an introduction [M]. New York and London: Routledge, 2015: 63.

[3] FURR M. Bookworms club bronze: stories for reading circles [M]. Oxford: Oxford University Press, 2007: 78–83.

[4] DANIELS H. Literature circles: voice and choice in book clubs and reading groups [M]. 2nd ed. Portland: Stenhouse Publishers, 2002: 2.

[5] SHELTON-STRONG S. Literature circles in ELT [J]. ELT journal, 2012, 66 (2): 214.

大学英语教学中的美育实施路径探究
——以《新标准大学英语综合教程3》为例

范惠璇[①]

> **摘　要**：在立德树人背景下，美育是实现人才全面发展的重要环节。大学英语教学中的美育渗透是一个潜移默化的过程。本文以《新标准大学英语综合教程3》（以下简称《综3》）为例，从语言美、文化美和实践美三方面就美育的实施进行了探讨。
>
> **关键词**：美育；大学英语教学；《新标准大学英语综合教程3》

著名教育家蔡元培认为："美育的范围，并不限于几个科目，凡是学校所有的课程，都没有与美育无关的。"[1]大学英语教学语料包罗万象，涉及社会、历史、地理和艺术等领域，是开展审美教育的一方沃土。将美育因子有机地融入大学英语课堂，是提高学生文化素养、培养学生健全人格的有效途径。

1　深挖教材美育元素，品赏英语语言之美

韵律是英语语言的艺术魅力之一。音节、节奏、重音、押韵和声调等诸

[①] 范惠璇，北京工商大学外国语学院讲师，主要研究方向为外国语言学及应用语言学。

多因素协同作用所形成的韵律艺术会生成特殊的音响效果，进而产生巨大的语言感染力。英语诗歌更以其灵活多变的词序和错落有致的节奏将韵律美体现得淋漓尽致。在教材学习之余辅之以英诗朗诵，有助于学生更直观地感受语言蕴藏的深厚情感，提升语言审美能力。例如，笔者在讲授《综3》第一单元 We are all dying 中，围绕文章主题"美景易逝，珍惜时光"，延伸介绍了美国著名现代诗人罗伯特·弗罗斯特的短诗 Nothing Gold Can Stay，原诗如下[2]：

> Nature's first green is gold,
> Her hardest hue to hold.
> Her early leaf's a flower;
> But only so an hour.
> Then leaf subsides to leaf.
> So Eden sank to grief,
> So dawn goes down to day.
> Nothing gold can stay.

全诗共八行，每两行末尾的韵脚一致。以同样的"元音+辅音"组合（gold/hold）或同样的元音（day/stay）结尾，形成了清晰的押韵形式"aa bb cc dd"，读之朗朗上口，富有乐感。此外，头韵特征在第二行尤为明显。在第二行 Her hardest hue to hold 中，清辅音 /h/ 在词首重复了四次，发音时气流持续逸出口腔，在声门产生轻微摩擦，闻之仿若悠长叹息，与诗人目睹美景稍纵即逝而生发的怅然之情相吻合，有效地渲染了气氛。学生在英诗吟诵过程中，不仅练习了英语语音语调技巧，亦能共情文字背后的抒情写意，感悟语言之美。

2 综合利用信息技术，饱览中西文化之美

语言教学兼具工具性与人文性，大学英语课堂既是传授英语语言知识的主阵地，也是学生了解西方优秀文化的一扇窗。在当前数字化时代背景下，

善用互联网资源、灵活调度信息技术为理解中西文化、增强文化自信注入了新的活力。例如，笔者在讲授《综3》第三单元 Art for art's sake 中，借助数字化博物馆在线馆藏，如美国大都会博物馆、美国国家艺术馆、中国国家博物馆数字展厅和中国美术馆在线讲堂等平台，连同云端课堂与世界知名高校公开课，如央视频"美育云端课堂"和剑桥大学系列公开课 Beauty 等视频资源，使学生足不出户得以遍览中外艺术瑰宝，于方寸之地亦能纵观古今文明长卷。新兴信息技术打破了时间与空间桎梏，为深化文明交流互鉴提供了更多思路。

3 丰富创新课外活动，切身体悟实践之美

大学英语教学中的美育渗透由教师引导，终须经学生个人理解、体验和实践方可内化为自身的审美能力与文化涵养。丰富多彩的课外活动不仅有利于锻炼语言技能技巧，无形中也助力于审美观的塑造。例如，每学期定期举办读书沙龙、观影会、英文硬笔书法展和配音比赛等，使学生在交流互动中增加文学文化积淀；举办跨学科比赛，如"讲好中国故事"创意传播大赛、跨文化交际能力大赛、北京国际青年戏剧节和"看见美丽中国"全国短视频大赛等，使学生在学科交叉融合中产生思想碰撞，挣脱个体局限，把审美理念转化为审美创造。

4 结语

近代教育向现代化转型历程中，"美育"的目标地位不断提升。习近平总书记在2018年全国教育大会上强调：培养德智体美劳全面发展的社会主义建设者和接班人。2020年中共中央办公厅、国务院办公厅印发的《关于全面加强和改进新时代学校美育工作的意见》要求"充分挖掘和运用各学科蕴含的体现中华美育精神与民族审美特质的美育资源"[3]。美育渗透贯穿大学英语教学全过程，教师应不断开拓美育实施新路径，寓教于美，融美于教。

参考文献

[1] 蔡元培.美育与人生：蔡元培美学文选[M].济南：山东文艺出版社，2020：135.

[2] 弗罗斯特.弗罗斯特诗歌精译[M].王宏印，译.天津：南开大学出版社，2014：220.

[3] 中共中央办公厅、国务院办公厅印发《关于全面加强和改进新时代学校体育工作的意见》和《关于全面加强和改进新时代学校美育工作的意见》[N].人民日报，2022-10-16（4）.

大学英语视听说课程思政教学探究

李 洁[①]

> **摘 要**：《大学英语教学指南（2020版）》提出大学英语教学应主动融入学校课程思政教学体系，在高等学校落实立德树人根本任务中发挥重要作用。大学英语视听说教学应该拓宽视野，创新教学思维，探究如何运用不同的教学方法将课程思政资源和理念融入课程教学目标和教学内容中，促进学生道德素质的提高，从而坚定中国特色社会主义道路自信，树立文化自信。
>
> **关键词**：大学英语听力教学；课程思政；立德树人

1 论文研究的背景

在高校坚持的价值塑造、能力培养、知识传授"三位一体"的人才培养目标中，价值塑造是第一要务。全面推进课程思政建设，就要寓价值观引导于知识传授和能力培养之中，帮助学生塑造正确的人生观、世界观、价值观，这一举措对国家长治久安、民族复兴和国家崛起起着积极的影响。

《大学英语教学指南（2020版）》提出大学英语教学应主动融入学校课

[①] 李洁，北京工商大学外国语学院讲师，主要研究方向为外语教学。

程思政教学体系，在高等学校落实立德树人根本任务中发挥重要作用。因此，要在大学英语教学中融入思政教育，传播中国文化，使大学生在学习语言知识的同时，能在中外制度、文化、道德等方面进行比较，从而坚定中国特色社会主义道路自信，树立文化自信。

2 大学英语视听说教学和课程思政融合的必要性

在大学英语教学过程中，听说是非常重要且很有难度的一个环节。为激发学生兴趣，提高英语语言实践能力，帮助学生更顺利地走入职场，在大学英语听力教学过程中，需要有机融入课程思政元素。在教学实践中，要深入挖掘大学英语听力这门实践课程中可利用的思政资源，要合理运用不同的教学方法，例如情景教学法和任务型教学法，使这些课程思政资源有机融入课程教学目标和教学内容，提高当代大学生道德素养，帮助其形成正确三观，从而落实习近平总书记提出的"坚持把立德树人作为中心环节，把思想政治工作贯穿教学全过程"的指示精神[1]。

3 大学英语视听说教学和课程思政融合的探究

大学英语视听说教学应该实现"潜移默化、润物无声"的效果。教学应该拓宽视野，创新教学思维，探究如何运用不同的教学方法将课程思政资源和理念融入课程教学目标和教学内容中，促进学生道德素质的提高。

3.1 教学目标体现课程思政理念

在设定教学目标时，要遵循价值塑造与能力提升相融通的原则，注重英语知识与技能的提高，带领学生学习英语听力，帮助其掌握英语听力文本体裁种类、用词特征、语篇结构、听力理解及技巧等。还要融入课程思政教育，围绕"三位一体"的教育目标，探索社会主义核心价值观等课程思政资源，合理设计和运用教材和其他教学资源，以润物无声的方式培养学生的家国情怀，提高人文素养[2]。

3.2 大学英语新闻听力教学内容融入课程思政资源

教学内容是传授知识、培养能力、塑造价值的重要载体。备课时，要结合社会主义核心价值观，充分利用各种资源融入、挖掘、提炼、拓展相关的思想政治教育元素，引导学生坚定文化自信，逐步培养家国情怀。

经济听力涉及世界银行截至2030年消灭全球贫困的目标，这与我国2020年"脱贫攻坚战"以及全面建成小康社会的目标不谋而合。教学过程中，可再通过丰富的视频、音频、图片等翔实的资料和具体的数据展示我国经济近年来的发展，在此基础上组织学生探讨对"脱贫攻坚战"的体会。

科技听力涉及ChatGPT人工智能的简单介绍以及人工智能给人类带来的机遇与挑战。这与我国科教兴国的战略目标不谋而合。在教学过程中，要通过丰富的视频对学生进行信息输入，再组织学生收集更多的资料，进行分组讨论，最后请学生分享对人工智能的看法。

文化听力涉及中西方诗歌鉴赏，可以通过对词汇和句型分析，欣赏中国爱情诗歌《无题》以及英国爱情诗歌 My Love Is Like a Red, Red Rose，使学生理解不同文化对爱情的理解：中文里的爱情缠绵悱恻，英文里的爱情热情奔放。在观看视频的基础上，组织学生畅所欲言，分享自己对爱情的看法，引导学生建立健康的价值观。

3.3 大学英语新闻听力教学方法彰显课程思政

在教学过程中，笔者积极采用多种教学方法和手段，主要运用情景教学法和任务型教学法，促进课程思政与实际教学相结合，使课程思政教学目标得以实现。

情景教学法（situation-based teaching）可以创设相对轻松的语言环境，让学生更加积极主动获取学习信息。例如，在美食文化听力任务开始之前，带领学生欣赏和探讨纪录片《舌尖上的中国》海外宣传版本，给他们一定的视觉刺激和听觉输入。接着让他们头脑风暴，回忆视频中的声音和图像信息，探讨中国传统美食所蕴含的深刻文化意义，例如粽子和月饼等。

任务型教学法（task-based teaching）以任务的形式组织教学，以完成任务为教学目的，强调"在做中学"。例如有关健康治疗的听力课程，可以让学生分组寻找权威可靠的数据和新闻来源，探讨在抗击新冠疫情过程中鼓舞人心的事迹，激发学生举国同心、命运与共的爱国主义情怀。

本文通过分析课程思政在高校大学英语听力教学的现状和重要性，结合教学实践，从教学目标、教学内容、教学方法等三方面探讨大学英语视听说可利用的课程思政资源，挖掘其思政价值内涵，发挥大学英语对大学生价值塑造的引导作用。

参考文献

［1］丁皓，彭新竹.大学英语新闻听力课程思政教学探究［J］.湖南工业职业技术学院学报，2021，21（3）：89–93.

［2］郭静怡.课程思政视阈下大学英语听力教学改革研究［J］.空中美语，2022（2）：31–33.

大学英语学习中长难句攻克策略

李学勤[①]

> **摘 要**：大学英语学习中，长难句是一大难点，尤其在英语听和读的学习过程中，很多大学生遇到长难句时会分不清句子之间孰为主次，导致信息错乱和理解失败；而在写和译的学习过程中，由于未能掌握长难句的衔接方法和手段，无法输出句式上的高级表达。本文旨在通过聚焦英语长难句中的三大衔接句式，来探讨长难句攻克策略。
>
> **关键词**：大学英语学习；显性逻辑关系；长难句

1 引言

笔者在大学英语教学中发现，很多学生在听和读的过程中遇到长难句就晕头转向，分不清句子之间孰为主次，导致信息错乱和理解失败；同时在写和译的过程中，由于未能掌握长难句的衔接方法和手段，无法输出句式的高级表达。原因主要有两个：第一，学生缺乏汉英两种语言在逻辑关系表现形式上存在差异的意识；第二，学生不了解长难句中各个分句之间的衔接方法和手段。如果能够学会辨别英语长难句中的主句和分句间的逻

[①] 李学勤，北京工商大学外国语学院副教授，主要研究方向为翻译教学、应用语言学。

辑关系，学会主句和分句之间的衔接手段，长难句理解和应用问题就迎刃而解。本文将探讨英汉两种语言在逻辑关系表现方面的差异和长难句的拆分方法，归纳出长难句中三大连接句式，便于学生直观掌握，攻克长难句学习。

2 英汉两种语言的逻辑关系表现差异

汉语是一种意合语言，重视隐形连贯，重逻辑顺序，重功能、意义，以神统形，它只靠实词的本身意义和语序来传达信息，在组句过程中，"抛弃了一切无用的附属装置，包括并不影响意义的连词、虚词等"[1]。汉语的句子形散而神不散，句子多用逗号连接，但是句子间的逻辑关系隐含在句子之中。而英语是一种重形合的语言，注重逻辑关系的显性衔接，注重主句和分句之间的逻辑衔接。因此，要弄懂长难句，首先需要弄懂长难句中各个分句之间的逻辑关系和连接手段。

3 大学英语长难句拆分方式和英语逻辑显化表达

大学英语学习涵盖听、说、读、写、译五个方面，长难句主要涉及听、读、写和译这四个方面。在大学英语长难句的听和读过程中，首先要厘清英语句式的规律性，将长难句拆分为若干个成分。英语长难句拆分常用方式有两种：第一，找到长难句中的谓语动词，谓语动词的存在数量即为长句可拆分数量；第二，准确找到英语长难句中的连接词，连接词存在的数量为N，则长难句即可拆分为"N+1"[2]。因此大学英语听和读过程中，积极找寻句子的谓语动词和表明英语逻辑显化的连接词，就容易将英语长难句拆分清楚；而在大学英语写和汉译英的过程中，需要准确把握汉英两种语言的逻辑表现差异以及英语语言的逻辑显化特点，首先弄清楚写作中所要表达的逻辑关系层次，弄清楚汉英翻译中汉语文本中句子之间和句内各个分句之间的逻辑关系，再通过表明显化逻辑关系的英语连接手段，让汉语所表达的信息明确地展示在英译文本中。

4 大学英语长难句攻克策略

基于大学英语长难句的拆分方式和英语逻辑显化表达，在大学英语听读写译的训练中，可以归纳出攻克大学英语长难句的三种句式：① which/who/that 引导的定语从句；② 省略 which/who/that 关系代词的简略定语从句或者以 V+ing/ed 分词引导的分句；③ with 等介词引导的分句。在一个英语长句中只有一个主句，其他分句大多数通过以上三种句式依附于主句。由此，掌握这三大句式，就很容易找到英语长难句中的核心主句，抓取核心意思，然后融入三大句式引出的逻辑关系和补充信息，从而掌握长难句的整体意思。将这三大句式熟记于心并多加练习应用，基本上就可以攻克大学英语听读写译中的长难句。

以听力中的长难句理解为例：2021 年 6 月大学英语四级第二套真题 News Report Three 听力中"Hidenobu Fukuda, who heads the firm, introduced the pet policy, upon request from one of his employees, allowing staff to bring their own cats to work."，根据长难句拆分方式，在听的过程中，依次获取本句中的连接词"who"和三个动词"heads""introduced""allowing"，判断出该长句可以拆分为三层意思 + 一个主体"Hidenobu Fukuda"，并提取核心意思"Hidenobu Fukuda 引介了宠物政策"，并补充了"who"引导的"Hidenobu Fukuda 是公司的老板"和"allowing"引导的"宠物政策允许员工带宠物上班"的信息。

这三大句式同样可以帮助攻克汉英长句翻译的难点，比如在 2021 年 6 月大学英语四级翻译第一套真题中，长句为"铁观音含有多种维生素，喝起来口感独特。常饮铁观音有助于预防心脏病、降低血压、增强记忆力"。这两句主语均为"铁观音"，根据英语长句逻辑关系中只有一个主句、其他分句均为附属句子的原则，可以将第二个句子确定为核心主句，第一句成为附属于第二句的分句，提取出译文中的主语"铁观音"，将"含有多种维生素，喝起来口感独特"转化为主语铁观音的定语从句——省略 which 关系代词的

25

简略定语从句，译文中的谓语部分为"有助于预防心脏病、降低血压、增强记忆力"，"常饮铁观音"为逻辑关系中的条件，用"if"引导。由此，整个译文可为"Tieguanyin, full of vitamins with distinct taste, serves for preventing the heart disease, lowering the blood pressure and boosting the memory if regularly consumed"。

5　结语

大学英语学习中长难句是一大难点，学生通过分析掌握上述三大句式，可以在一定程度上攻克长难句。

参考文献

[1] 蔡基刚.英汉写作对比研究［M］.上海：复旦大学出版社，2001：122.
[2] 张建军，袁秀丽.英语长难句翻译策略研究［J］.山东农业工程学院学报，2020，37（2）：179–180.

语言·思辨·思政——三位一体大学英语教学模式之———理论研究

李英杰[①]

> **摘 要**：本文主要介绍如何构建三位一体的大学英语教学模式，即将思政教育和思辨能力培养融入大学英语教学，从而实现大学英语教学资源合理配置。
>
> **关键词**：思政；思辨；大学英语教学

1 研究背景

《国家教育事业发展"十三五"规划》、《高等学校课程思政建设指导纲要》和《大学英语课程指南》等重要文件中明确指出了大学英语教学方向，要"了解国外前沿的科技进展""增强国家语言实力，有效传播中华文化"。落实到教学中，就要求思政教育与能力培养并重：既要胸怀祖国，又要放眼世界；既要有敏锐的分析判断能力，又要有娴熟的语言应用能力。鉴于此，本文探讨以思政教育、思辨能力培养和语言能力培养为目标的三位一体大学英语教学模式的理论研究。

---

① 李英杰，北京工商大学外国语学院讲师，主要研究方向为应用语言学。

2 三位一体大学英语教学模式理论构建

三位一体的大学英语教学模式中,"三位"指的是英语语言教学、思辨能力培养和思政教育。"一体"指的是融合了"三位"的全人教育。根据文秋芳等(2010)和应慧等(2020),我们构建了三位一体教学模式(见图1)。

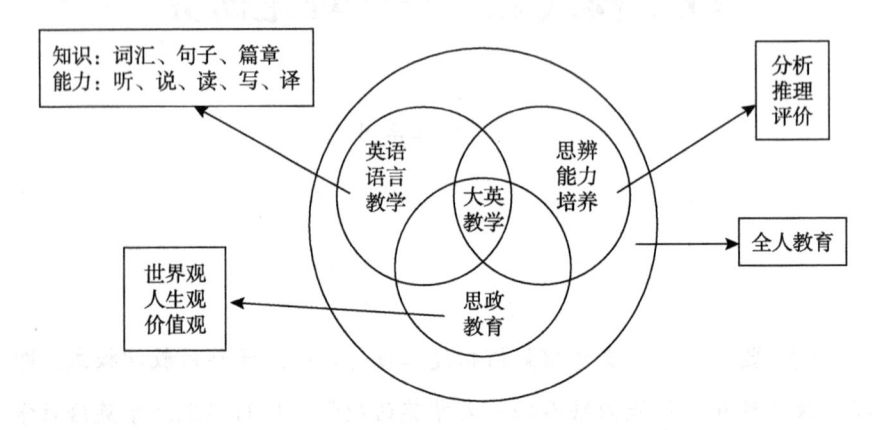

图1 三位一体的大学英语教学模式图

英语语言教学融合知识和能力两个方面,按照语言单位从小到大,知识包括词汇、句子和篇章三个层面,能力则包括听、说、读、写、译五个层面。

思辨能力从低到高分为分析、推理、评价三个层级。在大学英语教学中,分析能力具体体现为对语言素材的归类、识别、比较、澄清、区分、阐释等;推理能力体现为对文中观点的质疑、假设、推论、阐述、论证等;评价能力则体现为对文章合理性和可行性的评估和对假设、论证过程、结论等的评判,以及评判之后将文中知识和观点应用到现实中的实际应用。

思政教育的主要目标是塑造科学的世界观、人生观、价值观,培养学生良好的道德品质和心理素质,如求知欲强、心胸开阔、有正义感、坚韧不拔、不畏挫折等。思政教育在大学英语教学中体现为深挖教学素材的思想和文化内涵,通过设计相应的教学问题和教学活动,将人生观、世界观和价值观教育巧妙地融入课堂教学中,从而将英语语言教学、思辨能力培养和思政教育这"三位"融入大学英语教学这"一体"当中。

理论构建完成之后，我们将进行《新标准大学英语综合教程》的教学资源配置，将显性的语言教学和隐性的思辨能力培养及思政教育融为一体，形成一个完整的教学体系，使学生的语言素质、思辨素质、思政素质得到全面提升，成为语言基本功扎实、勤于思考、具有家国情怀和国际化视野的高素质人才。

将三位一体的教学理念贯彻到大学英语教学中，教学资源配置是关键。大学英语教学素材大部分来自西方媒体文章、文学作品节选，编写于特定的社会文化、政治和历史背景下，本身承载着价值观和意识形态，其中蕴含的知识、观点、态度等也无可避免地带有选择性和价值观倾向性。作为教学的主要依据，教学素材会塑造思想意识，影响价值取向。所以，如何通过合理的教学资源配置、设计具有思辨含量的问题、补充思政元素丰富的教学资源，将思辨能力培养和思政教育渗透到语言教学中，是大学英语教学亟待解决的一个问题。

参考文献

［1］文秋芳，刘艳萍，王海妹，等．我国外语类大学生思辨能力量具的修订与信效度检验研究［J］．外语界，2010（4）：19–26，35．

［2］应慧，马少静，谢天宇．从人文性视角探究大学英语课程思政方法［J］．高教学刊，2020（31）：181–184．

语言·思辨·思政——三位一体大学英语教学模式之二——实践研究

李英杰[①]

> **摘 要**：本文探讨如何将三位一体大学英语教学模式理论付诸教学实践，从语言教学、思政教育以及思辨能力培养等不同层面，讨论教学中如何具体操作。
>
> **关键词**：思政；思辨；大学英语教学

1 三位一体模式下大学英语教学资源配置操作

大学英语教学资源配置是一个复杂而繁琐的过程。无论是图文资源还是音视频资源，从开始制作到成熟一般都会经过筛选—设计—实施—完善—成熟五个步骤：首先通过网络、图书馆等渠道搜集材料，然后进行材料筛选和设计，决定材料的呈现方式，接下来进入课堂实施，进行进一步修订和补充，经过多次完善后，最终形成成熟的教学资源。整个过程中，教师之间就疑难问题进行沟通，不断优化设计方案，实现高质量的教学资源配置；经过在教学中的实际应用和不断优化，最终形成成熟的线上线下、多种介质的教

---

① 李英杰，北京工商大学外国语学院讲师，主要研究方向为应用语言学。

学资源，供大学英语教学参考使用。

在大学英语教学中融入思辨能力培养的具体做法是：在语言教学各个层面精心设置具有思辨含量的问题。学生在词句层面上，通过分析上下文，猜测生词和短语的含义；在篇章层面上，通过深入分析文章，推理出言外之意，对比文中观点与现实的异同，评价文中观点的适切性；把文中的观点和方法与日常生活学习联系起来，应用于解决实际问题，逐渐形成良好的思辨习惯。

思政教育主要体现在教学内容的选择上。将思政教育贯彻到大学英语教学中的具体做法是：在词汇和句子层面上，从中国日报、21世纪、英语点睛、学习强国等平台选择含有思政内容的例句，使学生在学习知识的同时领略例句包含的思想内涵；在篇章层面上，拓展教学内容，补充与中国社会、文化、历史及发展现状相关的背景知识，以文字、音频或视频呈现，联系国家发展大计等时政要闻，指导学生理解民族文化，在充分了解中西文化的基础上，通过进行中西文化对比，树立民族自信心，形成社会主义核心价值观（见表1）。

表1 三位一体的大学英语教学材料问题设计

	语言	思辨	思政
词汇层面	➢ What does the word/expression xxx mean ?	分析	讲解词汇和句子时选择含有思政内容的例句
	➢ What does the word/expression xxx suggest/imply ?	推理	
	➢ Do you think this word/expression is properly used here ? Why or why not ?	评价	
	➢ Could you make a sentence with the word/expression xxx ?		
句子层面	➢ Could you paraphrase/translate the sentence xxx ?	分析	
	➢ What does the sentence suggest/imply ?	推理	
	➢ Do you think this sentence is properly written ? Why or why not ?	评价	
	➢ Could you give more examples following this sentence structure ?		

续表

	语言	思辨	思政
篇章层面	➤ What is the topic/main idea/conclusion of this passage? ➤ What are the supporting ideas? ➤ How is the passage organized? ➤ How does the author justify his idea?	分析	补充与中国社会文化历史背景知识及发展现状相关的文字、音视频资料，进行中西文化对比
	➤ What is the author's attitude/implication? ➤ What would happen…if…? ➤ What does the author suggest by…?	推理	
	➤ What are the strengths and weaknesses of the passage? ➤ If you were the author, how would you improve this passage in its organization/diction/writing style? ➤ What is the significance of the passage in China's context? ➤ How would you employ the method to similar problems in your life?	评价	

按照上述原则，我们完成了《新标准大学英语综合教程》的资源配置工作。我们筛选和增补了思政内容，设计了思辨教学活动，用层次分明的问题引导学生积极思考，将显性的语言教学和隐性的思辨能力培养及思政教育融为一体，三管齐下，形成一个完整的教学体系，从而使学生的语言素质、思辨素质、思政素质得到全面提升，成为语言基本功扎实、勤于思考、具有家国情怀和国际化视野的高素质人才。

2 结语

本研究把思辨能力培养和思政教学融入大学英语教学中，从理论构建到实践操作，是对以语言知识和技能为核心的大学英语教学的一次大胆尝试，实现了语言能力、思辨能力和思政素养的齐头并进。但由于研究周期短、资源有限，项目还有很多不够完善的地方，比如学生的思辨能力如何分项进步等，都有待在后续教学中进一步完善。

国际商务谈判英语词汇特点浅析

颜喜僖[①]　梁桂霞[②]

> **摘　要**：国际商务谈判是中外贸易往来中必不可少的一环，而词汇作为组成语言的三大基本要素之一，在对话过程中扮演着重要的角色。在谈判过程中，运用合适的词汇能够极大地提高谈判成效；反之，则会降低谈判效果，甚至导致谈判彻底失败。
>
> **关键词**：国际商务谈判；英语词汇；特点

1　引言

国际贸易的发展离不开商务谈判的进行，商务谈判是对外经济贸易活动中的必经阶段，其目的是协调中外商务关系，满足各自的商务需求。本文旨在分析礼貌词汇、积极词汇和情态动词在推进商务谈判中的作用。

[①] 颜喜僖，北京工商大学外国语学院英语（翻译）专业2020级本科生。
[②] 梁桂霞，北京工商大学外国语学院副教授，主要研究方向为文化和翻译研究。

2 国际商务谈判英语词汇的特点分析

2.1 礼貌词汇

在商务谈判开始时，礼貌词汇的使用可以传达出尊重与友好的态度，为整个谈判开一个好头。在商务谈判的过程当中，礼貌词汇的使用可以营造一种轻松、和谐的氛围，促进谈判双方更顺利地交谈。商务谈判结束之后，双方虽已有了进一步的认识，较为熟悉，但礼貌词汇的使用也能为后续的合作奠定良好的基础。

例1：Could you amplify on your proposal please?

这句话中的"please"即为礼貌词汇，表达了谈判者的礼貌态度。"please"一词放置在句子的开头略带命令的语气，若放置在句子的结尾则能体现出谈判者的礼貌，有利于推动谈判进程。

例2：I'd like to know what your insurance clauses cover.

商务谈判过程中，相较于直接提出条件或询问对方要求，使用类似"I'd like to..."这样的句型是更为礼貌和友好的选择，有利于谈判在和谐的氛围中推进。

2.2 积极词汇

在商务谈判的过程中，多使用积极的正向词汇能够给对方良好的心理暗示，创造谈判的和谐氛围，从而促进双方共识的达成。尤其当谈判陷入死局、双方僵持不下时，可以通过积极词汇的使用推动谈判的顺利进行。

例3：Your products are very good. But I'm a little worried about the prices you're asking.

本句中"good"一词表达了对对方产品的肯定，起到了心理上的过渡作用。在此之后再表明自己的需求或者试探对方的底线，则成功的概率会加大。

例4：I hope we could have other chances to cooperate with you in future.[1]

本句中"hope"一词译为"希望",委婉地表达了对目前对方提出条件的不满意,拒绝合作。但又留有余地,为双方之后的合作提供了空间。在商务谈判中,要避免使用消极词汇或者绝对性很强的词汇,因为这两种词汇不仅不利于推进谈判,也不利于双方之后的合作。

2.3 情态动词

在商务谈判的过程中,情态动词的使用能够表达出委婉的语气,使得提出条件的语气更缓和,不会过于生硬。

例5:We could take a cut on the price. But 25% would slash our profit margin.

本句中"could"及"would"两个情态动词使条件的提出更加委婉,也更易于对方接受,对谈判起到了积极的推动作用。

3 结语

在国际商务英语谈判过程中,商务人员应该十分讲究语言表达的分寸,应当多采用礼貌词汇、积极词汇、情态动词等表达谈判双方礼貌与友好的态度。如果能够正确、恰当地使用词汇,不仅可以委婉地表达自身诉求,也可以在谈判过程中起到过渡作用,有利于双方更容易地接受对方所提出的谈判条件,从而达成合作,实现双赢。

参考文献

[1] 葛琪.浅谈礼貌原则在商务谈判翻译中的应用[J].商场现代化,2022(2):87-89.

大学英语六级翻译中的错误分析及应对策略——以"京剧"的翻译为例

刘江红[①]

> **摘　要**：大学英语翻译涉及汉英双语间的相互转换，要求对两种语言均有极好的把握。学生在翻译的过程中暴露出诸多问题。本文以学生翻译的"京剧"为例，对出现的问题进行分析并提出相应的应对策略。
>
> **关键词**：大学英语；翻译；错误

根据全国大学英语六级考试大纲，翻译部分要求考生能较好地运用翻译策略，能在半小时内将长度为180～200个汉字的段落译成英语。翻译内容涉及中国的历史、文化、经济、社会发展等，要求有把汉语所承载的信息用英语表达出来的能力。大学英语学习中，翻译对学生而言无疑是种挑战，即便进行过系统的专题训练，不少学生对翻译仍不能驾轻就熟，有的甚至在做翻译时感到如临大敌、手忙脚乱，从而出现了各种各样的问题和错误[1]。

本文将从北京工商大学8-1班完成的"京剧"翻译入手，分析段落翻译

---

① 刘江红，北京工商大学外国语学院讲师，主要研究方向为英语教育。

中学生出现的问题，并提出解决问题的相关策略。

1 "京剧"翻译的问题及原因分析

1.1 双谓语的问题

"京剧有着丰富的剧目、众多的表演艺术家和大批的观众，对中国的戏曲发展有着深远影响"，有些学生把这个长句翻译成"Peking Opera has rich repertoires, numerous performing artists and audiences exert a profound effect on the development of Chinese opera"。这句英文翻译中，主语是"Peking Opera"，但出现了"has"和"exert"两个动词，这两个动词也不是并列的谓语，因此这种用法在英语中是不存在的，属于语法错误。这句翻译可以把第二个动词"exert"变成"exerting"，即"Peking Opera has rich repertoires, numerous performing artists and audiences, exerting a profound effect on the development of Chinese opera"。这样，"exerting a profound effect on the development of Chinese opera"就成了分词结构，做句子的状语。

1.2 定语从句结构不对

"在中国京剧是最具影响力和代表性的戏曲，它有着200多年的历史，是中华民族的瑰宝"，有些学生是这样翻译这句话的："Peking Opera is the most influential and representative opera in China, which has a history of over 200 years and it is the treasure of China"。这句翻译中，后面的"it"是多余的，在后面的定语从句中，"which"代替先行词"Peking Opera"，做定语从句的主语，所以后面如果再加上"it"作主语，主语就重复了，所以应该把"it"去掉。

1.3 主句缺失

"京剧（Peking Opera），被称为中国的国剧，起源于18世纪晚期，是将音乐、舞蹈和艺术综合于一体的戏曲"，个别同学过于追求句式多样化，把每个分句都翻译成了定语从句或定语结构的句子，如："Peking Opera, known as the national opera, which originated in the late 18th century"。其中,"known as the national opera"是过去分词结构,"which originated in the late 18th century"是定语从句,这句话就没有了主句。所以这句话需要把"which"去掉,即"Peking Opera, known as the national opera, originated in the late 18th century",这样"originated in"就成了句子的谓语。

2 翻译中错误的应对策略

首先,进行大学英语六级翻译时,要清楚分析句子的句法和语法结构。中英文句子的语法构造上有一定的区别,大部分国人因中文语法的影响以及对英文语法构造不够熟悉,在面临一些复杂的从句翻译时经常会译错,比如前面提到的缺失主句的情况。因此,我们在翻译那些运用特殊语法或者构造复杂的从句时,首先要从语法的角度将句子剖析透彻,只有如此,才能够将句子正确地翻译出来[2]。

其次,学生一定要对大学英语六级翻译中出现的问题予以重视,要对出现的错误进行分析和整理,弄清楚出错的原因,并力争在以后的翻译中避免出现类似错误,从而切实做到"知己知彼,百战不殆"。

综上所述,英语翻译中常见错误有很多,防止这些错误的策略也有很多。本文仅针对所教授的学生出现的问题予以分析和阐述,以期引起英语学习者和使用者对英语翻译的关注,提高翻译能力和策略,共同进步。

参考文献

[1] 王大伟,魏清光. 汉英翻译技巧教学与研究[M]. 北京:中国对外翻译出版公司,2005.

[2] 刘宓庆. 新编汉英对比与翻译[M]. 北京:中国对外翻译出版公司,2006.

教育数字化转型背景下的翻译教学

刘 婧[①]

> **摘 要**：本文是对数字化转型背景下翻译教学的有益尝试，探讨了数字化转型对外语教育的重要意义以及翻译教学实践，通过共享资源、教学方法创新、提升教师数字化素养等方法，凸显翻译教学成效。
>
> **关键词**：数字化转型；外语教育；翻译教学

1 引言

党的二十大首次将"教育数字化"写进报告，提出"推进教育数字化，建设全民终身学习的学习型社会、学习型大国"，实施教育数字化战略行动成为教育部2022年的工作要点。信息化和智能化时代为外语教学提供了全新的教学方式。《大学英语教学指南（2020版）》指出：大学英语应充分发挥现代教育技术，特别是现代信息技术在英语教学中的重要作用，大力推进现代信息技术与课程教学的深度融合。这对翻译教学也提出了新要求，即通过数据赋能提升翻译教学教书育人能力。

---

① 刘婧，北京工商大学外国语学院副教授，主要研究方向为翻译理论与实践、翻译教学、英语教学。

2　教育数字化转型与外语教育

教育数字化转型是国家的战略需求。在外语教育中，教育数字化不只是数字技术的教学应用，还涉及教学理念、教学方法、教学组织、教学过程、教学评价、教学管理等系统性的创新与变革。教育技术作为支撑条件，能够服务外语教育创新，实现技术增强的外语教育[1]。信息技术与外语教学充分融合，外语教育资源成为一种共享资源。教育资源来源和渠道多元化，助力教师进行系统性创新，在培养学生语言能力的基础上，提升学生人文、学术、国际交流传播、思辨等素养。

3　教育数字化转型背景下的翻译教学

3.1　共享教学资源，提升教学时代感

数字化时代海量的资源极大地丰富了教学内容。教师分享在线翻译课程平台、在线、移动学习等链接，链接中富有时代感、生活味儿的教学素材拓宽了翻译教学视野[2]。这些资源富含思政元素，其中时政文献体现党和国家在政治、经济、文化、外交等领域的方针、政策，内涵丰富，意义重大。时效性资源体现国内外政治、经济、文化、社会发展等方方面面，紧贴学生发展需求。

3.2　创新教学方法，提高教学效率

如何高效利用有限的课堂时间使教学效果最大化，促进有效学习发生，成为新时代高校外语教学发展的内在诉求之一[3]。翻译教学依托学校的智慧教室，以数据驱动，线上线下融合，设计智慧课堂内外教学及学习方案，打造"互联互通、资源共享"的智能育人环境。翻译教学引入学术新动态，融入学术演讲、研讨、分析、交流、互评等以学生为中心的课堂教学方式，更新学生的翻译理念，提升学生的翻译能力。

3.3 提升教师数字化素养

教师除了具备语言教学能力，还需要提升数字化素养，增加"整合技术的学科教学知识"（technological pedagogical content knowledge，TPACK）[4]。教师通过搜索引擎等选择最符合教学需求（语言水平适宜、内容准确、有思政元素、有时政资讯）的文件、文献，选用最佳的方式，如网络、微信、BB平台等分发给学生，作为线下学习的部分内容；检索语料库、查找平行文本讲解译文；分享链接、网站、语料库等数字网络信息，提升学生的数字检索能力。

4 结语

数字化转型给外语创新教学与研究带来机遇与挑战，是北京工商大学未来发展的重要举措。在此背景下进行翻译教学，能够使师生共享精心挑选的资源，提升师生数字化素养，体现教学创新价值，促进学生学业能力、思想价值的共同提升。

参考文献

[1] 张帅，唐锦兰，王琦.教育技术在外语教育学中的内涵、定位及作用[J].外语教学，2022，43（4）：56-61.

[2] 张琳."互联网+"时代高校英语翻译教学改革探析[J].吉林农业科技学院学报，2022，31（6）：86-89.

[3] 王娜，张敬源.信息技术与外语教学深度融合之反思：基于技术融合的大学英语课堂教学改革实践[J].外语电化教学，2018（5）：3-7.

[4] 徐锦芬，刘文波.信息技术背景下的外语创新教学与研究[J].外语与外语教学，2019（5）：1-9.

新文科背景下大学英语教学模式的探索与创新[①]

马丽君[②]

> **摘　要**：为响应新文科建设的号召，在国家经济社会发展、世界大变局下谋划学科发展，大学英语要不断创新教学模式，才能肩负起立德树人的重大使命，发展成为一门使学生既能学好专业知识技能，又学好中国思想、中国理论、中国智慧的学科。本文主要探索在课程思政视域下如何采取有效的教学模式，创设集思想性、知识性和能力性于一体的课堂，培养全面、高素质外语类人才。
>
> **关键词**：大学英语教学；课程思政；体验式教学模式

新文科建设自提出以来便成为各大高校的关注焦点和育人导向。做好新文科建设，培养具有文化自信、跨文化语言能力的复合型外语类人才，便成为高等教育的新使命。现如今，随着中国综合国力不断提升，科技不断进步，作为大学外语教育支柱的大学英语教学该如何从中华优秀传统文化中汲取力量，借助现代信息技术手段，加强课程思政建设，是我国外语教学面临

[①] 本文系北京工商大学教改项目"'互联网+'背景下大学英语智慧课堂的构建与研究"阶段性成果（项目号：JG225116）。

[②] 马丽君，北京工商大学外国语学院助教，主要研究方向为二语习得、英语教育。

的首要任务。

1　大学英语课程思政的特征

为了更好地建设新文科，首先需要明确大学英语课程思政的特征。大学英语课程思政并非要开设独立课程，用英语专门进行思想政治教育，而要将思政元素有机融入大学英语教学的全过程，将知识、技能、思辨和价值观引领融为一体，在思政引领中凝聚专业知识，在专业教学中凸显价值追求。在知识层面上，大学英语教学中的思政具有默会性、情境性和实践性[1]，也就是说，其强调学生在语言习得过程中通过在一定环境中亲身体验，塑造正确价值观，提升文化情感认同能力。不同于作为显性目标的外语语言技能教学，课程思政是一种浸润式隐性目标[2]，须如盐入水般地融入英语学习中，让学生体会到语言所承载的文化与思想。因此大学英语教学要为学生构建情感支持型语言生态环境，创新课程体系与教学内容，创造参与和体验思政元素的机会，实现语言类课程塑造文化素养的使命和价值。

2　大学英语教学面临的困难

在新时代科技发展的背景下，大学英语课堂作为构建师生共同体的重要场所，本应更好地进行思政建设，但在实际教学中仍存在两大困难。

第一，语言技能和课程思政的割裂。大学英语承载着提升非英语专业学生语言能力的重任，授课教师大多按照现有教材既定模式进行教学，虽然教师会有意识地加入思政元素，但是会出现为了思政而思政的现象。这样的教学模式带来的后果便是课堂看似富含着大量教学内容，可很难在这些知识与学生的自身体验之间搭建桥梁，导致学生实际学习效果不尽如人意[3]。

第二，情感支持型课堂环境的缺失。大学英语课堂中存在师生二元对立的现象，而且缺乏一定的人文关怀[4,5]。教师常常扮演着权威控制者的角色，课堂上的互动多为师生之间的一问一答，即使有小组活动，但学生消极的参与和活动的组织欠缺导致实质、有效的课堂互动较少，教师很难对学生在学习过程中产生的情感变化作出适当的反馈。长此以往，课程思政建设的要求达不到，还容易形成消极的课堂氛围，削弱学生学习的主观能动性，造成语言学习障碍。因此，结合目前人才培养面临的困难来看，如何创新教学模式，促进学生情感的认同与共鸣，实现大学英语教学有效融入主流价值观塑造是亟待解决的问题。

3 大学英语教学模式的创新及应用

体验式教学模式虽不是新提出的教学模式，但是在新时代背景下，其仍可以焕发新的光彩。体验式大学英语教学以大卫·库伯的学习圈理论[6]为指导，通过创设学习情境，让学生亲身体验课堂教学，获得积极的主观心理感受，产生情感共鸣，从而激发内生动力，同时教师给予适时的反馈和指导，让学生愿意将所学知识点运用到日常生活中[7]。与此同时，科技的快速发展为教学手段的数字化转型带来了福音。慕课、腾讯课堂、国家高等教育智慧教育平台等线上课程备受学生喜爱，雨课堂、钉钉、腾讯会议等线上平台也被大家所熟悉，不少大学还新建了智慧教室，使线上线下教学的体验更好。因此，以"互联网+"教学资源为依托，教师可通过体验式教学将思政元素有效融入外语教学。

在课前，教师可明确课程主题和教学目标，以小组为单位组织学生收集课程资料，教师负责整合，并利用"互联网+"教学资源优化教学设计，这样既能有效融合思政元素，又能激发学生热情的课堂体验内容。在课上，教师可利用智慧教室和一系列多媒体设备，让课堂内容情景化、互动化和自主化。教师可自由选择学生体验形式，呈现教学情境，如结合当下时事热点选择相应主题，播放相关英文宣传片或科普等音视频资源，组织相关议题演讲；也可把教室装扮成新闻发布会会场，组织学生分析国内权威外文媒体新闻报道，然后分角色扮演国内外媒体做主题新闻报道，还可带领学生从网络媒体中提取内容进行翻译练习；或可带领学生走出教室，在校园中展开教学活动，如扮演志愿者带领留学生参观校园等。通过这样的教学模式，学生可以亲身参与活动中，感受文化自信，体会成就感，获得内生动力。在课后，教师可启发学生走出校园进行自主探究式学习，并提供适时的指导，将语言技能提升和价值观塑造贯穿课堂内外。

在新文科建设背景下，大学英语教学要精于技术和人术，既要利用先进的教学手段，实现教学资源等数字化的转型，探索未来外语教育发展的新形态；又要言传身教，培养文化自信、德才兼备的外语类高素质人才。因此，可以利用体验式教学模式实现课程思政隐性价值的显性介入，为学生营造情感支持型课堂环境，构建知识传授与价值引领相统一的教学模式。

参考文献

［1］王嘉铭，王晶晶．外语课程思政育人："隐性"假设与"显性"逻辑［J］．西安外国语大学学报，2022，30（2）：44–49.

［2］丁义浩．"课程思政"建设须打破三个误区［N］．光明日报，2020-01-13（2）.

［3］胡艳红，徐锦芬．新时代背景下的大学英语课堂：现状分析与未来展望［J］．中国外语，2022，19（2）：63–68.

［4］刘济良，乔运超．走向生命化的课堂教学［J］．课程·教材·教法，2020，40（1）：62–67.

［5］战双鹃，韩金龙，方久华．新时代高校外语课程思政路径探究［J］．高教学刊，2022，8（8）：81–84.

［6］KOLB D A. Experiential learning: experience as the source of learning and development［M］. London: Prentice-Hall, 1984.

［7］刘援．体验式外语教学的实践与理论探索［J］．中国外语，2011，8（5）：57–64.

二语课堂支架式教学中的教师角色

马丽君[①]

> **摘　要**：以学生为主体的支架式教学是语言习得中一种重要的教学方法。应用支架式教学模式可以促进认知主体积极建构知识，实现有意义的发现学习。本文以社会文化理论为理论框架，主要论述支架式教学中教师在语言课堂中扮演不同角色的意义和作用，以及教师角色如何借助语言为符号工具与学生的最近发展区相结合，为二语习得提供"脚手架"。
>
> **关键词**：教师角色；支架式教学；最近发展区；符号工具

在社会文化理论中，人类的学习和发展不是独立产生的，而依赖与社会活动中更有经验的成员产生的互动[1]。换句话说，更有经验的成员将通过不断地调整和修正他们之间的互动来帮助能力不足的成员达到一定的状态。"脚手架"在本文中是指可以用来调整双方的互动模式以此来促进发展所需的各种支持方式[2]。在教育教学活动中，"脚手架"最重要的作用就是帮助学生穿越最近发展区。最近发展区表明学习效果在双方持续交互过程中变得可以测量。因此，在语言课堂上，老师通过扮演不同角色来提供"脚手架"，

[①] 马丽君，北京工商大学外国语学院助教，主要研究方向为二语习得、英语教育。

并根据学生的最近发展区优化教学,以期达到最佳学习效果。

下面将首先介绍社会文化理论中的两个关键概念,即作为符号工具的语言和最近发展区,然后分析教师在课堂上如何通过扮演不同角色来提供"脚手架",促进学习,最后将给出总体教学建议。

1 语言——符号工具

人的心理是在社会性的互动与活动中借助符号工具发展起来的,儿童可以利用符号工具与他人进行互动,进行文化交际与思维交流,从而获得认知上的发展[1]。在这些符号工具中,语言在社会活动中起着重要作用。同样,兰托夫(Lantolf)等人[3]也认为语言是人类为了组织思维和自身发展创造的重要文化产物。因此在二语课堂的支架式教学中,语言被视为一种有效的符号工具,教师可通过语言来调节与学生的互动从而搭建"脚手架"促进学习,以满足学生的发展需求。

2 最近发展区

儿童认知能力的发展有两种水平:一是实际发展水平,二是潜在发展水平。儿童借助成年人或其他具有相关知识的同伴的指导与合作,可以从现有水平达到较高水平,两种水平之间的空间叫作"最近发展区"[1]。换句话说,最近发展区表明,当学生在与教师的互动中接受"脚手架"时,他们可能会达到潜在发展水平。知识是通过师生之间的互动共同建构的,两者在语言学习中扮演着同样重要的角色。当学生可以通过与教师或同龄人的互动来参与课堂时,学习通常就会发生[4]。学生不会被动地从老师那里接受知识,而是主动自己发现和探索知识[5]。最近发展区还强调,如果教师提供的"脚手架"不适用于课堂或者低于或超出了学生的发展区,那么学习就不会发生[4,6]。在高等教育中,高校学生的学习具有更强的主观能动性,因此教师该如何组织课堂活动优化课堂,如何搭建"脚手架"帮助学生有效学习,其所扮演的角色就显得尤为重要。

3 教师的五个角色

在课堂教学互动中,教师扮演着不同的角色,这些角色给予教师根据教学对象的差异实施不同教学计划和安排课堂互动的自由[7]。所有教师首先都应该成为"促进者"(facilitator),因为他们的主要作用是促进学生的学习[6]。然而,在这个主要角色中,教师还将在课程的不同阶段扮演以下其他几个重要角色。

第一,控制者(controller)。教师掌控着整个教学进程,包括组织课堂活动、维持课堂纪律、传授语言知识、测试学习成果等。这一角色的意义在于教师为学生提供了学习指导,明确了学习目的,合理地安排学习内容。每个课堂都应以一定的学习目标为前提,教师有责任去决定课程的目标是什么以及如何实现目标[8]。

第二,提示者(prompter)。教师通过给予一定的教学提示起到帮助学习而不是掌控学习的作用,比如抛出问题引导学生发现知识、给予建议帮助学生解决问题、鼓励学生阐述自身想法等,这些提示都使得课堂互动更高效,因为受到这些提示启发的学生可以更积极地自主思考,参与课堂讨论。其中需要注意的一点是,教师作为提示者抛出的问题只起到引导和启发的作用,而不强制要求学生回答。教师要鼓励学生思考并深入探索,而不是明确地告诉他们答案[6]。如果学习者积极参与课堂活动,就可以在最近发展区中识别学习机会[9]。因此,在教学过程中,教师不仅要鼓励学生根据他们以前的知识独立思考,还要试图通过搭建适当的"脚手架"帮助他们达到潜在的发展水平。

第三,参与者(participant)。教师要改变传统课堂中教师的权威意识和观念,以平等的身份积极主动地参与课堂活动,真正融入学生学习的情境,比如加入课堂小组讨论,让学生研究和讲授知识点等。通过使用语言作为中介,教师能够参与课堂活动并创造更多的互动机会。更重要的是,教与学总发生在学生的最近发展区中,因为教学的主要内容是由学生而不是教师提供的,"脚手架"也是根据学生的需要提供的。教师应该将学生视为共同教师而不是学习者,这有助于共同构建知识并促进学习[2]。教师作为参与者,一方面为学生建立了学习模板,另一方面鼓励学生自主思考,发展其创新思维。

第四,资源(resource)。教师成为一种学习资源向学生提供信息或新知识以促进学习,比如推荐网上课程资源或书籍,提供看待问题的新视角、新方法等。教师要基于学生当前的水平传授新知识,即利用学生在课上的知识输出并提供更多信息来帮助他们达到更高的发展水平。因此,教师充当资源,不仅教给学生新的信息,而且填补了他们的知识空白。

第五,导师(tutor)。教师通过与学生个体建立密切关系来帮助学生,如定期和学生进行深入对话,了解学生需求,并提供持续的监督和支持。教师可针对学生的个体差异,对学生进行学习、思想等全方位的教育、辅导和指导。教师不仅要成为学生的良师,更要成为学生的学友。

4　二语习得课堂中教师角色应用建议

首先,教师可以通过扮演不同的角色搭建"脚手架"来促进知识的学习。作为控制者,教师可组织以课程目标为导向的课堂活动,并创造恰当的学习情境。作为提示者,教师可以鼓励学生独立思考并在必要时给予适当的指导。作为参与者,教师将探索的机会交给学生,创造共识共享共进的课堂氛围。作为资源,教师可以为课堂带来新的信息,帮助学生达到更高的发展水平。作为导师,教师要了解学生,因材施教,既要做经师更要做人师。只有当教师根据学生的需要扮演不同的角色时,才能创建一个良好的支架式课堂,在最近发展区中进行教与学。教师角色的最终目标是在学生需要帮助时调节学习和"脚手架"[2],因此,通过在课堂上担任多种角色,教师能够调整教学方法并提供有效的"脚手架"。

其次,教师提供"脚手架"时,应根据不同的教学情境进行适当的调整。每个课堂都是独一无二的,因为学生的背景和教学环境各不相同。教师在一种情况下提供"脚手架"的方式在另一种情况下可能不合适。因此,在弄清楚不同教师角色的功能和最近发展区的重要性后，教师应制定有针对性的教学方法，以优化学生的学习。

参考文献

［1］VYGOTSKY L S. Mind in society：development of higher psychological processes［M］. Cambridge，MA：Harvard University Press，1978.

［2］YOON B，KIM H K. Teachers' roles in second language learning：classroom applications of sociocultural theory［M］. Charlotte，NC：IAP，2012.

［3］LANTOLF J P，THORNE S L，POEHNER M E. Sociocultural theory and second language development［M］//Theories in second language acquisition. 2nd ed. London：Routledge，2015：207-226.

［4］LANTOLF J P. Introducing sociocultural theory［J］. Sociocultural theory and second language learning，2000，1（2）：1-26.

［5］THORNBURY S. An AZ of ELT［M］. Oxford：MacMillan，2006.

［6］HARMER J. The practice of English language teaching［M］. 5th ed. London：Pearson Longman，2015.

［7］GUDMUNDSDOTTIR S. Narrative research on school practice［J］. Handbook of research on teaching，2001，4（1）：226-240.

［8］WALSH S. Classroom interaction for language teachers［M］. Alexandria：TESOL International Association，2014.

［9］VAN LIER L. From input to affordance：social-interactive learning from an ecological perspective［J］. Sociocultural theory and second language learning，2000，78（4）：245-261.

人工智能背景下大学英语教学变革的发展展望

彭 淳[1]

> **摘 要**：本文主要讨论人工智能技术在大学英语教学中的应用，从课程设计、教学方式、评估手段、学生学习体验方面探讨人工智能技术对大学英语教学的影响，并对未来的发展进行展望。
>
> **关键词**：人工智能；大学英语教学；课程设计；学生学习体验

人工智能技术能够为英语教学带来新的思路和方法，使教学更加高效、个性化，能够更好地提高学生在英语学习中的兴趣和积极性。本文将探讨人工智能技术在大学英语教学中的应用，从课程设计、教学方式、评估手段、学生学习体验等方面探讨人工智能技术对大学英语教学的影响，并对未来的发展进行展望。

---

[1] 彭淳，北京工商大学外国语学院讲师，主要研究方向为应用语言学、英语教育教学。

1 人工智能技术在大学英语教学中的应用

1.1 课程设计

人工智能技术可以通过分析学生的学习行为和习惯，为大学英语教学提供个性化的课程设计。通过学生的学习数据分析，教师可以了解每个学生的学习情况，制定适合学生的任务和学习计划。同时，人工智能技术可以根据教学目标和学生的实际情况制定不同的教学方案，针对学生的弱项进行有针对性的训练。

1.2 教学方式

利用人工智能技术，可以实现随时随地的学习。学生可以通过网络平台和智能手机等设备随时随地进行英语学习，有效增加学习时间，提高学习效率。同时，人工智能技术可以提供一些交互式教学工具，如语音交互、图像识别、语音识别等，能够更好地满足学生的学习需求，提高教学效果。

1.3 评估手段

传统英语教学中的评估方式以考试为主，缺乏针对学生个性化的评估。而借助人工智能技术，教师可以根据学生的学习数据，为学生提供更为准确的学习评估和学习反馈。此外，人工智能技术还可以通过学习情境建模和自然语言处理等方法，实现对学生的"考试外"表现进行评估。这些评估方式更加科学、准确，能够更好地帮助学生实现自我改善和自我优化[1]。

1.4 学生学习体验

人工智能技术的应用能够为学生提供更加个性化、灵活、自主的学习体验。学生可以根据自己的兴趣和需求，选择适合自己的学习模式和课程，更好地提高学习兴趣和积极性。同时，人工智能技术可以为学生提供即时的学习反馈和资源推荐，帮助学生更好地实现自我学习和自我超越。

2　人工智能背景下大学英语教学的发展展望

人工智能技术的应用为大学英语教学带来了诸多优势，但存在一些挑战和问题，例如：如何保证教学质量和教学效果；如何确保学生的学习隐私和安全；等等。因此，未来在应用人工智能技术进行大学英语教学中应着重注意以下几个方面。

2.1　加强师生互动

人工智能技术可以更好地满足学生的学习需求，提高学习效率，但不应忽视师生之间的交流和互动。教师应注重与学生的互动，关注学生的学习情况，及时解答学生的疑惑，指导学生掌握英语学习的基本方法和技巧[2]。

2.2　坚持课程思政

在应用人工智能技术进行大学英语教学时，应始终坚持思政，培养学生英语语言能力和跨文化交际能力的同时要注重培养学生的文化自信和思辨能力，引导学生形成积极向上的世界观。

2.3　注重学生的自主性和主动性

在应用人工智能技术进行大学英语教学时，教师应鼓励学生独立思考、自主学习、自我评价和自我改进，培养学生的主动学习意识。教师还应为学生提供适当的学习支持和指导，帮助学生更好地实现自我发展和自我超越。

3　结语

人工智能技术的应用为大学英语教学带来了新的思路和方法，使教学更加高效、个性化，能够更好地提高学生学习英语的兴趣和积极性。然而，应用人工智能技术进行大学英语教学也存在挑战与问题。未来需要注重师生互动、课程思政、学生自主性和主动性等方面，不断探索，创新教育方式，以适应人工智能时代的教育需求。

参考文献

［1］朱梅林.人工智能背景下大学英语混合式教学模式探究［J］.现代职业教育，2023（4）：33-36.

［2］靳成达.信息化环境下人工智能在大学英语教学中的应用研究［J］.长春师范大学学报，2022，41（7）：163-165.

翻译工作坊在口译教学中的应用

石宝华[①]

> **摘　要**：传统翻译课堂教学以教师为中心，以翻译结果为导向。而翻译工作坊强调以学生为中心，以翻译过程为导向，提升学习者的思维能力和团队合作精神。本文基于翻译工作坊教学理论，探究口译课程的教学流程，为提升口译教学质量提供参考。
>
> **关键词**：翻译工作坊；口译教学；以学生为中心

1　引言

翻译工作坊实质是一种研讨式实验教学活动，也是一种多向互动的翻译教学法，完全能够被视为一种教学模式而直接运用[1]。现代教育教学改革从以教师为中心转向以学生为中心，重视提高学习者学习技能及实践能力。翻译工作坊教学模式以翻译过程为导向、以翻译项目小组为形式，通过翻译实践来提高学生的翻译能力、团队协作能力。

[①] 石宝华，北京工商大学外国语学院讲师，主要研究方向为英语翻译。

2　翻译工作坊模式的口译教学必要性

在全球化背景下，国家对具有专业翻译能力和扎实的跨文化知识等能力的复合型双语人才的需求加大。国家明确提出进一步深化校企合作的指示，明确应在翻译类课程教学中践行产教融合、校企合作等。

有学者认为翻译工作坊能够在很大程度上辅助中国翻译教学，对于提升学生主体地位、提高学生翻译能力具有极强的指导作用，帮助学生在笔译实践过程中提升翻译、思维等能力方面具有极强的可行性[2]。口译教学中同样可以使用翻译工作坊的教学模式，演练真实口译流程，提高学生的口译水平。

3　教学流程

翻译工作坊不同于传统的翻译教学模式。它以学生为中心，使用真实翻译素材，模仿真实的翻译过程；以翻译任务为导向，学生需要去应对不同的真实翻译场景；着重培养学生的口译职业能力，为成为口译员做准备。

从操作层面来说，该模式可具体分为三个阶段，包括译前准备、译中实操、译后反馈。该模式又分为七大环节，包括素材选择、学生分组、资料收集、角色扮演、组内互评、班级展示、教师反馈。

3.1　译前准备

在素材选择上，教师要进行把控，既要紧密结合学生所学专业，体现翻译的知识点，又要体现现实生活中的口译场景和口译需求。学生四至五人一组，在角色扮演中担任中英两方和译员的角色。在资料收集的环节，扮演译员的同学通过与中英双方进行沟通和网上搜索等方式，收集相关口译资料，包括公司简介、参会人名单、演讲稿、背景知识、词汇表等信息。

3.2　译中实操

在译员和中英双方做好准备后，开始口译角色扮演练习，演练真实口译场景。组内其他同学需要在此过程中认真记录译员表现，思考恰当译文。在角色扮演结束后，组内成员之间对译员译文进行讨论，并且利用工具书和网络搜索形成译文。

3.3 译后反馈

教师可选择一组同学进行现场角色扮演展示。角色扮演后，该组需要通过幻灯片等形式展示小组译文，总结口译中所遇到的重点、难点，给出相应的解决策略。教师在展示过程中给予指导和点评，并给出可行的译文，让学生在反思中得到提高。

4 结语

翻译工作坊教学充分发挥了学习者的自主性和创造性，锻炼了学习者的独立思考能力和创造性思维，激发了学习者对口译学习的兴趣和热情，通过模拟真实的口译场景，为学生步入职场打下了基础。

参考文献

[1] 杨晓丽. 计算机辅助翻译基础与实训 [M]. 银川：宁夏人民出版社，2018：10.
[2] 邝曦妮. 翻译工作坊在商务英语笔译教学中的应用 [J]. 桂林师范高等专科学校学报，2021，35（6）：81-87.

阅读教学中的思辨能力培养

史 云[①]

> **摘 要**：思辨能力培养是高等教育的终极核心目标之一，然而大量基于机械模仿和低级思维层面展开的外语教学活动使得学生普遍缺乏创新意识和能力，无法适应日益激烈的科技竞争的需要。本文尝试探索大学英语阅读教学中思辨能力培养的有效路径。
>
> **关键词**：阅读教学；思辨能力培养；大学英语

1 引言

培养具有创新精神和实践能力的创新型人才是当今世界高等教育的主要目标之一，而创新精神和实践能力的依托正是思辨能力，因此，思辨能力培养已成为整个高等教育的终极核心目标之一。然而，大学英语教学往往专注于语言技能的打磨，大量的教学活动都在机械模仿和低级思维层面展开[1]，学生普遍缺乏创新意识和能力，导致他们无法适应日益激烈的科技竞争的需要，不能满足国家对创新型人才的需求。本文尝试探索大学英语阅读教学中思辨能力培养的有效路径。

---

① 史云，北京工商大学外国语学院讲师，主要研究方向为应用语言学、英语教学。

2 相关研究

关于思辨能力，国内外学者有以下共识[2]——思辨的核心目的是作出有理据的判断：①思辨者既要掌握良好的思辨技能（分析、推理、评价等），还应具备某些特定的情感特质，如探究未知事物的热情、警惕自身偏见、以开放的态度对待争议等；②思辨过程还包括元认知或元思辨，即思考者需要有策略地运用具体的思辨技能，对自己的思维过程进行监控、调整、修正。国外对大学生思辨能力研究大致可以分为界定思辨能力的分项能力、构建思辨能力的量具、探索高等教育中思辨能力培养的途径及其有效性。国内现有研究涵盖了探讨课程设置改革、构建教学理论框架、针对具体课型的教学创新。阅读教学中思辨能力培养的研究，包括教材编写理念、学习者应该具备的元认知知识、对教学理念和实践的反思、验证新的课程设置和教学方法对思辨能力的作用。

3 课堂教学设计

培养评判性思维能力和评判性阅读能力的主要方式是课堂教学。虽然英语教学侧重培养学生的语言能力，但教师应当在夯实学生语言基本功的同时引导其开展评判性阅读活动，在提升英语综合应用能力的同时培养学生的思辨能力。

3.1 学习内容的安排

教学所依仗的教材在编写原则和体系内容上要体现思辨性。以《新标准大学英语》（第二版）为例，该教材选材主题丰富，以人与人、人与自然、人与社会的关系为主线，涵盖生活、学习、情感等日常话题以及政治、经济、历史、文化、科技等深层次的话题。每单元的两篇主课文围绕同一话题呈现的视角，内容上相互补充或截然相反，帮助学生多角度地深入思考文章的内涵；文化短篇则介绍不同文化习俗和社会现象，鼓励学生联系中国文化习俗和现象进行对比分析。练习设计要有启发性和思辨性，引导学生改善学习策略，提升批判思维能力。

3.2 文本结构的分析

篇章修辞模式包括下定义、叙述、描写、分类、比较与对比、因果关系、过程分析和论证。教师对每种修辞模式的特点、功用和阅读方法的介绍，可以帮助学生从宏观角度把握篇章的内在逻辑和层次关系，理清文章脉络，从而准确理解篇章的主旨和作者的写作目的，提高学生的综合能力。运用思维导图呈现文本结构，能使学生更直观地了解到各级主题之间的关系，激发学生的联想思维，帮助学生更好地记忆。

3.3 课堂提问的设计

师生问答式对话能提高学习者的思辨能力[3]。教师应通过启发式提问方式开展教学，教师问题的认知层级直接影响到学生思考的深度。杨莉芳[4]认为，课堂问题认知层次的划分依据可以依照布鲁姆（Bloom，1956）认知能力分类模型，该模型将认知能力由低到高描述为知识、理解、应用、分析、综合、评价6个级别，问题类型可概括分为知识型、理解型、应用型、分析型、综合型和评价型。知识型问题如询问某个词（语）的意思或者某个话题的知识，理解型问题如询问文章的中心、某个句子的意思，二者在阅读初级阶段必不可少，但是随着阅读的深入，教师应当增加高认知水平问题，如分析型问题要求学生区分事实和观点，综合型问题要求学生就文章中某个事件来阐述自己的经历、认识或观点并与文中的情景作比较，评价型问题则要求学生对人物性格、行为和作者观点进行评价。这些高认知水平问题显然可以有效提高学生的思辨能力。

4 结语

人类的大脑并不具备天生的思辨能力，思辨能力需要通过后天的学习和训练得以提高。教师要努力突破传统的教学理念和内容，做到教学目标有思辨标准、教学内容有思辨原料、教学活动有思辨技能培养，不断提高学生的思辨能力和创新能力，为国家培养高素质的创新型人才。

参考文献

［1］孙有中.外语教育与思辨能力培养［J］.中国外语，2015（2）：1-23.

［2］孙旻.中国高校英语演讲学习者思辨能力发展个案研究［D］.北京：北京外国语大学，2014.

［3］GOLDING C. Educating for critical thinking：thought-encouraging questions in a community of inquiry［J］. Higher education research and development，2011，30(3)：357-370.

［4］杨莉芳.阅读课堂提问的认知特征与思辨能力培养［J］.中国外语，2015（2）：68-79.

本科西班牙语文学课程中的课程思政元素初探
——以 *A Juan Ramón Jiménez* 和《我爱这土地》为例

索 雅[①]

> **摘 要**：近年来，随着教育理念的持续创新和国家对课程思政的高度关注，越来越多的教育工作者正积极探索如何将思想政治教育与学科教学紧密结合，实现思政与学科间的有机融合。在西班牙文学课程中，也存在将课程思政融入教学的需求和实践。本文通过对安东尼奥·马查多（Antonio Machado）的 *A Juan Ramón Jiménez*（《致胡安·拉蒙·希梅内斯》）与艾青的《我爱这土地》两部文学作品的分析比较，探讨本科西班牙语文学课程安排在思政框架下的德育因素。本文是大学本科西班牙语文学课程中课程思政的实践和尝试，期望为提高课程思政教育在高校本科西班牙语文学课程中的实施效果提供有益的启示。
>
> **关键词**：课程思政；西班牙语文学课程；教学设计

---

① 索雅，北京工商大学外国语学院讲师，北京工商大学青年教师科研启动基金项目"西班牙语专业学生语言能力培养模式研究"负责人，主要研究方向为西班牙语语言学和文学。

1 引言

随着全球化进程的加速和课程思政教育在高等教育中日益受到重视，高校本科课程的教学设计和实践不断寻求创新。作为外语专业的一部分，西班牙语文学课程培养学生的语言能力、文化素养、跨文化交际能力，如何与课程的思政元素文学教学相结合，使学生在学习文学的过程中吸收思想精华，体现民族优秀文化、爱国主义精神，是教育工作者面临的挑战。本文以《致胡安·拉蒙·希梅内斯》和《我爱这土地》两首诗歌为例，对本科西班牙语文学课程中的课程思政元素进行初步探讨。

本文将分析这两首诗歌在家国情怀、爱国主义教育等方面的异同，以及如何将课程思政元素融入教学。本文通过对比分析，旨在为教师提供教学思路，激发学生的思考，从而提升课程思政教育在本科西班牙语文学课程中的实施效果。

2 高校本科西班牙语文学课程中课程思政元素的融入现状

随着国家对课程思政教育的日益重视以及教育改革的深入推进，高校本科课程思政教育在课程设置和教学实践中正逐渐发挥着关键作用。然而，在本科西班牙语文学课程中，课程思政仍面临一些挑战和问题，例如如何充分挖掘文学作品中的思政元素，如何平衡课程思政与专业课程的关系，如何加强教员队伍的建设，等等[1]。未来，高校应继续深入推进课程思政在本科西班牙语文学课程中的实践与探索，进一步提高课程思政教育的质量和水平。

尽管越来越多的高校已经开始在西班牙语文学课程中融入课程思政教育，但在课程设置方面，课程思政仍然没有得到充分重视，主要体现在以下几个方面：首先，课程设置中缺乏对课程思政的明确要求，导致课程教学内容的深度和方法的多样性受到限制[2]。其次，部分高校过于侧重培养学生的语言技能，而忽视了对学生思想政治的教育。最后，在课程设置中，课程思政与文学教学相结合的教学模式和方法尚不成熟。

在实际教学过程中，课程思政的融合仍不够深入。课程思政教育的质量和效果在很大程度上取决于教师队伍的认识和能力[3]。然而，在当前高校本科西班牙语文学课程中，部分教师缺乏有效的课程思政教育教学方法和策略，无法将课程思政教育与西班牙语文学教学有机结合。此外，有部分教师在教学实践中未能形成系统的课程思政教育观念，教育过程中课程思政的实施效果受限[4]。

为了应对这些挑战，高校和教师需要采取一系列措施，进一步深化对课程思政教育的理解和实践，以适应不断发展的教育改革和社会需求[5]。通过不断探索和改进，高校和教师将能更好地融合课程思政教育与专业教学，提升本科西班牙语文学课程中课程思政教育的质量和水平，为培养具有家国情怀和全球视野的人才作出贡献。

3 教学设计

诗歌作为一种独特的艺术形式，承载着作者的家国情怀以及对爱国主义教育等领域的深刻思考。本部分将首先探讨两首诗歌的创作背景，并分析家国情怀与爱国主义教育在诗歌中的表现。接着，通过对比分析西班牙诗人安东尼奥·马查多（Antonio Machado）的 *A Juan Ramón Jiménez* 和中国诗人艾青的《我爱这土地》，旨在帮助学生深入理解诗歌中的课程思政元素，以提高他们的家国情怀和爱国主义情操。在本科西班牙语文学课程中，将课程思政与文学教学相结合是一项重要的任务。在教学设计中，我们可以通过对比分析这两首诗歌在家国情怀和爱国主义教育方面的异同，为学生提供丰富的教育资源。这样做可以引导学生思考和发现文学作品中的课程思政元素。下面让我们一起欣赏这两篇诗歌的全文：

我爱这土地		A Juan Ramón Jiménez
假如我是一只鸟，	Era una noche del mes	Era un acorde lamento
我也应该用嘶哑的喉咙歌唱：	de mayo, azul y serena.	de juventud y de amor
这被暴风雨所打击着的土地，	Sobre el agudo ciprés	para la luna y el viento,
这永远汹涌着我们的悲愤的河流，	brillaba la luna llena,	el agua y el ruiseñor.

这无止息地吹刮着的激怒的风，
和那来自林间的无比温柔的黎明……
——然后我死了，
连羽毛也腐烂在土地里面。
为什么我的眼里常含泪水？
因为我对这土地爱得深沉……

iluminando la fuente
en donde el agua surtía
sollozando intermitente.
Sólo la fuente se oía.
Después, se escuchó el acento
de un oculto ruiseñor.
Quebró una racha de viento
la curva del surtidor.
Y una dulce melodía
vagó por todo el jardín:
entre los mirtos tañía
un músico su violín.

《El jardín tiene una fuente
y la fuente una quimera...》
Cantaba una voz doliente,
alma de la primavera.
Calló la voz y el violín
apagó su melodía.
Quedó la melancolía
vagando por el jardín.
Sólo la fuente se oía.

从这两首诗歌的内容中，我们可以清晰地看到，*A Juan Ramón Jiménez* 通过对故土和民族文化的赞美以及对胡安·拉蒙·希梅内斯（Juan Ramón Jiménez）的尊敬，展现了浓厚的家国情怀。诗人以对胡安·拉蒙·希梅内斯的叮嘱和鼓舞，表达了对西班牙文化传承的崇敬。而《我爱这土地》则以热烈的爱国情感为主线，诗人直接传达了对祖国的深情厚意和对民族文化的敬意。这首诗歌通过生动的描绘，让读者感受到祖国大地的美丽和力量。

在教学 *A Juan Ramón Jiménez* 时，可以引导学生深入挖掘诗歌中的家国情怀，了解西班牙文化传承的重要性，并培养学生的文化自信。而在教学《我爱这土地》时，可引导学生体会诗歌中浓烈的爱国情感，认识到家国情怀在个人成长和民族发展中的重要作用，从而培养学生的爱国情操。

4 对比 *A Juan Ramón Jiménez* 和《我爱这土地》的课堂教学设计初探

本课堂教学的目的是通过 *A Juan Ramón Jiménez* 和《我爱这土地》两篇诗歌的学习，帮助学生理解家国情怀和爱国主义教育的重要性，培养文化自信，提升学生课程思政能力和文学素养。在教学设计中，可以结合这两首诗歌的家国情怀和爱国主义教育元素，开展一系列教学活动。例如：①邀请学生分析两首诗歌在家国情怀和爱国主义教育方面的表现,发表自己的见解;②组织小组讨论,让学生分享自己的家国情怀和爱国主义情感,探讨这两首诗歌如何激发他们的爱国之情;③引导学生从两首诗歌的创作背景和时代背景入手,分析家国情怀和爱国主义教育在不同历史时期和文化背景下的表现;④组织课堂展示,邀请学生从个人角度创作诗歌、散文等,表达自己的家国情怀和爱国主义情感,以此培养学生的创新能力和表达能力;⑤利用多媒体资源,如电影、纪录片等,让学生了解更多关于家国情怀和爱国主义教育的故事和案例,丰富学生的知识体系。表1展示了本次课堂教学的设计。

表 1　课堂教学设计

教学目标	1. 了解 A Juan Ramón Jiménez 和《我爱这土地》两篇诗歌的主题和情感表达
	2. 理解诗歌中所蕴含的家国情怀和爱国主义教育要素
	3. 培养学生的文学素养和批判思维能力
	4. 通过课程思政元素的教学,促进学生的德育成长和价值观的塑造
教学内容	1. A Juan Ramón Jiménez 和《我爱这土地》的诗歌原文和翻译
	2. 诗歌中的家国情怀和爱国主义教育元素
	3. 课程思政元素的教学和应用
教学方法	1. 课堂讲授:教师通过讲解诗歌的内容和情感表达,引导学生理解诗歌中所蕴含的家国情怀和爱国主义教育元素
	2. 小组讨论:教师组织学生分小组讨论诗歌中的主题和情感表达,培养学生的批判思维和分析能力
	3. 课外阅读:教师布置课外阅读任务,让学生通过阅读相关的文献,进一步加深对诗歌中家国情怀和爱国主义教育元素的理解

续表

教学流程	1. 导入环节：教师通过问答、图片、视频等形式，引导学生了解诗歌中的主题和情感表达
	2. 知识解说：教师讲解诗中所蕴含的祖国情怀和爱国主义教育元素，帮助学生深入理解诗歌中表达的思想和情感
	3. 小组讨论：教师组织学生分小组进行讨论，让学生互相交流和分享自己的理解和感受
	4. 课堂展示：学生进行课堂展示，展示他们对诗歌的理解和感悟，同时可以通过展示来促进同学们的交流和思想碰撞

本研究通过分析西班牙诗人安东尼·马查多（Antonio Machado）的 *A Juan Ramón Jiménez* 和中国诗人艾青的《我爱这土地》，初步探讨了本科西班牙语文学课程中的课程思政元素。在对比分析这两首诗歌时，我们发现家国情怀和爱国主义教育是它们的共同主题。通过将课程思政与文学教学相结合，我们可以为学生提供丰富的教育资源，引导他们发现和思考文学作品中的课程思政元素；同时，通过小组讨论、课外阅读和课堂展示等教学方法，促进学生的交流和思想碰撞，增强他们的主动学习和探究精神。但本课程设计也存在着一些不足之处。例如，由于时间的限制，学生的讨论和展示时间可能会受到影响，不能充分发挥学生的主体性和创造力等。因此，在今后的课程设计中，应该充分考虑到这些因素，优化教学设计，使得课程思政教育能够更好地落地并发挥出更好的效果。

5　结语

在本科西班牙语文学课程中，融入课程思政元素是至关重要的[6]。教师应该通过比较不同文化背景下的文学作品，激发学生对家国情怀和爱国主义教育的关注。此外，教师还应关注学生的个人发展，引导他们思考如何将家国情怀和爱国主义教育融入自己的成长过程中，从而培养具备全球视野的优秀人才。

未来研究可以进一步拓展到其他文学作品和课程领域，探讨课程思政在教育实践中的更多可能性；同时，开发多样化的教学方法和策略，以提高课程思政教育的实效性。总之，将课程思政与文学教育紧密结合，有助于培养学生的家国情怀和爱国主义教育意识进而促进他们全面发展。

参考文献

[1] 李思. 探讨高校思政类课程教学模式改革[J]. 纳税, 2017（12）: 132, 135.

[2] 邱伟光. 课程思政的价值意蕴与生成路径[J]. 思想理论教育（上半月综合版）, 2017（7）: 10-14.

[3] 陈言. "课程思政"视域下高校课堂教学融入思政元素的实践探索[J]. 昭通学院学报, 2020, 42（4）: 13-17, 23.

[4] 曹鑫海. 构建民办高校"三位一体"课程思政育人体系研究[J]. 教育教学论坛, 2020（6）: 32-33.

[5] 高德毅, 宗爱东. 从思政课程到课程思政: 从战略高度构建高校思想政治教育课程体系[J]. 中国高等教育, 2017（1）: 43-46.

[6] 陆道坤. 课程思政推行中若干核心问题及解决思路: 基于专业课程思政的探讨[J]. 思想理论教育, 2018（3）: 64-69.

浅谈 CET-6 翻译题型

汤惠敏[①]

> **摘　要**：翻译测试是大学英语六级考试中的一个重要组成部分。六级考试翻译部分考查内容涉及中国的文化、历史及社会发展，考核的技能包含句子层面、语篇层面及翻译策略的运用，考查学生在英语词汇、句法、语法和篇章等方面的综合能力及翻译策略的运用。部分学生需要夯实英语语言基础，加强翻译训练，运用翻译策略，提高英语综合能力。教学中，教师要重视汉英语言差异，注重跨文化教学，将中国文化有机融入大学英语教学中。
>
> **关键词**：大纲；六级考试翻译；题型特点；中国文化

1 引言

翻译测试是大学英语六级考试中的一个重要组成部分。《全国大学英语四、六级考试大纲》中，六级考试翻译部分要求考生能将题材熟悉、语言难度中等的汉语段落翻译成英语。六级翻译段落考查内容涉及中国的文化、历史及社会发展；要求译文基本准确地表达原文的意思，语言流畅，句式运用

---

① 汤惠敏，北京工商大学外国语学院讲师，主要研究方向为外国语言学及应用语言学。

恰当，用词贴切；要求考生能较好地运用翻译策略；考生能在半小时内将长度为 180~200 个汉字的段落翻译成英语[1]。

六级考试翻译考核的技能包含句子层面、语篇层面及翻译策略的运用。其中，句子层面包含用合适的英语词汇准确表达汉语词汇的意思及用符合英语规范和表达习惯的句型准确表达汉语句子的意思；语篇层面包含用英语准确、完整地表达汉语段落的信息，译文结构清晰、语篇连贯、语言通顺[1]。

与四级考试翻译相比，六级考试的翻译原文的长度更长，单词难度更大，句子更长，句式更复杂，语篇信息量更大，对综合运用语言能力、句法能力、语篇能力的要求更高。

在《大学英语教学指南》中，翻译能力的提高目标包括：能翻译题材熟悉、语言难度一般的文本，译文准确达意；能借助词典等工具翻译体裁较为正式、题材熟悉的文本，理解正确，译文基本达意，语言表达清楚，并能较好地运用翻译技巧[2]。《全国大学英语四、六级考试大纲》对六级考试翻译部分的考核要求跟《大学英语教学指南》是一致的。六级考试翻译部分考核学生的英语综合应用能力及考生翻译策略和技巧的运用。

2　题型特点

六级考试翻译考查学生在英语词汇、句法、语法和篇章等方面的综合能力及翻译策略的运用。词汇是考查点之一，要求学生拥有丰富的英语词汇量，来翻译和表达出原文中的内容。学生不仅需要掌握词汇意思，还要注意词汇的内涵和搭配，更需注重词汇的运用。除了词汇，句子和语法语篇也是六级翻译考试重要考查内容，学生应该着眼于句子、上下文衔接，注意句间关系，基于整篇的逻辑来组织句子和语言。因而对于学生来说，这个题型具有一定的难度。

就考查内容来看，六级考试翻译考查了中国文化（尤其是传统文化）、历史和社会发展。其中，文化和历史包含历史朝代、山川湖泊、名桥、名花和名著等，社会发展包含公共设施、场馆建设、交通工具等。六级翻译涵盖了中国历史、社会、文化、经济等各个方面。

  对于六级考试中的段落翻译,答题时要先理解段落意思,再逐句来看。对于句子要注意找出主干,之后再看定语、状语等成分。如"《红楼梦》是18世纪曹雪芹创作的一部小说"(2020年9月六级翻译),译文为"*Dream of the Red Chamber* is a novel written by Cao Xueqin in the 18th century"。翻译时,先译句子主干"《红楼梦》是一部小说",再处理"小说"前面的定语部分"曹雪芹创作的"和状语部分"18世纪",从而完成这句的翻译。

  六级考试翻译需注意英汉语言的差异,如:汉语动词多,短句多,呈链状结构;英语常按句内主次从属关系排列,在句子主干上再添加修饰语等,呈树状结构。例如,"荷花色彩鲜艳,夏日清晨绽放,夜晚闭合,花期长达两三个月,吸引来自各地的游客前往观赏"(2019年12月六级翻译),译文为"With bright color, the lotus flower blooms in the early morning and closes at night with a long flowering period of two or three months, which attracts tourists across the country to it"。原句描述荷花,短句较多,可把荷花"夏日清晨绽放,夜晚闭合"作为主句,"色彩鲜艳"和"吸引来自各地的游客前往观赏"译为介词短语和定语从句。

  在进行六级考试翻译时,学生还需运用一些翻译策略,如增词、减词、词性转换、语态转换、合译和分译等。

3　结语

  六级考试翻译部分是对语言技能、语法、文化综合性的考查。六级考试翻译真题练习中的问题主要体现在:部分学生词汇知识缺乏,词汇表达不准确,词汇搭配不正确;句子表达不清楚,语法混乱,语法知识不扎实;句间衔接不畅或没有衔接,简单句较多,没有恰当地使用复合句;英文句子完全按照原文的语序来翻译,中式英语的痕迹较重。因此,部分学生的英语语言基础需要夯实,学生应扩大词汇量,强化词汇,进一步巩固语法知识,学会恰当使用英语的主从句,用英语的表达习惯来翻译,避免中式英语,更要着眼于全篇，注意语篇的逻辑。学生平时需要多注重积累，多进行翻译练习，并在练习中注重翻译策略。

教学中，教师要重视汉英语言差异，注重跨文化教学，加强学生的英语思维训练，加大课堂教学中的翻译教学。此外，教学中要将中国传统文化有机融入大学英语教学中，让学生加深对中国文化的了解，用英语讲好中国故事，传播中国文化。

参考文献

［1］全国大学英语四、六级考试委员会.全国大学英语四、六级考试大纲（2016年修订版）［EB/OL］.［2023-04-15］.https：//cet.neea.edu.cn/res/Home/1704/55b02330ac17274664f06d9d3db8249d.pdf.

［2］教育部高等学校大学外语教学指导委员会.大学英语教学指南（2020版）［M］.北京：高等教育出版社，2020.

跨文化视角下大学英语课程思政建设初探

陶 爽[①]

> **摘 要**：本文结合大学英语课程思政的现状，探讨了跨文化视角下的大学英语课程思政建设。
>
> **关键词**：大学英语；课程思政；跨文化

1 引言

语言和文化是密不可分的，语言是文化的载体和媒介，文化影响和制约着语言交际。语言教学离不开跨文化的学习与对比。教育部2017年颁布的《大学英语教学指南》（下文称《指南》）明确了大学英语教学兼具工具性和人文性。2020年修订的《指南》第一次明确提出大学英语课程思政的要求，指出大学英语课程的目标是"培养学生对中国文化的理解和阐释能力，服务中国文化对外传播"[1]，并对教学内容的选择、教学方法与手段、教师发展等方面作出思政相关的要求和解释[2]。面对全球化的挑战，从跨文化视角探索大学英语课程思政，对高校落实立德树人、培养高质量人才，坚定中国文

[①] 陶爽，北京工商大学外国语学院讲师，主要研究方向为外国语言学及应用语言学、语篇分析和功能语法。

化自信和促进中国文化国际传播至关重要。

2 大学英语课程思政现状

近几年，大学英语课程思政教学已在全国高校陆续展开，并进入不断探索、质量提升的阶段。众多学者从多方面对大学英语课程思政进行了论述，如文秋芳[3]探讨了大学外语课程思政的内涵和框架，黄国文、肖琼[4]从"问题导向"出发，以浅显易懂的语言探讨了外语课程思政的六个要素：为什么、是什么、谁来做、何时做、何处做、怎样做。这些值得我们借鉴和思考。但在大学英语课程思政教学实施过程中，教师们面临着各种挑战，如权威大学英语思政教材的缺乏，思政素材的搜集、筛选及在教学中的有效融入，教学模式的转变，等等。在课程思政实际教学中，容易出现思政元素融入牵强、讲授僵化或者失去教学重心等，难以在语言教学中通过跨文化学习与对比做好课程思政建设，从而达到润物细无声和价值引领的效果。

3 跨文化视角下的大学英语课程思政建设

3.1 结合信息时代特点，加强教师在教学中课程思政意识的融入

在科技迅猛发展的信息时代，我们所面临的国际形势日趋复杂，充满挑战。课本不再是学生获取知识的唯一途径，网络世界提供了更加丰富又真假难辨的信息。在校大学生缺乏社会经验，在接收来自外界的信息时，容易因不能进行准确的判断而被误导。大学英语教师作为语言和文化的传授者应时刻提高自己的责任感，担负起引导学生思想和树立学生正确价值观的责任，通过大学英语课程思政教学引导学生建立正确的是非观和价值观。

3.2 促进语言基础学习与跨文化学习相结合

要实现大学英语课程思政教学的工具性、人文性和国际性，就需要在实际教学实施过程中促进语言基础学习和跨文化学习与对比相结合。正确的英语语言输入与输出是大学英语课程思政教学的前提和基础。只有夯实英语语

言基础，才能使学生有能力进行深入的外国语言文化学习，促进跨文化的学习与对比。同时，跨文化学习与对比也让学生能学以致用，极大地提高学生的语言学习兴趣，从而为中国文化的国际传播打下坚实的基础。

3.3 探索大学英语课程思政教学模式与路径

在课程思政教学中，应使思政元素充分与教材知识点和文化点融合，灵活运用教学手段，探索开发新的教学模式与路径，避免牵强、刻意、僵化。应充分利用网络时代的优势，结合时事热点，把中华优秀传统文化与英语学习有机结合，做到润物细无声，培养高质量的人才，满足国家发展战略需要。

4 结语

在新时代背景下，大学英语课程被赋予了新特征和新使命。从跨文化视角做好大学英语课程思政教学，有利于培养学生跨文化交际能力，学以致用，从而坚定中国文化自信，促进中国文化的国际传播，服务国家发展战略。

参考文献

［1］教育部．高等学校课程思政建设指导纲要［EB/OL］．（2020-05-28）［2021-08-18］．http://www.gov.cn/zhengce/zhengceku/2020-06/06/content_5517606.htm.

［2］何莲珍．新时代大学英语教学的新要求：《大学英语教学指南》修订依据与要点［J］．外语界，2020（4）：13-18.

［3］文秋芳．大学外语课程思政的内涵和实施框架［J］．中国外语，2021，18（2）：47-52.

［4］黄国文，肖琼．外语课程思政建设六要素［J］．中国外语，2021，18（2）：1，10-16.

基于测试使用论证的研究生公共英语修辞测试

田 芳[①]

> **摘 要**：修辞在英语高阶学习中频繁出现，且对于学习者充分理解阅读和听力篇章非常重要，因此在研究生英语中有必要将其列为学习内容和测试内容。本文意在通过测试使用论证（AUA）理论分析在北京工商大学研究生英语教学中对修辞策略理解的教学和测试方法，以论证其合理性和有效性。
>
> **关键词**：测试使用论证（AUA）；英语修辞；语言教学

修辞在各种语言和各个层次的语言中都会出现，随着语言学习难度和篇章多样性的增加，修辞手段也会更加丰富。每个层面的修辞都在不同角度和程度上丰富和美化了语言的表达，在某些语境下也增加了理解的难度。因此，对修辞的教学是有必要的，但将其列为教学内容后，就需要对学生进行测试。如何测试才能展现学生对修辞手段的理解和掌握？

测试使用论证（assessment use argument），简称为 AUA，是巴赫曼

[①] 田芳，北京工商大学外国语学院讲师，主要研究方向为二语习得、英语教育。

（Bachman）于 2005 年提出的测试理论，发展自巴赫曼和帕尔默（Bachman & Palmer）于 1996 年提出的测试有用性理论（test usefulness）[1]。测试使用论证足够灵活，不仅包括传统的信度和效度，还考虑到测试的影响，并具有真实语言测试和交际语言测试的特点。

测试使用论证包括一系列的主张（claims），主张由测试组织者和（或）测试使用者提出，以明确测试的用途、测试的目标以及测试的方式。对于已知测试，测试使用论证包括以下四个主张：

（1）测试的预计结果；

（2）预计要作出的决定；

（3）预计要作出的解释；

（4）预计要采用的成绩记录方式（例如：分数或文字描述）[2]。

测试使用论证为基于课堂的语言测试提供了理论基础，当应用测试使用论证设计测试时，需作出以上四个主张（如图 1 所示）。

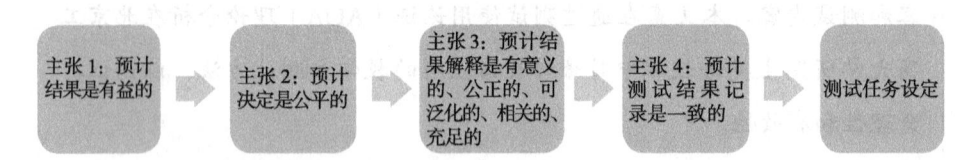

主张 1：预计结果是有益的 → 主张 2：预计决定是公平的 → 主张 3：预计结果解释是有意义的、公正的、可泛化的、相关的、充足的 → 主张 4：预计测试结果记录是一致的 → 测试任务设定

图 1　测试使用论证的四个主张

在设定修辞理解能力的相关测试前，首先解决以下问题：

第一个问题：测试会带来哪些有益的结果？要回答这个问题，需要先考虑测试的利益相关人（stakeholders），在目前例子中只涉及学生和教师。通过此测试，达到教学目标的学生会提高对英语语言的理解力和鉴赏力，其他学生能得到进一步的指导或设立新的学习目标，但总体而言，学生的语言能力得到提高，教师能够改善教学效果。

第二个问题：哪些测试决定能促成以上结果的达成？测试决定必须是公平的，所有的成绩判定都基于同样的标准，结果是公平的。我们需要认真考虑设定合理的分数为分界线并告知所有利益相关者，同时确保这个分数被应用于所有测试者的测试结果。

第三个问题：要作出测试决定，我们需要对学生的修辞语言能力有何了解？测试学生对修辞策略的掌握程度与作出形成性和总结性评价均相关。对测试结果的解释必须为测试组织者提供足够的信息，因此需要认真考虑，并在必要时咨询其他该测试的使用者到底需要得到哪些信息，并确定需要的结果是否能从单一测试中获得，若不能，还需要哪些测试。测试结果的意义在于以所有人可理解的方式向利益相关者提供所测试语言能力的信息，在本例中为教师和学生都能通过测试结果得知学生对英语修辞的理解程度是否达到教学目标要求。测试结果应该能被泛化，在本例中应能反映学生在测试之外对英语修辞的掌握和理解情况。测试结果还应是公正的，不会对某些学生格外有利或不利。

第四个问题：哪种测试结果的记录方式（如描述、分数、等级等）是最合适的？即测试结果的分值应保持一致，即使测试于不同的时间、针对不同学生群体。

在以上四个主张的指导下，研究生英语修辞策略的测试采用了形成性评价和期末考试评价两种方式。形成性评价的解释基于学生以组为单位完成的小组作业，为教师提供教学成果的回馈信息并帮助教师决定是否需要增加该项内容的教学时长，为学生提供进一步的学习目标，评价结果以等级方式体现以保证其一致性及可理解性。期末考试评价的解释基于标准化试题，每一道试题测试且仅测试一项修辞策略，评价结果以具体分值的方式体现，标准化试题保证了评价结果的一致性。

测试使用论证为语言测试实践提供了理论框架，拓宽了测试实践的道路，保证了语言测试的有效性、一致性和信度。本文所讨论的修辞理解能力测试中，依照测试使用论证的四个主张设计出符合课程内容和教学目标测试方式，同时使教师和学生受益。

参考文献

［1］辜向东，彭康洲. 从测试有用性到测试使用论证：Bachman 语言测试理论的新发展［J］. 中国外语，2008（6）：37–41，46.

［2］BACHMAN L，DAMBOCK B. A new approach to classroom-based language assessment［J］. 语言测试与评价，2022（1）：4–25.

浅谈拼图式阅读在大学英语教学中的应用

王劲松[①]

> **摘　要**：拼图式阅读是一种可以提高学生课堂参与度和学习兴趣的教学活动。它不仅适用于中小学阅读教学，也适用于大学英语阅读教学。本文探讨了拼图式阅读在大学英语阅读教学中发挥的重要作用以及具体的实施方法。
>
> **关键词**：拼图式阅读；大学英语；阅读教学

1　引语

拼图式阅读（jigsaw reading）是美国著名教育家和社会学家埃利奥特·阿伦森在20世纪70年代引入教学中的。当时由于种族隔阂，不同种族的学生之间互不信任，极少交流，从而导致课堂教学难以进行。阿伦森及其合作者认为只有加强学生间的交流合作才能改变这种局面。在这种情况下，阿伦森提出了拼图式阅读策略。在大学英语阅读教学中，拼图式阅读同样可以发挥重要作用[1]。

---

① 王劲松，北京工商大学外国语学院讲师，主要研究方向为语言学、教学法。

2　拼图式阅读的主要步骤

拼图式阅读主要分为三步，简单地说，就是学生从拼图组（jigsaw group）领受任务，然后到专家组（expert group）进行讨论，最后回到拼图组分享讨论结果的过程。

第一步：教师在课前把要阅读的文本分成若干部分，然后据此将学生分组。每个小组人数应与文本所分部分的数量相同。例如：如果文本划分成A、B、C、D四部分，则把学生分成若干个四人小组。这个小组叫作拼图组（jigsaw group）。拼图组中的四个同学也分别定为A、B、C、D四个角色。角色的分配可以由教师指定，也可由学生自由选择。

第二步：学生确定各自的角色后进行重新组合，所有A为一组，所有B为一组，依此类推。这些重新组合成的小组被称为专家组（expert group）。学生在专家组中要就他们的阅读任务进行深入阅读和充分讨论。

第三步：学生在各自的专家组完成讨论后再回到原来的拼图组，为其他组员讲解自己负责的阅读内容。当拼图组内的每位同学都完成自己负责的语篇部分的讲解后，大家便形成了对完整语篇内容的理解。

3　拼图式阅读在大学英语阅读教学中的应用

大学英语阅读教学中，为了活跃课堂气氛，增加学生的学习兴趣和参与度，教师往往会组织小组讨论。但在传统的小组讨论中，学生的参与度并不能得到有效提高，学习效果难尽如人意。在小组讨论中比较活跃的是少数学生，而那些在课堂讨论中一言不发的学生在小组讨论中仍然沉默不语。而作为合作学习的有效方式，拼图式阅读可以较好地解决这个问题，因为每个人都在拼图小组中发挥着重要作用。

笔者组织学生进行拼图式阅读时，会向学生特别强调拼图小组中每个学生都是不可或缺的角色，他们要完成的任务是组内其他人无法替代的。如果他们不能完成自己的任务，就会影响其他同学对语篇的理解，"拼图"就无法完成。意识到自己的重要性，学生在参加专家组的讨论时甚至比平时听课更认真，这就更有利于实现教师设定的教学目标，因为专家组中进行的讨论正是学生深度理解语篇的重要环节。为了引导学生更好地理解语篇和实现一定的教学目标，笔者会就阅读中应该掌握的内容设计相关问题供学生在专家组中讨论，并要求他们回到拼图组时依据这些问题为其他同学讲解语篇。如果学生能在专家组的讨论中解决这些问题，那么相应的教学目标就能实现。经观察，无论在专家组的讨论中还在拼图组的语篇讲解中，学生普遍更加积极认真，也更敢于提出问题和回答问题。

拼图式阅读虽然具有独特的优势，但能使之有效进行并达到预期效果离不开教师课前的精心准备，课上的鼓励督促、适度参与和总结点评。首先是阅读材料的选择：可以是关于同一主题的多篇文章，也可以是各个部分的内容相对独立的一篇文章。接下来是分组：虽然可以让学生自由组合和自由选择角色，但是如果教师指定角色和拼图组成员，则能够让拼图组和专家组的水平更加均衡，也更有利于讨论的进行。在所有学生完成上述的第三步后，教师可以通过提问或小测验的方式检测学习效果，确保学生对阅读语篇的正确理解。

4　结语

拼图式阅读是合作学习的一种有效方式，可以提高学生在阅读活动中的积极性和参与度。但对于英语大班教学而言，进行拼图式阅读存在一定困难，因为班级人数多，所以对人员的调度会比较费时。另外，在英语低级别班级中进行拼图式阅读时，由于学生基础普遍较弱，所以教师在确定角色时难以找到足够数量的可以在专家组讨论中起带头作用的学生。在以后的教学中需要寻找应对这一问题的解决办法。

参考文献

[1] 黄娟，袁智斌，傅霖.大学公选课中运用"切块拼接法"改善学习效果的探索[J].高教探索，2014（2）：113–118.

"产出导向法"视域下基于课文材料的分级写作任务设计
——以《捉螃蟹》为例

王秀贞[①]

> **摘　要**："产出导向法"是近年来不少英语教师采用的教学方法，很多实践已经证明这是行之有效的方法，因为它追求的"让学习发生"正是英语课堂要实现的教学目的。本文针对北京工商大学英语课设置四个教学团队、十个学生级别的创新做法，结合"产出导向法"中有关任务设计的特点，以《新标准大学英语3》（第二版）中的《捉螃蟹》一文为例，说明不同级别的任务设定可体现出不同的难度区分。
>
> **关键词**：任务设计；分级教学；相关性；交际性；挑战性

1　引言

"产出导向法"以任务产出为导向，改变了过去英语课堂以单词、句子和篇章理解为讲授核心的做法，眼见经过精心设定的任务逐步完成，学生各有所得，教师会获得更多成就感。

---

① 王秀贞，北京工商大学外国语学院讲师，主要研究方向为英美文学、英语教育。

北京工商大学英语教学实行十个级别的分层，分为四个教学团队：1~4级，5~6级，7~8级，9~10级。各级别之间，尤其两个极端级别之间，学生的英语水平和学习能力差异明显。因此，有针对性地确定适合各级别的任务显得尤为重要。

2 "产出导向法"视域下任务设定的特征——"RIC"

根据文秋芳教授对"产出导向法"中任务设定的相关论述[1]，笔者总结了以下三个特征，取其首字母，组合为"RIC"。

R—relevant，相关性。任务的设定首先要与学生的生活相关，让学生有话可说，有参与任务的热情。

I—interactive，交际性。设定任务时，要使任务场景具有真实性，是学生在现实生活中很可能会遇到的情形。能实现真实的交际目的，学生的积极性才会被充分调动起来。

C—challenging，挑战性。如果任务过于简单，学生容易失去参与的兴趣；如果难度过大，学生会望而却步、不敢尝试。所以，最合适的难度是让学生"跳一跳够得着"的难度，在老师帮忙搭好的"脚手架"的帮助下，能够较好地完成任务。

3 以《捉螃蟹》为例的分级任务设计

《新标准大学英语综合教程3》中的《捉螃蟹》(*Catching Crabs*)一文，其内容并不难懂，但不同级别的学生的接受能力还是有差异的。所以，如何用好课文材料，设计出让不同级别的学生都能"有所得"的具备难易梯度的任务，就要考虑以上三点：相关性、交际性、挑战性[2]。

比如，课文中有一段描述：螃蟹在篓筐里互相牵制，导致一只螃蟹都逃不出去。此处读起来不难，但写起来并不容易。所以，针对北京工商大学分级教学情况，结合学生的特点和能力，如用该处材料设定一个写作任务，可进行以下区分：

1~4级学生：英语学习有些吃力，产出能力不足，但具备较好的模仿能力。所以可将其任务设定为：仿照书上对螃蟹动作细节的描述，用自己的语言重新组织一遍［You are taking an exam, and you are shown a video clip（crabs in a basket）and are asked to describe it.］。

5~6级学生：有一定的英语学习能力，基本功不够扎实，但有一定的执行力。所以其任务可设定为：你跟一位美国朋友聊天，被问及是否遭遇过"螃蟹效应"（Your American friend is chatting with you online, asking "Have you met 'crab mentality' before?" You will respond to this friend in English.）。

7~8级学生：英语学习能力较强，基本功比较扎实，具备较强的执行力和表达能力。所以其任务可设定为：跟刚才那位美国朋友的聊天继续深入，回答"为何'螃蟹效应'是负面的？它给我们带来什么？"（Your discussion with the American friend goes deeper, and he asks "Why is 'crab mentality' negative?" What are you going to cover in your response?）。

9~10级学生：基本功扎实，执行力强，对英语的把控能力很好。所以其任务可设定为：假如你作为公司老总，发现"螃蟹效应"已影响到公司的发展，你会如何应对？（Suppose you were the boss of a big company, and you have discovered some "crab mentality" has impeded the growth of your company, how are you going to cope with the situation?）

4 结语

"产出导向法"中的任务设定践行了因材施教的教育理念，即：基于学生的英语能力，依据"RIC"的原则，设定让学生有话可说、说得清楚、说完有收获的任务，以最大程度保证课堂上"有学习发生"。这样的做法尤其适合北京工商大学分级教学的现状。

参考文献

[1] 文秋芳，孙曙光. "产出导向法"驱动场景设计要素例析[J]. 外语教育研究前

沿,2020,3(2):4-11,90.

[2]黎楠.产出导向法中产出任务设计的原则与应用[J].海外英语,2019(24):193-194.

数字化转型背景下的大学英语教学

王秀珍[①]

> **摘　要**：在大数据、人工智能、虚拟现实等高新技术迅速发展的大趋势下，数字经济的地位举足轻重。将数字技术与外语教学深度融合，推进教学改革与创新，是新时代外语教学面临的重要任务。本文探讨了数字化转型背景下大学英语教学的特征，从教师素养、教学资源、教学方法以及教学效果提升等方面提出了几点思考，以期有助于外语教学的进一步优化。
>
> **关键词**：数字化；教学；技术

1　前言

在大数据、人工智能、虚拟现实等高新技术引领世界科技革命与产业变革的大趋势当中，数字经济的地位举足轻重。各个领域的数字化转型必将推动教育领域的改革与创新，外语教学也不例外。外语教学兼具工具性与人文

[①] 王秀珍，北京工商大学外国语学院讲师，主要研究方向为第二语言习得、教学法、语言学和翻译等。

性的双重特点，肩负着培养具备良好的外语能力、开阔的国际视野、卓越的对外交流能力的人才的重任，将数字技术与外语教学深度融合、推进教学改革与创新，是新时代外语教学面临的重要任务。

2 数字化推动教学发展的主要阶段

数字化是利用现代信息技术促进优质教育资源共享、教学方式变革、教学流程重构的历史进程，大致可分为技术导入、融合创新和全面转型三个主要阶段[1]。工业时代的教学模式以黑板+粉笔为工具，形成了以教师、教材、课堂为中心的教学模式，方法内容相对单一。在信息化时代，随着计算机、互联网的广泛普及，黑板逐渐被白板取代，教学资源以数字的形式逐渐出现，学生有机会体验到图文并茂、视听一体的学习资源，教学内容可以通过图片、动画、视频等媒介形式更加具体形象地呈现在学生面前，互联网使得教学资源可以远程共享，在线课程成为现实。在这一阶段，尽管数字化资源得以应用，但局限于把课堂、书本上的内容搬到线上的层面，教学模式和人才培养模式没有发生根本性的转变。

融合创新阶段的主要特征是技术应用与课堂教学的融合，教师是主导力量，新的教学模式不断涌现。在这一阶段，线上线下相结合的混合式教学成为常态，启发式、探究式、互动式教学模式基本普及，智能助教、智能学伴系统开始应用，技术在推动教学模式和方法创新方面发挥出日益重要的作用。

随着元宇宙等新技术的进一步发展和深度应用，教育教学进入全面转型阶段。传统意义的校园围墙和教育机构边界将被打破，形成开放式、沉浸式、交互式的数字化教育新空间。教学场域、教学主体、教学资源、教学模式以及教学评价都将是全新的模式。学生可以根据自己的兴趣爱好和需求发展选择学习不同学校的课程，教师需要根据不同学生的特征设定个性化的教学和培养方式，因材施教更加可行，终身接受教育得到了强有力的保障。

3　数字化转型下的大学英语教学特征

在数字化转型教育的背景下,大学英语教学的数字化转型在教学环境、教学工具和教学方法等方面都将展示出全新的特征。

在教学环境方面,"融合""沉浸"不再陌生,英语教学可以打破时空的限制,实现教师、机器、学生的一体化。教师和学生可以在虚实结合、开放自主的环境中进行教学沟通和学习交流。云端一体化教室、虚拟现实（VR）实验室、学科智慧教室等先进的互动型教学环境都将助力学生随时随地提升自己的听、说、读、写、译技能,灵活多样的互动教学将有助于学生的个性化学习,实现技术与教学场景的融合。

教学工具与多种技术结合,能够实现高度智能化。语音实时互动和高精度语音测评将促使学习者及时纠正语音错误。教师可以利用智能化语言学习平台训练学生的发音,让学生进行听音模仿、角色跟读。智能评测工具能够对录入学生的口语发音自动识别并进行评分,实时反馈[2]。数据驱动的批改平台能实现自动批改、自动纠错以及语言知识的拓展。智能化的练习工具将根据学生的薄弱环节自动设置相应的内容,制定个性化的提升练习。

数字化转型背景下的大学英语教学方法将更加灵活多样。由于智能导学、人机共教等创新理念的发展,外语教学将趋向智能化、精准化、个性化。教师可以根据学生的特点和需求推送丰富的外语学习资源,推动学生利用碎片化时间进行学习。学情分析系统能够帮助教师迅速、全面掌握学生的学习状态、进度和成绩等信息,根据数据分析结果,及时发现问题、调整教学方法,灵活组织教学活动。

4　大学英语教学数字化转型的思考

在数字人文时代,大学外语教学正在加速数字技术的应用和创新。大学外语教师不但要具有数字技术的理念,而且要有数字素养。在教学中,要充分利用数据,基于数据确定教学方法,基于数据有针对性地为学生提供资料和辅导。要善于学习信息技术、应用信息技术，不但能够使用信息技术，而且能够使用得十分巧妙。

在教学资源建设方面，要方便学生根据自身需要获取教学资源，要根据学生的兴趣和需要向学生提供资源。在教学方法上要采取多种多样的形式，翻转课堂、微课、线上线下混合教学融合使用，以适合不同情况的教学。对于学生的个性化学习指导，要研究、收集关于学生学习过程或学习效果的数据，并基于数据分析对学习提供有针对性的指导。对于学习效果，在分析学生作业、测试成绩等大量语言数据和构建模型的基础之上，作出改进和提升。

参考文献

[1] 杨宗凯，王俊，王美倩. 数字化转型推动外语教学创新发展 [J]. 外语电化教学，2022（5）：3-5，105.

[2] 祝智庭，罗红卫，王诚谦，等. 外语教育数字化转型与融合创新 [J]. 外语电化教学，2022（4）：7-17，110.

新文科建设视阈下"商务西班牙语"课程改革路径研究[①]

肖云逸[②]

> **摘　要**：新文科建设背景下，高校外语专业课程建设亟须改革，以适应新的要求。本文分析了新文科建设目标指引下"商务西班牙语"课程开展的现状，找出主要问题，从教学内容、评价机制、队伍建设三个方面提出课程改革路径，希望弥补现有教学环节中的不足，从而提高教学质量和学生的学习效果，更好地培养学生的国际商务能力，促进专业建设，提升人才培养水平。
>
> **关键词**：新文科；商务西班牙语；课程改革

新文科建设要求人文学科加速创新发展，构建具有世界水准和中国特色的人文学科人才培养体系。它强调人文学科要有新的特点、新的标准，在国家战略、社会需要等方面重新定位与凸显特点，顺应时代发展，不断推进学

---

① 本文系北京工商大学教育教学改革一般项目"新文科建设视阈下西班牙语专业校本特色课程体系化改革探究与实践"阶段性成果（项目号：jg225218）。
② 肖云逸，北京工商大学外国语学院讲师，主要研究方向为西班牙语笔译、西班牙语教学、跨文化研究。

科交叉与融合，培养更多高素质和复合型人才。

1 新文科建设对外语专业课程的要求

在新文科建设的时代背景下，高校外语专业要明确自身专业定位，基于学生综合素质、创新能力和实践应用能力培养的需求，实现专业人才培养知识结构与社会需求相衔接。在课程建设方面，语言专业课程要突出新特色，强调"理论+实践一体化"发展，注重跨学科融合，提升学生的综合素养[1]。

2 "商务西班牙语"课程现状及问题

"商务西班牙语"是北京工商大学西班牙语专业特色选修课程，以培养"外语+商务"的国际化、复合型人才为目标，将语言与商务知识有机融合，面向已有一定语言基础和经济学、管理学知识的西班牙语专业学生。课程开设在第六学期，内容为通过理解课文的方式让学生了解西班牙及拉美经济的基本特点和现状，学习经贸类西语词汇，考核方式为以阅读、写作为主的闭卷考试。

目前本课程仍以传统的教学模式为主，侧重语言能力的提升，在商务知识讲授和商务思维能力培养方面的投入不足。在师资队伍方面，北京工商大学西班牙语专业教师队伍以语言专业背景为主，有相关专业知识背景的教师数量不足，一定程度上影响了学科交叉的效果。此外，虽然学生在前期已经学习过经济学、管理学知识，但由于相关课程开设学期较早且为中文授课，学生在第六学期时已遗忘大部分所学内容，无法将所学知识转化成西班牙语，致使这些课程未与"商务西班牙语"课程形成有效结合，学生学习效果大打折扣。

3 课程改革路径探索

3.1 教学内容——能力、知识、素养"三合一"

"能力"是指语言能力，语言能力是本专业培养的重点和核心。"知识"是指商务、经济学、管理学等方面的基础知识。在教学过程中应着重提高这部分内容比例，带领学生回顾并补充经济学、管理学相关知识；同时，充分利用线上教学资源，如 MOOC、学堂在线等，采用课前、课后线上自主学习的方式，帮助学生建立上述学科的思维模式；在课堂教学中坚持用外语或双语教学，使语言学习与商务知识学习有机结合，提升学习效果。"素养"是指学习能力、交际能力和专业知识的运用能力。在教学过程中，应通过组织模拟真实国际商务场景，如会面、谈判等，引导学生将所学知识应用到实际当中；另外，鼓励学生积极参与课程相关社会实习实践，发挥社会"第二课堂"的作用。

3.2 评价机制——多种方式相结合

应强调过程与结果并重，提高过程评价在考核中所占比例，将教师点评、学生互评、小组评价多种评价方式相结合，在学生每次课前自学、作业、小组展示、课堂实践后进行反馈，及时检验学生的学习成果并解决存在的问题，提高评价对学生有效学习的促进作用。

3.3 师资队伍建设——教师背景提升与转型

应鼓励教师通过参加培训、提升学历等方式主动学习交叉学科领域相关知识，鼓励有意愿的教师在科研上向相关方向转型，打造更为专业化的教师团队，推动课程建设和专业发展。在招聘新教师时，应关注专业背景和研究方向，根据专业建设需求，适当增加有商务、经贸背景的教师数量。

4 结语

新文科建设对高校外语专业课程提出了新的要求，"商务西班牙语"课程应进一步加强与相关学科的交叉融合，通过不断优化改革，以培养具有扎实的外语基本功、掌握相关专业知识、适应我国发展需要的复合型外语人才。

参考文献

[1] 王立非, 宋海玲. 新文科指引下的复合型商务英语人才培养理念与路径 [J]. 外语界, 2021（5）: 33–40.

如何引导学生利用 TED 演讲视频
提高英文思辨能力？

许兰贞[①]

> **摘 要**：想要通过看有趣的视频提高英文思辨能力，TED 演讲视频不失为明智之选，因为 TED 演讲者在英语语言使用能力、演讲技巧、内容的组织与传达、逻辑思辨技巧上都可以对学习者有所助益。教师可以从四个方面有效引导学生合理利用 TED 演讲资源。此外学习者必须有刻意学习的意识，从所选择的演讲中汲取信息和知识，探索由英语构筑的世界，修补完善自己的知识体系。
>
> **关键词**：TED 演讲；英文思辨能力；演讲题材；字幕

作为大学英语教师，笔者经常被学生问及："可以通过看视频提高英语听说读写能力吗？"他们期待的答案通常是："当然可以，每天多刷英剧和美剧就会全面快速提高英语水平。"然而，这对于大多数英语学习者来说都不切实际，即使喜欢的电视剧已经刷了三五遍，我们往往只记得某些令人回味的故事情节、男女主角的容颜和性格特点以及剧中出现频率极高的那几句

[①] 许兰贞，北京工商大学外国语学院讲师，主要研究方向为大学英语教学和商务英语教学。

台词而已。想要通过看有趣的视频来真正提高英语能力、锻炼英文思辨能力，TED 演讲视频不失为明智之选。

TED（Technology，Entertainment，Design）是一个非营利性的、传播新思想新理念的组织，其宗旨是"用思想的力量改变世界"。通过 TED 官网所呈现的几千个演讲，我们不难看出 TED 演讲者来自教育、商业、科技等不同领域，他们的演讲也的确做到了传播有价值的信息，绝大部分演讲者在英语语言使用能力、演讲技巧、内容的组织与传达、逻辑思辨技巧上都可以给学习者带来无限"干货"。

事实上，随着 TED 微信公众号的推广，TED 演讲正在受到越来越多英语学习者的喜爱，其每日更新的演讲以及精彩演讲合集的播放量非常可观，体现出观众对 TED 演讲的广泛认可和好评。首先，TED 演讲者来自世界各地、各行各业，许多甚至是各自研究领域的先驱和佼佼者，他们的视野、格局和见识远在普通人之上，因而能够拓宽学习者的眼界，为他们打开一扇新的窗户，了解不同的或者未知的领域；其次，TED 演讲大多展示演讲者的个人经历和新鲜奇特的观点，其内容丰富有趣，涵盖面非常广，因而能够满足学习者不同的兴趣爱好，使他们可以选择自己偏好的话题；同时，TED 演讲通常都是短小精练的，能够在十几分钟内为学习者带来地道的沉浸式英语语言体验，同时可以让学习者欣赏这些演讲者的演讲技能和舞台风采。作为一名直接面对大学生的英语教师，笔者从 TED 演讲中借鉴到了许多解决问题的新方法，在面对学生自律不足、自信心缺乏、拖延症严重等问题时有许多新的思路和视角，与学生们的沟通和探讨也能有的放矢、言之有物。作为英语学习者，无论是教师还是学生，只要我们常常抱着一种虚心、开放的学习态度，TED 演讲一定会让我们受益匪浅，在一定程度上帮助我们开阔眼界，让我们能够借鉴专业人才的视野，找到提升自己的方法。

如何有效观看 TED 视频以达到提升英语水平的目的？

第一，改变学习者看视频的态度和期待。不可否认，TED 演讲没有跌宕起伏的故事情节和错综复杂的人物关系，但是在短短的十几分钟里，演讲者带来令人深思的社会话题，他们往往从自己不同寻常的人生经历或者科研结果出发，带领观众深入浅出地了解及思考某一话题。学习者可以通过这些演讲拓宽眼界，开阔思维，提升自己的认知和格局，从而与时俱进。

第二，选择适合的演讲题材和内容。在 TED 官网，学习者可以按照主题来检索相关演讲的题材和内容，优先选择自己感兴趣的主题。比如针对大一新生容易出现的时间管理问题，教师可以分享两个相关的视频，让学生们在一周时间内进行深入学习，通过两个不同维度和视角的演讲，让新生重视时间管理，避免出现重度拖延症，这对于学生未来的大学生涯是大有裨益的。其次，通过观看这两篇非常精彩的演讲，学习者会学习和积累许多语言素材和独到见解。

第三，关掉字幕拼实力，打开字幕找漏洞。TED 公众号有个非常周到的设置：对于每一个演讲有三个选择：带字幕的视频、不带字幕的视频以及单纯的音频。视频和音频下面还附有演讲的文本内容，而且是中英文对照的文本，这对于学习者是非常友好的。对于真正想要通过看视频提高英语的学习者，一开始就要丢掉字幕这个"拐棍"，否则效果减半，之后做听力或者听演讲仍旧一知半解，把握不住重点。看 TED 演讲，需要关掉字幕拼实力，认真努力去倾听，这也是选择材料的一个衡量标准。比如，一个演讲如果只能听懂零星片语，则需要果断换一篇，太难的语篇耗时太多，也会打击学习的信心和积极性。如果一个视频关掉字幕后能听懂一半左右，就可以将其选择为适合自己的学习材料，通过不断重复收听，及至听懂了八九分，再打开字幕找漏洞，有针对性地分析遗漏部分的内容（或是知识盲区，或是疑难生僻词汇，也有可能是弱读、连读等原因导致的）。分析后再重点加强这些遗漏部分的学习，力争碰到问题就地解决，让类似的问题在日后的学习中不再成为障碍。

第四，在听一场 TED 演讲的过程中，英语学习者除了对演讲者地道标准的表达、丰富漂亮的词汇进行学习、积累之外，一定要自发地去思考、分析演讲者的语言逻辑和框架，仔细体会他是如何用地道准确的英语有条理且具说服力地表达出来的，这也是我们作为英语学习者以及使用者需要刻意学习和练习的。无论是国内的四、六级考试还是国际上的雅思、托福考试，英语学习者面临的两大挑战是写作和口语，TED演讲作为一个用归纳或演绎法证明观点的范本，可以为学习者带来很大的启发和帮助。

例如，有一个2013年的演讲风靡全世界，点击率已超过1 100万次，演讲者为宾夕法尼亚大学心理学教授安吉拉·达克沃思（Angela Duckworth）。演讲中，她首先阐述她和团队致力于研究"决定孩子成功的因素是什么"，接着展示了他们围绕西点军校、私人企业、常规学校所展开的一系列研究，然后分享研究的结果：他们发现各个行业中表现突出的人都表现出一种明显的性格特征——Grit，中文翻译为"毅力"。达克沃思接着解释：Grit不是"吃得苦中苦，方为人上人"的苦修式的坚持，而是对长期目标的持久热情与恒心坚持。她最后得出结论：只有当热情与坚持相互促进，才能真正地走向卓越和幸福。

总之，想要通过TED演讲有效学习和提高英语，抱着"长见识""刷视频"的心态是远远不够的，学习者必须有刻意学习的意识，物尽其用地从所选择的演讲中汲取信息和知识，从中提炼总结，探索由英语构筑的世界，同时修补完善自己的知识体系。

POA 理论下大学英语课程思政"三位一体"教学探究[①]

杨雪莹[②]

> **摘　要**：将知识、能力及价值培养融为一体是教育部针对高校课程思政提出的新要求。本文在产出导向法（POA）理论指导下，探究大学英语课程思政中将知识传授、能力培养和价值塑造三位融于全人教育一体的教学模式，并对具体单元内容大学英语思政"三位一体"进行简要教学设计。
>
> **关键词**：课程思政；大学英语；三位一体

1 "三位一体"大学英语课程思政

2020 年教育部《高等学校课程思政建设指导纲要》中指出："落实立德树人根本任务，必须将价值塑造、知识传授和能力培养三者融为一体、不可割裂。"[1]大学英语课程不仅传授语言知识，更是文化和价值观的重要载体，

[①] 本文系北京工商大学教育教学改革研究重点项目"语言·思辨·思政——三位一体教学模式下的大学英语教学资源配置"阶段性成果（项目号：jg2151009）。

[②] 杨雪莹，北京工商大学外国语学院讲师，主要研究方向为英语教学、跨文化交际。

坚持价值塑造、知识传授和能力培养"三位一体"，应做到将价值塑造贯穿于知识传授的过程中，在教学活动的开展中实现能力培养。教学设计应以单元主题为依托，挖掘其内容导向中的语言、能力及思政元素，并通过教学环节将三者自然编织在一起，避免割裂地添加为思政而思政的内容，引导学生讲好中国故事，树立正确价值观。

2 产出导向法（POA）

英语教学法实践于真实课堂时，往往会面临"水土不服"或"流于形式"的问题。产出导向法（production-oriented approach）是根据中国高校外语教学实践提出的具有中国特色的外语教学理论。产出导向法中"全人教育说"提出外语教师应通过精心选择任务话题及输入材料，巧妙地教学组织，实现语言教学的工具性和人文性目标[2]。POA教学理念中"学用一体说"强调"用"的部分，在作为通识公共课程的大学英语教学中不仅包含着语言知识的显性之"用"，也包含对思辨能力、文化意识、价值观塑造等的隐性之"用"。该理论在学用交融的教学组织中，通过输入性学习和产出性运用在语言、能力及思政方面有机联合，达到全人教育的目的；同时，尝试弱化教材的内容导向而增强结构导向，从教材主题深挖围绕"三位一体"的教学目标，让课文成为学习载体而非学习主体，使学习者真正落地使用语言，在知识、能力、价值层面将其"用"有机内化，通过驱动（motivating）、促成（enabling）及评价（assessing）三个阶段设计，使学习者的三个维度能力在输入—内化—产出的过程中得到提升。

3 "三位一体"教学实施

在POA理论指导下，本文以《新标准大学英语综合教程》（第二版）第一册第六单元"Arrivals and Departures"为例。该单元在"旅行"的主题基础上，从知识传授、能力培养及价值塑造三个维度梳理教学目标，将教学内容实施构想进行简要呈现，通过为自己的家乡城市设计文化旅行路线并撰写宣传稿，培养学生的综合语言运用能力、思辨能力、创新能力、协作能力、互联网检索能力、信息整合能力、公共演讲能力等。教师通过课程教学培养学生民族自豪感及文化身份认同，使学生了解中华传统文化、生态文明、乡村振兴等概念，树立正确价值观。

在驱动环节，教师通过带领学生观看"Amazing China"等视频进行任务导入，进而通过赏析中国传统古诗文英译等活动，结合如"大唐不夜城"等依托传统文化、少数民族文化、村寨文化、红色文化、生态文明等旅行亮点的资料的阅读，丰富语言信息输入，引出设计挖掘家乡文化底蕴的旅行路线及宣传的语言任务。在促成环节，教师首先引导学生写出家乡旅行亮点关键词，并布置模拟情境对话任务连点成线，为产出任务做练习及储备。接着教师描述产出任务的具体要求，并布置课外小组任务，给出具体评价标准。在评价环节，通过对该任务的展示，开展学生互评和教师评价，并进行对该任务的总结。最后围绕主题探讨如何批判性看待及整治个别地方的旅游乱象。

4 考核评价机制

大学英语课程思政的评价体系和方式多数是不平衡的，即重考查思政是否"添加"进教学环节，而轻评估思政"融入"的真实效果；重考查教师思政内容的讲授，而轻评估学生吸收的效果。作为需要内化的、隐性的"用"，很少体现在考核评价机制中。而在这一现状下，教师应发挥其主观能动性，通过开放性课内外任务，在语言及能力评估的基础上加强对学生思政学习效果的隐性评估，并通过其教学效果不断改进和调整教学设计，完善大学英语课程思政的"三位一体"，培养能够扎根中华文明、讲好中国故事、促进世界交流的人才。

参考文献

［1］教育部. 高等学校课程思政建设指导纲要［EB/OL］.（2020–05–28）［2023–01–02］. http://www.moe.gov.cn/srcsite/A08/s7056/202006/t20200603_462437.html.

［2］文秋芳. 构建"产出导向法"理论体系［J］. 外语教学与研究，2015，47（4）：547–558.

西班牙语语法教学数字化初探[①]

张馨予[②]

> **摘　要**：随着信息技术的发展，网络化、数字化、智能化、个性化的教学工具使得外语教学发生了巨变。西班牙语语法教学在使用数字化工具得到便利的同时面临着诸多的挑战。本文将探讨西语语法教学中可以使用的数字化工具平台和方式方法，同时提出数字化教学的不足并探讨解决相关问题的方法。
>
> **关键词**：西班牙语语法；语法教学；数字化

1 引言

数字化工具的广泛应用为各行各业提供了巨大的便利，也带来了新的机遇和挑战。2020年初新冠疫情暴发以来，为了保护广大师生的生命健康，全国高校在疫情暴发期间纷纷采取线上教学模式，这一突发公共卫生事件推动了数字化教学的探索和发展；随着后疫情时代的到来，高校陆续恢复线下教学，但是探索数字化教学的脚步并未停止。在数字化教学手段不断进步和全

[①] 本论文系北京工商大学教育教学改革研究一般项目"网络化、数字化、智能化、个性化背景下的西班牙语语法教学研究"成果（项目号：jg225219）。

[②] 张馨予，北京工商大学外国语学院讲师，主要研究方向为对外西班牙语教学。

球化背景下，传统的西班牙语教学，尤其是语法方面的教学和学习方式、考核方式亟待变革。

2 西班牙语语法数字化教学的探索

2.1 教学和学习方式的探索

语法教学仍然是当今高校西班牙语专业教学的重点和难点。绝大多数中国学生在进入西班牙语专业学习之前从未系统学习过西班牙语。汉语和西班牙语分属汉藏语系和印欧语系，两种语言的语音、语法和词汇大相径庭。因此，教师必须重视语法教学，学生只有掌握了正确的语法，才能搭建西班牙语学习的坚实框架，再配合准确的发音和丰富的词汇，流利地使用西班牙语。

传统课堂模式下，教师在课上对西班牙语语法进行讲解，学生课后完成配套练习，教师批改作业后再纠正学生的错误。在数字化手段的加持下，教师除了在课堂现场进行讲解以外，还可以借助网络资源，收集材料备课，准备电子教案[1]，学生还可以在 MOOC、TED、北外网课、Rosetta Stone 等平台以免费或付费的形式观看课程；教师本人还可以通过腾讯会议、钉钉、雨课堂、哔哩哔哩等网络平台以直播或者录播的方式讲授自己的课程。讲解语法知识这一环节在数字化手段的辅助下有了更大的灵活性和便利性。学生能够不受时空限制，随时随地观看课程内容的讲解。

社交媒体的发展使得师生交流互动不局限于课堂之上，师生可以约定时间和平台进行答疑解惑，方便一对一、个性化交流，有利于解决不同学生的不同问题。同时，学生可以通过电子邮件和社交软件留言的方式向教师提问，教师解答问题的时间变得更加灵活。学生的学习体验得到极大的提升，教师的工作效率也随之提高。教师不再是知识的占有者和提供者，而变为课堂的组织者和学习的引导者[2]。

2.2 考核方式的探索

数字化工具带给了教师更多考查学生学习成果的方法。学生可以通过线上考试系统接受测验，因此在很多情况下，考试不再受限于时间和地点。由于语法教学的特点，很多试题和练习都是客观题，现有很多数字化工具可以完成考试和练习的客观题批改工作，能够节省教师的时间，提高批阅工作的准确性和客观性。教师还可以通过BB平台等工具开设微论坛，在网络上采取类似BBS的方式和学生在讨论中指导学生学习，增加师生互动，同时摆脱了现实课堂讨论的时间和空间限制，也更有利于教师了解学生的学习思路和错漏，从而总结教学经验，提高教学效率。

2.3 数字化教学在语法教学中面临的问题

第一，在数字化语法教学中，因为很多语法理论知识都能通过网络搜索或者在教师分享的资料中找到，学生很多时候容易过度依赖网络资源，不去花费时间精力记住知识，这不利于学生真正掌握语法。第二，很多学生因为害怕面对教师，会更倾向于选择在网上进行交流，拉远了师生距离，不利于教师了解学生心理。第三，虽然近年来线上考试和批改工具取得了长足的进步，但是如何保证线上考试的诚信依旧是难题。如果学生在线上考试过程中采取了作弊手段而未被发现，则不利于教师了解学生的真实学习水平，无法精准调整后续教学，这也是对考试公平公正秩序的挑战。第四，目前现有的大多数数字化外语教学工具都是针对英语设计的，缺少精确针对西班牙语设计的数字化工具，尤其在语法教学中，更多的教师还采取传统方法和工具，后续我们应当加强西班牙语语法数字化教学资源库建设，造福广大西语师生。

3 结语

虽然数字化工具方便了西班牙语教学工作，但是也给广大教师带来了一定挑战。借此机遇，教师们应该在教学工作中做更多的探索和研究，构建更丰富的数字化教学资源库，更好地构建一套标准化流程，从而提高数字化教学工具的利用效率，完善自身的教学工作。

参考文献

［1］张文霞，黄静.构建信息技术在大学英语课程中的运用框架［J］.现代教育技术，2014，24（1）：75–83.
［2］刘润清.大数据时代的外语教育科研［J］.当代外语研究，2014（7）：1–6.

略论大学英语教师的信息素养

郑昊霞[①]

> **摘　要**：信息时代的大学英语教学要求大学英语教师提升信息素养。信息素养是运用信息资源进行问题求解、批判性思维、决策和创新等高阶思维活动的能力，也是一种终身学习的态度、方法和能力。本文在探讨信息素养内涵以及大学英语教师信息素养现状的前提下对如何提升大学英语教师信息素养提出了具体的建议。
>
> **关键词**：信息素养；大学英语教师；信息技术；课程教学

《大学英语教学指南（2020版）》指出，"教育大计，教师为本。提升大学英语教师的育人素养、学科素养、教学素养、科研素养和信息素养是保证大学英语教学质量的关键"[1]。相对于其他素养，信息素养是一个比较新的概念，而大学英语教师的信息素养问题更少有探讨。本文将结合现有文献资料，尝试对大学英语教师的信息素养作粗浅的讨论。

1　信息素养的内涵

随着现代信息技术应用于大学英语教学，教学手段实现了现代化、多样

[①] 郑昊霞，北京工商大学外国语学院讲师，主要研究方向为英语翻译、英语教育。

化和便捷化，教学理念、教学内容、教学方式发生了较大的改变。信息化和智能化时代的外语教学拥有了全新的教学方式和前所未有的丰富资源。这对大学英语教师的信息素养提升提出了新的要求。

国际上不同地区对与信息技术应用相关的核心素养有不同的表述，有的使用"信息素养"（information literacy，如英国和美国），有的使用"数字素养"（digital literacy，如欧盟和联合国教科文组织），我国目前虽然尚未确定统一的官方表述，但使用最多的还是信息素养这个称谓，尤其在教育相关的文本和语境中[2]。一般认为，信息素养主要包括识别获取、评价判断、协作交流、加工处理、生成创造信息的能力，即运用信息资源进行问题求解、批判性思维、决策和创新等高阶思维活动的能力；信息素养还应被看成一种终身学习或自主学习的态度、方法和能力。

具体而言，大学英语教师的信息素养体现在以下几个方面。

首先，在意识层面，大学英语教师应深刻领悟到信息素养的重要性。随着信息技术日益广泛深入地应用于当代生活，数字化教学越来越成为一种常态，外语教学也随之演变为信息技术应用环境下的语言应用和实践。信息化的语言教学要求教师在日常工作和生活中对信息资源和信息技术保持积极的态度，并能提出明确的需求。

其次，在知识层面，外语教师应对信息技术的基本概念、发展脉络和主要应用有所了解，尤其应熟悉信息技术对外语教学的影响以及在外语教学中的应用。在此基础上，教师应了解信息化教学环境给教师带来的新角色、新任务和新挑战。

最后，在能力层面，大学英语教师应具备信息技术的基本能力、运用信息技术优化课堂的能力、运用信息技术转变学生学习方式的能力、运用信息技术提升个人专业发展的能力、独立或与他人合作对运用信息技术开展的教学实践进行反思和评价从而改进教学方法的能力等，并通过上述能力的增强来提升自己的信息素养，最终助力职业发展。

2　大学英语教师的信息素养现状

现有的研究数据表明，整体而言，大学英语教师的信息素养现状同预期存在一定差距。教师意识到了现代教育技术带来的改变，而且已将现代教学新理念视为常态，但并不完全清楚新型教学模式（如翻转课堂和慕课等）存在的挑战和机遇以及如何实施等问题。多数教师掌握了有关计算机的基本知识和简单的多媒体知识，但大多数教师无法运用音频和视频软件处理和加工教学资源，说明教师对网络应用工具、网络信息检索等还不够了解，不能从信息技术的角度审视和反思教学理念和方法，无法将新技术与英语教学知识和教学方法相互融合和平衡。大学英语教师运用信息技术辅助教学的能力还停留在比较初级的阶段，主要局限于使用简单的办公软件、PPT制作、浏览网页、收发电子邮件等，而更复杂的信息技术知识和能力相对匮乏，教师尚不能做到灵活地转换教学模式（如翻转课堂等），充分运用网络教学资源（慕课等）和恰当使用信息化教学方法（混合式学习、移动学习等）。在信息技术用于科研方面，教师在利用信息技术选择和整合科研资料上感觉有些困难，对用于科研的工具和软件不太熟悉或不能恰当使用。进一步的调查发现，教师对用于科研的文献搜索软件使用较为广泛，但只有少数教师会使用文件管理软件、语料库工具和数据统计软件辅助科研[3]。

3　如何提升大学英语教师的信息素养

首先，要深入开展信息技术与大学英语课程整合的实践。信息技术与课程整合是指在课程教学中引入信息技术，并使之与课程教学融为一体，以促进学习；或指将信息技术融入课程教学系统各要素中，使之成为教师的教学工具、学生的认知工具、重要的教材形态、主要的教学媒体；或指将信息技术融入课程教学的各个领域，信息既是学习的手段，又是学习的对象。整合不是简单地将信息技术运用到课程教学中，而是教学思想、教学方式的变革[4]。

其次，教师信息素养的提升必须依靠自身的学习、实践以及有关部门组织的培训活动来实现。大学英语教师应顺应教育发展潮流，树立信息时代的高等教育新理念，全面掌握和恰当运用现代信息技术，培养终身学习的意识和能力。信息素养的提升是一个动态、持续的过程。大学英语教师须在互联网＋外语教学的思维方式引领下，不断促进信息技术与教学的深度融合。培训是各项事业走向成功的秘诀之一。政府部门和有关组织应举办多层次、多形式的培训活动，培训方式除了集中培训（面授＋参观＋操作）、混合培训（集中培训＋网络学习），还可以采用一体化培训，即培训、研究、应用一体化，将教师培训、科研和日常教学有机结合起来，从实际教学问题入手，以共同体建设为切入点，让教师在教学实践中开展合作，建立各种形式的实践共同体，如北京外国语大学文秋芳教授自2020年初着手创建的云教研共同体就属于一体化的培训，在增强学员教师研究能力和课程实践能力的同时促进了他们信息素养的提升。

最后，学校应该努力营造适宜信息素养教育的软、硬件环境，充分整合图书馆、网络中心、现代教育技术中心等资源，构建信息化支持服务中心，为教师提供教学新技术新技能培训、课程建设支持服务、智慧研修支持服务，提供更通畅、更便捷的信息获取通道和途径。高校图书馆应充分发挥信息资源查询的作用以及自身拥有信息网络和人才的优势，服务于师生信息素养教育。网络中心应充分做好网络保障服务，确保网络安全、便捷和通畅。现代教育技术中心则应加快全校信息化步伐，通过智慧校园建设，对教学资源特别是信息资源进行设计、开发、利用、评价和管理，实现教学资源的充分利用。同时，学校应加大投入，建设更多设施先进、功能齐全的智慧教室或多媒体网络教室，为师生提供良好的信息化教学环境。

4 结语

育人者必先育己，立己者方能立人。大学英语教师必须主动适应信息化环境下大学英语教学发展的需要，不断提高自身的信息素养，以顺应高等教育发展的新潮流、新形势和新要求。

参考文献

［1］教育部高等学校大学外语教学指导委员会. 大学英语教学指南（2020版）［M］. 北京：高等教育出版社，2020.

［2］王海啸. 大学英语教师信息素养框架与核心内涵初探［J］. 外语电化教学，2022（6）：31-38，106.

［3］雷丹. 生态学视阈下大学英语教师信息素养的发展途径研究［J］. 外语电化教学，2019（1）：18-22.

［4］南国农. 怎样理解信息技术及其教师素养形成［J］. 现代远程教育研究，2013（1）：3-6.

浅析人工智能赋能大学英语教学

周纳新[①]

> **摘 要**：随着 ChatGPT 的上线，人工智能技术的发展与创新再次受到各界广泛关注，不断升级优化的人工智能技术已为社会各领域带来前所未有的突破成就，其在教育教学领域的应用前景也将不可估量。目前人工智能在语音精准识别、语言及情境的生成、口语表达能力综合测试、学习进程数据追踪等方面的技术正在不同程度地为语言教学积极赋能，大学英语应尽可能地利用此类新技术，为高校的语言教学带来创新和突破。
>
> **关键词**：人工智能；人机交互；自然语言处理；深度学习

1 人工智能技术与自然语言处理

人工智能（artificial intelligence），简称 AI，自 1956 年在达特茅斯会议上第一次被提出，历经半个多世纪的探索，促进了众多学科的融合和发展，也实现了其技术本身跨行业的通用性。2012 年图灵奖获得者希尔顿（Hilton）

[①] 周纳新，北京工商大学外国语学院讲师，主要研究方向为语言学。

的学生亚历克斯（Alex）设计的 AlexNet 激发了世界范围内深度学习的研究热潮，深度学习的理论和技术使得新的 AI 技术在语言识别和图像处理等领域获得突破，意味着人工智能将在语言学习和情境创设等方面大显神通。不出所料，美国 AI 领军企业 OpenAI 公司在 2022 年底正式推出了一款聊天生成预训练转换器，名为 ChatGPT（Chat Generative Pre-Trained Transformer），以对话的方式与用户进行语言交流，同时根据用户指令生成文本或图像、完成运算或写出代码，进而迅速且准确地完成诸如写作、图形设计、运算和编程等任务。此款应用的活跃用户量在两个月的时间里竟已破亿。可见，正如比尔·盖茨所言，人工智能正在带来一场开创性的互联网变革，其中势必不乏教育领域积极利用人工智能技术赋能各学科教学活动的探索和实践。以 ChatGPT 4.0 为例，其自然语言识别能力首先可以将对话者的表达进行理解和纠错，从语音、语调、语法、综合表达能力等方面进行综合测评并提供正确的模仿示范，让语言学习者获得类似面对面交流、一对一的人机交互体验，并能够根据用户需求创设语言使用场景，基本实现语言的情境式学习。

人工智能技术已经实现了自然语言处理的文本分类、情感识别、机器翻译、信息抽取等众多技术突破。自然语言处理（natural language processing，NLP）是跨学科的人工智能技术，通过信号处理和机器识别来准确区分语言音频信号中的单元，并从语言学、统计学和心理学角度进行分析、理解和识别，从而将自然语言转化、生成文本。文本分类的原理是利用机器学习算法对文本的语言学特征进行模式识别，进而可以准确地对文本进行分类。情感识别也是人工智能技术对自然语言处理的尖端成就，可以通过技术对文本中表达情感的语素进行深入挖掘，并利用机器学习技术来分析、识别和确定文本中所表达的情感内容，计算机也会根据情感的类别与语言用户进行交流，达到人机合理交互的状态。机器翻译也是利用自然语言处理和机器学习技术对一种语言进行识别并将其转化、翻译成另一种语言的实用技术。信息抽取和机器翻译的原理类似，即将特定目标实体、关系和事件进行识别，并将其归类提取出来的技术。

通过了解这些技术，语言教师可以明确地认识到，人工智能在语言教学领域将发挥巨大的作用，在提高语言学习的趣味性、准确性、用户针对性和时效性等方面都具有明显的优势。

2 人工智能将带来英语教学的突破性变革

在以往的计算机多媒体设备以及网络辅助语言教学的基础上，人工智能技术对语言教学效率的提高将是无可比拟的。仍以 ChatGPT 4.0 为例，这款智能聊天软件可以迅速识别语音和文字，准确地理解语义，按照用户提出的指令完成任务。其最重要的进步在于它的生成能力，它基于深度学习的技术，可以进行智能对话、写作，自动生成图形、编写代码。其预训练功能让它具有无限的创造能力，随着用户越来越多，它的创造力会越来越超乎想象。具体来讲，人工智能可以在人机交互的过程中完成精准施教、及时纠错、积极反馈、综合测评等任务。比如，语言学习者可以利用它的语音识别功能来进行人机对话；在辅助听、说练习中，机器还可以根据情境的要求帮助学习者组织和确定准确的语言；学习者也可以提出要求，让机器生成更有针对性的学习材料，满足学习者的个性需求，帮助学习者确定并实现学习的具体目标；机器还可以进行数据跟踪和统计，为学习者制定更佳的学习方案，大大提高学习的规律性和时效性。而人工智能应用的同时要求用户有更准确的语言表达，给出最确切的指令，精准地向机器表达需求，这无疑对语言的掌握提出了更高的要求，因此能有效强化学习者认真、严谨的学习态度。

目前大学英语学习普遍存在低效、师生比例失衡、课时有限和难以因材施教的问题，分级教学不能从根本上满足学生的个性化需求。利用人工智能技术辅助教学，学生可以有效地实现自主学习。人机交互的形式也是最具吸引力和趣味性的学习方式，人工智能软件在自然语言生成、翻译、文本归类和信息抽取等方面的强大功能，将在多方面为大学英语教学有效赋能，产生出前所未有的效率和成绩。大学英语教学正在面临突破性的变革，人工智能时代已经到来，希望大学英语教师和学生都能积极应对新的挑战，努力攀登科技高峰，成为新时代第一批看到"日出"的人。

中国高校跨文化教育资源研究（RICH-Ed）项目对中国大学外语教学方法共同构建的启示

唐亦庄[①]

> **摘　要**：教育部在2020年对《高等学校英语专业英语教学大纲》进行了修订，强调了跨文化交流（IC）在大学外语教学中的重要性，并对本土学生需要具备的跨文化能力及意识赋予了新的解释。本文将基于中国高校跨文化教育资源研究（RICH-Ed）项目，探讨中国大学外语教学方法共同构建中的重要挑战和着眼点。
>
> **关键词**：跨文化教育；中国高等教育；RICH-Ed项目

1　中国外语高等教育中的跨文化教学背景

在我国的高等教育中，跨文化学习和交流的需求日益增长。因此，教材、教学方法和师资需要相应满足中国学生变化的学习需求。《高等学校英语专业英语教学大纲》于2020年进行了修订[1]，为相关课程和大学的跨文化课程方向提供了最新的蓝图，其中重要的一点是跨文化交流（IC）应该被

---

① 唐亦庄，北京工商大学外国语学院讲师，主要研究方向跨文化交际。

纳入教学大纲之内作为外语教育的重要学习目标。《大纲》就这一点提出了新的阐释,如跨文化知识和技能不仅基于英语国家文化,也包含本国内的跨文化意识及批判性思维等。这一新的学习指南影响到了包括2 738所院校的4 000多万名学生和他们的老师。此外,越来越多的中国学生正在出国留学,教育部公布的数据显示,这一群体的数量在2019年约有70万名[2]。对留学生群体来说,他们甚至更清楚跨文化能力培养对他们的重要性。因此,在中国的高等教育中,跨文化教学已经成为教材编写、语言教师培训以及学生语言学习的重要因素。

2 RICH-Ed项目

基于中国高等外语教学中的跨文化教学目标和需求,一个由5所中国大学、3所欧洲大学参与,欧盟委员会共同资助的中国高校跨文化教育资源研究(RICH-Ed)项目(2017—2021)成立,旨在共同构建理论、教学方法、教材等,以应对国际化背景下许多中国外语教师和研究人员在IC教学中遇到的挑战。这5所中国大学是:宁波诺丁汉大学、浙江万里学院、哈尔滨工业大学、吉林大学和杭州电子科技大学。3所欧洲大学是:比利时鲁汶大学、英国杜伦大学和意大利博洛尼亚大学。

RICH-Ed项目包括一系列的活动,召集了代表该项目主要利益相关群体的研究人员和从业人员。在项目实施过程中,来自长江流域15所高校的200多名教师参与了项目,在此期间他们接受了培训,以便在他们的学生中试用这些材料。此外,来自中国高校的184名行政和管理人员也参与了测试,项目专门为这一目标群体开发了相应的研究活动[3],从中国高等教育中的高校政策支持、参与教育人员、教材等角度出发,提出促进跨文化交流能力的建议。这个项目从2017年持续到了2021年,在此期间,不论在一般的会议中还是在开发学习材料的工作组中,参与人员都在跨文化交际的场景下不断反思和评估他们通过对话和讨论形成的想法。这些跨文化的交流和碰撞非常宝贵,尤其是参与人员产生的跨文化冲突和遇到的文化壁垒,为今后的跨文化外语教学目标和方法提供了宝贵的启示。

3　聚焦的问题和挑战

从一开始就激发 RICH-Ed 项目组探讨的一个问题就是：跨文化理论导向在多大程度上以及如何适用于中国的高等教育环境？尽管中国的研究者们越来越意识到要将文化理解为一个动态的、不断发展的过程，鼓励反思和批判性思维，但跨文化能力的培养依然面临巨大挑战。其中一些焦点问题包括：

（1）中国的英语教育一向是以考试为导向的，而教师倾向于语言知识的教学，而不是跨文化教学[4]。这是高等外语教学面临的根本性难题。

（2）大部分高校采用的教材缺乏大纲性的跨文化训练。讨论结果指出，早期中国教科书中存在本质主义文化概念的问题，2014年以前的材料几乎都包含一些文化刻板印象。因此，外语教师也不确定应该采用哪种跨文化方法以及如何在课堂教学中有效实践跨文化训练[5]。

（3）一部分教师群体不熟悉跨文化的理论和概念，倾向于仅仅从知识角度，如传统和习俗、历史、地理、政治来看待文化内容，而忽略了跨文化交流的其他方面，如跨文化技能、跨文化态度、批判性跨文化思辨能力等[6]。由于这些教师的个人学术背景、专业兴趣以及在参与教学和管理中的角色不同，他们对课堂教学有不同的动机和期望。特别是早期的研究人员和非英语专业教师，由于缺乏跨文化交际的概念知识、正式培训和教学经验，会期望并习惯严格根据预先确定的教学计划进行教学而非融入跨文化教学的方法，这也导致他们在脱离大纲和考试为导向的传统教学尝试中遇到困难。

4　未来的跨文化外语教学方向

目前，中国高校外语教学尤其是大学基础公共英语教学受到一些因素（如大班教学、师资培训不足以及根深蒂固的传统教学方法）的影响，外语教学的现状还未能跟上教育部制定的跨文化教学目标。同时，由于政治、经济、国际形势的不断变化，我国外语教学中跨文化能力的培养也有更多的本土化需求。因此无论是师资层面、教材层面还是学生的思想意识层面，都还有很大的提升空间。

（1）体制改革。应为员工提供定期培训。例如，组织一些会议和学术活动将中国的外语教师聚集在一起，形成区域性的实践小组。

（2）响应国家教学大纲的新要求而编写新的外语教科书。尤其明显的是一些小语种的教材已经过时了。教材的编写工作需要受到重视，应为中国大学外语教学开发跨文化材料，抵制早期中国教科书中本质主义文化概念。

（3）不同学派学术观点的探讨和整合。在RICH-Ed项目会议中，研究者们发现对跨文化理念的理解以及外语教学目标的分歧很大程度上源于学者们的学术观点有分歧。意识到这些分歧并在此基础上交流探讨尤为重要。

（4）跨文化能力培养的本土化。中国教师和学习者们常常对"跨文化"这一概念的理解感到困惑，因为我们的跨文化能力评价和培养基本基于西方成熟的理论。通过这次项目的讨论，中国教师和学者们达成共识，认为对这一概念的理解应通过批判性思维和反思性方法，从不同的理论角度来进行。尤其对于教学来说，我们需要在中国建立本土化的跨文化教育，发展适合我国教育环境的方法。比如可以引导学生向"小文化"开放，了解中国故事，把这些叙事带到世界上，增强世界对中国的了解。同时，教学中应积极培养学生批判性跨文化意识而不是非黑即白的刻板文化印象[7]。

5 结语

在RICH-Ed项目的案例中，提高跨文化意识并批判性地评估文化是中国高校教学、学习和实践的主要目标。从结果上看，国际合作对这一目标的实现是非常有益的。研究中产生的理论、本体论和意识形态的分歧、误解以及文化融合和学术共建可以激发跨文化教学的新方法，为未来的研究者和教育者提供灵感。

参考文献

[1] 教育部.高等学校英语专业英语教学大纲［S］.北京/上海：外语教学与研究出版社/上海外语教育出版社，2020.

[2] 教育部.2020年全国教育事业发展统计公报［EB/OL］.（2021-08-28）［2023-03-07］.http://www.moe.gov.cn/jyb_sjzl/sjzl_fztjgb/202108/t20210827_55004.html.

[3] BORGHETTI C，QIN X L. Resources for intercultural learning in a non-essentialist perspective：an investigation of student and teacher perceptions in Chinese universities ［J］. Language and intercultural communication，2022（1）.

[4] QIN S Q，HOLMES P. Exploring a pedagogy for understanding and developing Chinese EFL students' intercultural communicative competence ［J］. Intercultural learning in language education and beyond，2022（1）：227-249.

[5] 孙有中，廖鸿婧，郑萱，等.跨文化外语教学研究［M］.北京：外语教学与研究出版社，2021：17-22.

[6] BYRAM M. The responsibilities of language teachers when teaching intercultural competence and citizenship ［J］. China media research，2020（16）：77-85.

[7] RICH-Ed. Resources for interculturality in Chinese higher education：recommendations for increasing the capacity of Chinese higher education institutions to understand, support, and foster interculturality ［EB/OL］.［2023-03-07］. https：//erasmus-plus.ec.europa.ed/projects/search/details/585733-EPP-1-2017-1-BE-EPPKA2-CBHE-JP，2021.

"跨文化商务沟通"思政教学探索

赖 花[①]

> **摘 要**:"跨文化商务沟通"课程思政教学以有家国情怀、有全球视野、有专业本领的"三有"外语人才培养为导向,基于中国相关的基本原则,遵循主题相关、理论相关和思政要素相关三个主要原则,在课程的思政教学中有机融入时事与热点问题,激发学生学习探索的兴趣,培养学生的跨文化能力。
>
> **关键词**:跨文化;思政;教学;"三有"

1 引言

依据教育部 2020 年颁布的《高等学校课程思政建设指导纲要》,高校的课程思政不局限于思政课程教学,还要在各专业学科从全面提高人才培养质量出发,全面推进落实立德树人的根本任务[1]。2021 年 9 月习近平总书记在北京外国语大学建校 80 周年之际给北外老教授的回信中提到"努力培养更多有家国情怀、有全球视野、有专业本领的复合型人才,在推动中国更好走向世界、世界更好了解中国上作出新的贡献",指明了外语院校培养"三

---

① 赖花,北京工商大学外国语学院讲师,主要研究方向为英语教学。

有"复合型人才这一目标。"三有"外语人才的培养目标是对外语专业课程教学的要求和指导，同时契合外语类专业"思政＋专业"跨文化交际能力培养的教学要求。"跨文化商务沟通"课程是北京工商大学商务英语专业的必修课程，是该校"三有"外语人才培养的重要一环。课程在教学实践中基于"三有"人才培养目标和课程实践性和实用性强的特点，在思政教学与专业内容有机融合的探索中注重将现实问题和热点事件引入课堂。

2 热点问题引入课程思政教学的原则与实践

现代通信和传媒的发展使得学生可以快速大量获得时事和热点问题的报道与评论。对这些事件与话题合理地进行选择，将之引入课内教学，容易激发学生的学习兴趣，深化学生对学习内容的理解，从而丰富、更新教学内容，更好地提升教学效果。同时，报道与评论时常存在质量良莠不齐的情况，课内教学中引导学生客观看待、理性分析，是对学生思辨能力和跨文化能力的同步培养。

"跨文化商务沟通"课程在将热点问题融入专业教学的课程思政教学的话题或案例选择中遵循了一个基本原则和三个主要原则。基本原则是中国相关，即热点话题是当下或近期中国面临的或与中国有关的现实问题。这是构建中国立场的立足点和出发点，也是课程学而有用的导向之一。在此原则基础之上，课程思政教学中热点问题的融入遵循了主题相关、理论相关和思政要素相关三个原则。

主题相关是指时事热点问题和课程教学的内容有关，可以作为教学内容在现实世界的真实案例或例证。例如：将2023年5月中国企业照搬国内模式在越南创业，因越南人拒绝加班，即使给加班费也不加班而遭遇"反卷"的热议话题，引入课程关于跨国公司管理方向和迎接文化冲击部分的教学；在对比文化价值观中关于工作态度部分的教学过程中引入2023年3月法国民众抗议总统马克龙延迟退休年龄的报道与分析，突出法国人的职场文化和价值取向，并关联国内热议的延迟退休问题，引导学生就中法两国的情况进行比较和讨论分析，并进行总结和汇报。

理论相关是指时事或热点事件契合课程教授的某个核心理论，可以作为学生将理论应用于实践的现实案例。例如课程关于文化纬度和文化要素理论部分的教学中，曾引入 2022 年 7 月的"马面裙"事件和 2023 年 4 月以来的"赴淄赶烤"事件，引导学生用理论作为分析工具，更深入、全面、辩证地看待这些问题，同时提升学生的文化自信和民族自豪感。课程语言部分介绍了高语境和低语境语言以及伯恩斯坦假说中的受限编码和详细编码，引入外交部发言人在新闻发布会上的发言，帮助学生理解中国语言与文化的高语境，同时提升学生的爱国情怀。

思政要素相关是指时事热点问题和世界观、人生观、价值观等内容有关，尤其与社会主义核心价值观有关。"书面沟通模式"章节的英语简历写作部分教学强调简历写作的首要原则和要求就是诚信，要求学生实事求是地写出自身的真实经历。教师要引导比较缺乏实习实践经历的学生从校园学习生活中挖掘自身亮点，提取出可迁移的软能力；同时提醒学生，要从简历的内容模块写作出发，逆向思考，重视和规划自己的校内外经历。

三个主要原则有时侧重其一，有时兼而有之。例如上文提到的法国延迟退休问题，不仅与不同文化价值观、通用制度的教学内容相关，还与价值观和文化洋葱、文化冰山隐喻理论相关，同时涉及思政要素。学生的讨论分析中涉及民主、法制、和谐、敬业、集体主义等关键词，是学生尝试就现实国内外问题进行理性思考、辩证分析和相互沟通的实践。还有同学提到了国内职场的"卷"文化、"996"、年轻人"整顿"职场等现象，这些问题从职场文化到人生观和价值观乃至世界观都有所涉及，深化了学生对自身和中国文化的认识，激发了学生对自身跨文化意识的反省和构建。

3 结语

百年大计，教育为本。依据教育部颁布的《普通高等学校本科专业类教学质量国家标准（上）》和《普通高等学校本科外国语言文学类专业教学指南（上）——英语类专业教学指南》，跨文化能力是英语类专业学生的核心素养[2][3]。"跨文化商务沟通"课程以有家国情怀、有全球视野、有专业本领的"三有"外语人才培养为导向，在课程的思政教学中尝试有机融入现实的热点问题，依据原则有选择地将热点问题作为现实案例进行讨论分析，或作为讲授的例证；在实际的课程教学中，既能较好地激发学生学习探索的兴趣，使其理解掌握课程教学内容，也较好地训练了学生的思考能力，培养了跨文化交流能力。

参考文献

［1］中华人民共和国教育部.教育部关于印发《高等学校课程思政建设指导纲要》的通知［EB/OL］.（2020-06-01）［2023-06-05］.http://www.moe.gov.cn/srcsite/A08/s7056/202006/t20200603_462437.html.

［2］教育部高等学校教学指导委员会.普通高等学校本科专业类教学质量国家标准（上）［M］.北京：高等教育出版社，2018.

［3］教育部高等学校外国语言文学类专业教学指导委员会英语专业教学指导分委员会.普通高等学校本科外国语言文学类专业教学指南（上）：英语类专业教学指南［M］.北京：外语教学与研究出版社，2020.

大学外语智慧课堂的构建研究[①]

吴 濛[②]

> **摘 要**：本文梳理了信息化背景下外语学科智慧课堂构建的重要性和必要性，并且归纳了外语教师提升信息素养的三种路径。
>
> **关键词**：大学外语；智慧课堂；信息素养

物联网、大数据、人工智能等新兴技术与教育的融合，开辟了外语教学的新时代。外语学科智慧教学的发展依托互联网与智能设备，主要经历了三个阶段，即计算机辅助教学阶段，以微课、慕课为代表的线上课程建设阶段，以及信息技术全面融入教学的智慧发展阶段。

1 外语学科的智慧教育

近年来，伴随着5G、互联网+、人工智能等概念的普及，智慧教育逐渐成为学界研究的热点。一方面，智慧教育的概念与特点、内涵与外延得到

[①] 本文系北京工商大学教改项目"'互联网+'背景下大学英语智慧课堂的构建与研究"阶段性成果（项目号：JG225116）；本文系教育部产学合作协同育人项目《综合英语读写》课程线上授课模式探索"的阶段性成果（项目号：220903270192031）。

[②] 吴濛，北京工商大学外国语学院讲师，主要研究方向为英语教学、英国文学。

进一步的梳理；另一方面，智慧课堂的建设、落地、维护与测评吸引了许多高校和企业共同参与。祝智庭认为"智慧教育的基本内涵是通过构建智慧学习环境，运用智慧教学法，促进学习者进行智慧学习"。就高校外语教学而言，智慧教育旨在充分利用新媒体、新技术，将传统的面授教学与新兴的线上平台深度融合，帮助学生完成从被动学习到主动学习、从课堂学习到课后延伸的有效转变。

2　外语智慧课堂的构建

在信息化浪潮的冲击下，传统的课堂面授模式受到挑战，其存在的教学问题不断暴露出来，比如学生缺乏学习兴趣、被动学习、学生水平参差不齐导致课堂教学难以协调等。在这种大环境下，慕课平台（MOOC）于 2012 年面世，这种超越时空限制的线上授课模式引起了信息化教学的巨大变革。然而，慕课课程存在完成率低、缺乏个性化指导、学习体验受限等问题。在这种背景下，以混合式教学为代表的智慧课堂建设开始引起专家学者的关注。混合式教学的基本模式是课堂面授和在线学习的结合，其中最具代表性的应用为翻转课堂（flipped class）和 小规模限制性在线课程（small private online course，SPOC）。混合式教学的流程通常分为三个阶段：课程导入、课堂组织与教学评价。智慧课堂建设在这三个阶段都大有可为。

值得注意的是，混合式教学并不是线上和线下内容的重复叠加，它通过精心设计能够达到 1+1>2 的最佳效果。首先，在课程导入环节，教师应在海量的碎片化资源中筛选与教学主线契合的内容，激发学生的学习兴趣，开启课程先导。这一部分可以问答小测、微课片段等形式呈现。其次，在课堂组织过程中，教师可以利用雨课堂、一课等平台，以抢答、弹幕、随机提问、分组评测等多种方式加强课程互动。最后，在课后评价阶段，教师可依托外语学习平台如讯飞、外研社 Unipus 等，布置听说读写译等作业，让英语远程教学数据得到及时记录和反馈，方便教师把握学生的学习效果。

3　外语教师信息素养的提升

智慧教育的实现与发展客观上依托信息技术与教育业务的深度融合，主观上则需要外语教师有意识地提升信息素养。信息素养包括意识与能力两个层面。在意识层面，外语教师要勇于接受信息时代的挑战，乐于更新信息技术知识；在能力层面，外语教师要主动接触新平台和新软件，甄选合适的网络资源和教辅工具，充分利用新媒体和新技术，让信息资源为教学活动锦上添花。

外语教师信息素养的提升路径可以归纳为以下三个方面。第一，加强校本培训和校际交流。学校可通过邀请专家举办专题讲座、增加线上线下信息技术培训、组织教师走访外语智慧教育排头兵院校等多种方式，让外语教师拓宽教学视野、增加理论知识、增加实践机会。第二，挖掘智慧教学资源，打造校企合作平台。如今，在移动互联网和大数据技术的加持下，网络上有海量的智慧教学资源，市面上有不断迭代的智慧教管平台。外语教师要善于挖掘、甄别教学资源，敢于尝试、引入智慧平台。第三，构建智慧教研实践共同体。外语教师在教学实践过程中要有意识地进行数据采集与分析，量化了解学生的学习效果，更好地评估教学过程，调整教学方式。在此基础上，外语教师应该进行教学讨论分享，形成论文产出，构建可持续发展的智慧教研共同体。

大学外语智慧课堂的构建促使大学外语学习从课堂延伸到课下，让学生能够随时随地进行学习和交流。构建混合式教学模式是提升大学外语课堂教学质量的关键，符合现代大学外语教学数据化、智能化、个性化的要求。外语教师应与时俱进，将理论与实践相结合，充分发挥智慧教学的优势，争取教学和科研的长足进步。

参考文献

［1］祝智庭，贺斌.智慧教育：教育信息化的新境界［J］.电化教育研究，2012

（12）：5-9.

[2] 何克抗. 学习"教育信息化十年发展规划"：对"信息技术与教育深度融合"的解读[J]. 中国电化教育，2012（12）：19-23.

第二篇

翻译和语言学类

第二編

地方時代の花柳界

国家形象网宣片《PRC》的翻译策略研究

常嘉慧[①]　苗天顺[②]

> **摘　要**：人民日报新媒体于 2023 年 3 月 10 日发布的最新国家形象网宣片《PRC》，作为融媒体时代宣扬国家形象的创新产物，其文本翻译为新时代外宣翻译策略的选择、翻译与国家形象确立的关系研究提供了最新范例。本文将从网宣片特点、彼得·纽马克（Peter Newmark）的文本类别理论和字幕文本特点三个角度分析网宣片源语文本类型，总结其对应的翻译策略，探讨这一案例中通过翻译所达成的外宣意义。
>
> **关键词**：国家形象网宣片；翻译策略；外宣翻译；文本类型

1　引言

长期以来，我国国际形象外宣事业面临着诸多挑战。2023 年 3 月，两会期间发布的国家形象网宣片《PRC》其 15 种外语版本同步上线，作为主动出击、引导国际舆论的新举措，成为宣扬国家国际形象的新焦点。在这样一种外宣手段中，视频文案的撰写和字幕文本的翻译构成了网宣片内容的核

[①] 常嘉慧，国际关系学院翻译专业 2022 级硕士研究生。
[②] 苗天顺，北京工商大学外国语学院副教授，主要研究方向为英语翻译。

心要素，承载着国家形象网宣片固有的政治立场和特色信息，要求译者充分考虑到文本类型和字幕特点，基于源语信息传达和受众接受程度的综合考虑，选取相应的翻译策略。与传统外宣文本不同，网宣片文音像结合的形式决定了其不再聚焦于一些中国特色词汇、传统中文结构等语言层面的推广，而倾向于融合各要素之长，从整体上达成树立积极正面的国家形象的效果。本文将从网宣片特点、文本类型和字幕设计的角度对网宣片源语文本进行剖析，进而总结网宣片中所选择的对应的翻译策略，探讨其所实现的外宣意义。

2 源语文本的特点

2.1 网宣片特点

与传统外宣文本不同，网宣片将文字、图像、声音结合起来，要素更加丰富，意在面对更广泛的受众群体，降低信息接收门槛，扩大宣传效果和范围，这成为网宣片文本撰写的核心思路。基于这一点，《PRC》的中文措辞短小精练，多词少句，大大增强了中文文本的韵律感，读起来平仄铿锵，简短有力，诸如"一穷二白""筚路蓝缕""心怀梦想""接续奋斗"等四字格，以及"古老""深邃""年轻""开放""和平"等形容词的应用，以最直白的形式、最简练平实的语言概括出了国家的核心特点和发展历程。

2.2 文本类型理论

彼得·纽马克（Peter Newmark）根据语言的三种基本功能，将文本类型分为表达型文本、信息型文本和呼吁型文本三大类[1]。表达型文本更注重作者所要表达的个人色彩，包括但不限于情感、文字风格、措辞习惯等，常见于文学作品、人物传记、权威声明。信息型文本则更加注重现实信息和客观环境因素等，译者需要保证译入语读者对信息的接收效果。因此网宣片《PRC》的外宣效果需要确保的两大重点为：其一，传播正确积极的国家形象，源语文本需要实现充分的"自我表达"，这也是所有外宣文本必须具有的自身特色；其二，确保目标受众可以顺利接收信息，能够对中国的国家形象有客观正确的认识。由此看来，网宣片文本是表达与信息并重的综合类外宣文本。

2.3 字幕文本特点

鉴于网宣片的视频形式，其文本内容以字幕的形式呈现，这对文本的长度、内容都附加了一定的限制。字幕文本本身受到六个要素的制约：时间、空间、音乐、图像、语音和口语[2]，在此网宣片的字幕配音无须考虑口型问题，汉语句子多根据画面节奏进行了分割，每行字幕大多由词语或短语构成。经整理，全片汉语字幕共40行，汉字196个，每行字数不超过11个，英语配音版视频全长2分28秒，信息密度较小，有利于目标受众接收信息。这种文本篇幅小、句子长度短、切分密集的特点同样适用于译文文本字幕。

3 翻译策略

本文中，翻译策略将不局限于讨论增译、省译、解释等语言层面的具体处理方法，而倾向于扩展到措辞、行文和结构等语外特征上。基于以上对源语文本的分析，网宣片文案译文体现出了以下几种翻译策略。

3.1 选用一般词汇

国家形象网宣片的特点要求译文同样不能脱离宣扬国家正面形象和奋斗发展历程的初衷，奠定了译文最基本的行文风格和措辞格调，不宜使用范围过于小众，特色过于鲜明，具有政治、民族、宗教倾向的词汇，以及太过复杂的从句句式。与此同时，要通过短句尽量保留中文文本中的韵律感。因而面对一系列形容词和四字格，译者尽量选用了含义对应的英文词汇，如"古老"对应"ancient"，"一穷二白"对应"impoverish"，也有一些词适当牺牲了含义对应来谋求韵律感，如"筚路蓝缕"对应"weak"。

但值得注意的是，由于中文意合的特点，形容词的形容范围十分广泛，网宣片中文文案的选词既可以形容人，也可以形容物，如："和平"可以指国家局势和平，亦可指人热爱和平；"深邃"既可指知识、文化等事物精深奥妙，与人相关时则又多形容目光深邃，延伸为见地深刻。而英语形合的特点或者说不同语言之间的普遍差异就是词语形容范围不一致，导致一个中文词语可以同时形容两个层面时，译为英语则需要对形容事物（国家）还是形容人（国家拟人）做出选择。官方视频中，"深邃"和"和平"分别译为"profound"和"peace-loving"，强调了人性成分，贯彻了拟人的修辞。

3.2 对应原文结构

根据彼得·纽马克的语言功能理论，信息型文本和表达型文本分别对应的翻译方法为交际翻译和语义翻译。前者更注重交际效果，为了达成交际和信息传达效果，译文通常会作出更大的改动，在确保信息准确的前提下，尽可能迁就受众的语言习惯；而后者中源语文本的地位以及作者的主观因素地位更高，因此会尽可能保留原文的行文特点，相对于交际翻译来说译文做出的改动更少（more economic）。

在对网宣片源语文本类型的探讨中可知，面对表达与信息同等重要的外宣类文本，必然要在语义结构和交际效果之间做出取舍。如果只是信息型文本，译者围绕原文信息可以发挥的空间就更大，甚至可以在保证信息准确的前提下进行一定程度的二次创作，使译文行文更加流畅地道，尽可能归化入译语文化环境。但考虑到表达型文本的自我表达目的，源语特色和作者个人风格不应该被完全抹除，相反要仔细辨别并一定程度地予以保留。出于这一点，网宣片的译者尽可能对应中文的行文结构，从中文的结构入手产出译文，同时在选词上向交际翻译靠拢，实现了二者之间的平衡，在保留中文思路特点的同时最大程度地达到交际目的，尽可能迎合受众的用语习惯。

3.3 多用短句切分

根据欧洲版本字幕标准，字幕的总体指导原则和目标为保证易读性和可读性，同时在字符数方面，为了适配翻译，减少原文信息的损失和省略，每个字幕行大约应为35个字符（Fotios Karamitroglou，陈茜，郑鸣昊，黄桂萍，

2017)。由此可见，译文的产出需要在一定程度上服务于字幕呈现，因此在句子长度、意群切割方面，需要充分考虑到字幕要求，不能出现过多的从句嵌套。尽管本文在3.2节已经探讨了译者对原文结构的处理，但由于中英文之间的固有差异，翻译过程必然涉及重新断句和句子重组，以产出行文流畅的译文。如"这也是我 心怀梦想 从没停止过努力"，中文结构较之前面几句出现了一些变化，不再用单一形容词进行描述，而使用了动词短语结构。出于尽量不使用从句嵌套的目的，译者将"心怀梦想"处理成了"with a dream in my heart"的伴随结构，"从没停止过努力"则重新起句，处理成了独立小短句，整体上实现了字幕易读性的目标，又准确传达出了原文含义。经过整理，译文全文大多使用第一人称的基础短句，每个字幕行最多有12个单词，便于各年龄段的受众观看理解。同时，译文中存在将两个字幕行的汉语用单行译文呈现的情况，即使源语文本出现了换行，译者依旧将两个意思相近的四字格省译，使其融入一个简短句子中，如：

原文："一代又一代人""接续奋斗"；

译文："With the persistent efforts of one generation after another"。

原文："我们要一往无前""顽强拼搏"；

译文："Today, we must press on courageously"。

以上都体现了译文与字幕形式之间的相互权衡，总体而言译文句子大都简短精练，实现了易读性和可读性。

4 结语

面对当今复杂的国际形势和国际舆论环境，在习近平新时代中国特色社会主义思想的科学指引下，加强国家形象传播建设，传播中国声音，讲好中国故事，把握国际舆论话语权，是新时代外宣事业的必要工作。为此，国家形象网宣片《PRC》发布正当其时，是传播我国意识形态的最新力作，视频文本作为表达内容最直接、最核心的手段，其译文在对外宣传工作中的地位举足轻重。本文从网宣片性质特点、视频文本类型和字幕翻译特点三重角度对源语文本进行了分析，进一步总结出了此类外宣形式中与以上三个角度对应的翻译策略选择，指出在网宣片文本内容翻译中，要依据多方面因素，对应采取选用一般词汇、对应原文、多用短句切分的翻译手段，从而综合达成最佳的外宣效果，为今后推出更多主题的网宣片的翻译策略选择和分析角度提供参考，激发更多角度对网宣片文本内容的思考，更好地传播中华民族心怀梦想的民族精神，构建大国形象。

参考文献

［1］NEWMARK P. A textbook of translation［M］. Shanghai：Shanghai Foreign Language Education Press，2001：39–53.

［2］DÍAZ-CINTAS J. Dubbing or subtitling：the eternal dilemma［J］. Perspectives：studies in translatology，1999，7（1）：31–40.

2023 年政府工作报告英译句式中主语的调整

韩梦瑶[①]　牛一琳[②]

> **摘　要**：政府工作报告既是过往一年的成绩单和新一年的计划书，包含事关国计民生的要事，也是外国友人了解中国发展形势和重点规划的重要文献，所以政府工作报告的英译非常重要。本文将选取 2023 年政府工作报告中的文本，分析句式中主语调整的方法，旨在避免政论文汉译英时英文不够准确、地道的问题。
>
> **关键字**：2023 年政府工作报告；主语；翻译方法

1　引言

阅读政府工作报告是外界了解中国的重要手段，如何在政府工作报告英译的过程中以及类似政论文中将译文处理得更加易懂、简洁、地道，是一个值得深思的问题。本文通过对比英汉语言差异、分析中英句式主语的处理，提出相应的解决方法。

---

① 韩梦瑶，国际关系学院翻译专业 2022 级硕士研究生。
② 牛一琳，国际关系学院英语系教师，主要研究方向为英语语言文学、翻译等。

2 中英句式的对比

语法最能体现语言的民族特点，因为语法是语言的组织规律，是本民族成员或语言社团成员共同遵守的语言习惯或约定俗成的规则[1]。汉语是主题显著性语言，"主题–说明"是句子的基本建构模式，行文倾向于意合，结构松散，句界不清；英语是主语显著性语言，主谓结构是句子的基本框架，而且主语起着统领全句的关键作用，行文倾向于形合，结构清晰，句界分明，且句子意义完整[2]。所以，汉英翻译的过程中，句子主语的调整是关键。

中英文句式的差异主要表现在语序、从句和动宾结构等方面。对于翻译工作者来说，了解两种语言的句式差异是非常重要的，这可以帮助其更准确地传达信息，提高翻译质量。

2.1 语序

中英文句式的语序确实是一个重要的区别。中文通常以"主语+谓语+宾语"为结构，而英文则以"主语+动词+宾语"为结构。此外，英文中的疑问句语序也与中文不同。在英文中，通常需要将主语和助动词倒置，如"Do you like tea?"，而在中文中则不需要这样做。在翻译过程中，如果不能熟练掌握中英文句式的语序差异，就很难准确表达原意。

2.2 从句

中文中的从句通常以"的"字结尾，如"我喜欢的书"，而英文中从句则以引导词开头，如"the book that I like"。此外，英文中的定语从句通常采用"关系代词+谓语"的结构，如"the book that I like"，而中文中则使用"的"字结尾的结构，如"我喜欢的书"。

2.3 动宾结构

中文中常常使用动宾结构，即将动词和宾语连在一起，如"吃饭"，而英文中则往往使用动词和宾语分开的结构，如"have a dinner"。英文中还有一些动宾结构需要特别注意，例如带有宾语补足语的结构，例如"make me happy""consider him a friend"等。

2.4 从句嵌套

英文中的从句嵌套结构比中文更为复杂。例如，中文中的"他告诉我他的计划"，在英文中可以写成"He told me about his plan"。此时，其中的"he told me"是一个主句，而"about his plan"是一个嵌套的介词短语。

3 翻译方法

3.1 主谓结构转化为动宾结构

汉语中多流水句且多为句式松散的主谓结构，而英语呈树状结构，且一个句子中只能存在一套主谓。所以在翻译政府工作报告时需要调整句式。特别当汉语中出现并列的主谓结构时，可以考虑将其转换成英语中并列的动宾结构。

例1：

原文：面对风高浪急的国际环境和艰巨繁重的国内改革发展稳定任务，以习近平同志为核心的党中央团结带领全国各族人民迎难而上，全面落实疫情要防住、经济要稳住、发展要安全的要求，加大宏观调控力度，实现了经济平稳运行、发展质量稳步提升、社会大局保持稳定，我国发展取得来之极为不易的新成就。

译文：In the face of high winds and choppy waters in the international environment and challenging tasks in promoting reform, development, and stability at home, the Party Central Committee with Comrade Xi Jinping at its core brought together the Chinese people of all ethnic groups and led them in meeting difficulties head-on. We acted on the requirements of responding effectively to Covid-19, maintaining economic stability, and ensuring security in development, and intensified macro regulation. As a result, we stabilized the economy, steadily enhanced development quality, and maintained overall social stability, securing new and hard-won achievements in China's development.

这里的"疫情要防住、经济要稳住、发展要安全"转化成"防住疫情、稳住经济、确保发展安全",即英译文中的"responding effectively to Covid-19, maintaining economic stability, and ensuring security in development"就采用了主谓结构转化为动宾结构,同时体现了英语中主从分明的特点。

3.2 重新选择主语

其实,汉语主语同谓语关系松散,汉语的主语不像英语中的主语那样容易确定[3]。汉语的句法特征是意合,句子主语的指代在形式上不明显,所以汉译英如果按照原来的中文语序行不通,可以根据句意重新选择主语。

例2:

原文:城镇新增就业1 206万人。

译文:A total of 12.06 million urban jobs were added.

中文原文主语不够明确,经过分析后文中所指应该是就业人数增加了1 206万,如果译成"the number of people who got jobs last year"又过于繁琐,所以直接将有灵主语"people"改成无灵主语"jobs",这样就会简练许多。

例3:

原文:在重点工程建设中推广以工代赈。

译文:Work-relief programs in major projects were expanded.

本句话主语不够清晰,无法照搬中文语序。这里可以通过找寻句子中的关键词"以工代赈"作为主语,但是考虑到句子主语一般为名词性的成分,这里通过添加"programs"作为主语更为合适。

3.3 增补主语

主语和谓语是句子的主干,翻译时首先要确定句子的主语,然后确定谓语及其他附带成分[4]。所以主语的选择是造句首要考虑的问题,如果句子中没有主语,可以选择增补主语。

例 4：

原文：分三批向种粮农民发放农资补贴，保障粮食丰收和重要农产品稳定供给。

译文：We issued agricultural supply subsidies to grain growers in three installments. All this helped ensure good grain harvests and stable supplies of major agricultural products.

本句话前半句属于典型的中文无主句，所以可以考虑增添主语。政府工作报告通常以第一人称讲述党和国家过去一年的成就，这里我们可以增补"we"。同样后半句也没有主语，这里为了避免句式重复，可以增补指示代词"all"作为后半句的主语，既保证了句子的完整，也加强了前后的连贯性。

3.4 主动转化为被动

英语和汉语在被动的使用上存在差异。这种差异体现在英语使用被动语态的范围比汉语要广，所以在不需要说出主动者、不愿说出主动者、无法说出主动者或为了便于连贯上下文等情况下，英语都有使用被动语态的倾向[5]。汉语中被动句并没有英语中被动句出现的频率高，在汉译英过程中我们可以尝试多使用被动句。

例 5：

原文：年均新增涉税企业和个体工商户等超过 1 100 万户，各年度中央财政收入预算都顺利完成，考虑留抵退税因素，全国财政收入十年接近翻一番。

译文：On average, over 11 million market entities including enterprises and self-employed individuals were newly registered with the tax authorities each year, and the central government met all of its annual targets for budgetary revenue. With VAT credit refunds taken into account, national fiscal revenue almost doubled over the past decade.

本句话由于主语太长，如果按照中文语序翻译下来就会头重脚轻，这里通过将句子的宾语提前，主动转化为被动，缩短句子主语的长度。

4 结语

汉语和英语属于两种不同的语系，其语法结构存在较大差异。本文通过对比汉英语言差异，对如何进行句式中主语的调整进行了分析，并提出了主谓结构转为动宾结构、重新选择主语、增补主语以及主动转化为被动共四种方法来更好地处理政论文章的英译。

参考文献

[1] 何善芬. 英汉语言对比研究 [M]. 上海：上海外语教育出版社，2002.

[2] 翁义明，王金平. 从英汉句法对比论汉译英的翻译单位 [J]. 外语研究，2005（6）：57–60.

[3] 陈宏薇. 汉英翻译基础 [M]. 上海：上海外语教育出版社，2011.

[4] 王满良. 英汉主语比较 [J]. 外语教学，1999（1）：88–91，96.

[5] 肖坤学. 认知语言学语境下被动句英译汉的原则与方法 [J]. 外语研究，2009（1）：17–22.

以《动物建筑师》为例浅谈纪录片文本汉译英的特色

侯 霞[①]

> **摘 要**：纪录片是重要的文化和知识载体，随着全球化进程逐渐深入，纪录片的翻译工作受到了越来越多的重视。纪录片不同于其他影视作品的地方在于，其具备更广泛的知识传播、文化传播和探索揭秘的功能，翻译过程中"信达雅"的原则要更多地为这些功能服务。本文将以纪录片《动物建筑师》为例，从词汇、句法以及文化信息传播三个方面浅析纪录片翻译的特色。
>
> **关键词**：纪录片翻译；翻译原则；词汇；句法；文化信息传播

1 引言

纪录片是纪实报道类影片或电视片，通过使用各种录音、录像设备对真实世界、真实事件、真实人物进行追踪和记录，形成比较完整和系统的影像作品。纪录片的主题丰富，政治经济、文化传统、人文世界和自然世界等各

[①] 侯霞，北京工商大学外国语学院讲师，主要研究方向为英语教育与戏剧影视剧本翻译。

个方面无所不包，着重反映自然界和人类世界的真实状态，具有信息传播、知识传播和文献记录的功能。

《动物建筑师》（*Animal Construction*）是一部记录各种自然环境中的动物如何修建巢穴的电视纪录片，聚焦于动物的巢穴如何与自然融为一体，旨在启发人类与自然和谐相处、共同发展。整部作品的语言朴实自然，时而站在动物的角度记录它们的生活，时而站在人类的角度引导观众深入思考如何在不破坏自然环境的同时寻求自我发展，影片真实生动、富有启发性。因此，在翻译的过程中，要体现出原片的这些特点，传达出影片想要传递的信息。

2 纪录片翻译的特色

纪录片题材多样、内容丰富，语言特色也不尽相同，但作为记录事实和真实世界样貌的体裁，它们也具备一些共同特点。例如，叙述的部分用词和表达很少口语化，有时会用到一些专业术语；在集中传递信息的时候，为了达到准确翔实的目的，会多用复杂句式、非谓语动词或独立结构。

2.1 四字成语或四字词语的使用

翻译的目的是准确地传达内容、含义和情绪，因此译文要符合目的语的用词习惯。四字成语和四字词语是汉语的一大特色，语言精练、结构对称、内涵丰富，同时能完美体现汉语四声调的音韵美，翻译的时候能够达到自然天成、事半功倍的效果。《动物建筑师》中介绍群居织巢鸟的巢穴时，解说词是这么说的：

例1：

原文：One of the most fascinating examples of this gift for construction can be found in the Kalahari, in eastern Namibia.

译文：在纳米比亚东部的卡拉哈里草原，这种建筑天赋得到了淋漓尽致的展现。

"One of the most fascinating examples" 如果直译为"最引人入胜的例子之一"，既拗口又不符合中文表达习惯，在这里使用四字成语不仅使表达精练而且朗朗上口。此外，描写鼹鼠挖掘工的"perfectly suited to the tasks"译成"驾轻就熟"、形容蚂蚁军团的"imposing"译成"威风凛凛的"也是同样的道理。

2.2 复杂长句化为短句

英文纪录片中在表达复杂丰富的意思时，可出现多种复杂的句子结构，如多重复合句、非谓语动词结构、同位语结构或独立结构等，而翻译的时候则用短句的形式。这是由纪录片的特点决定的，因为解说词要配合一闪而过的画面，要直观、易于理解。

例2：

原文：... landscaping to meet one's needs is a way of life above all, where the reasonable use of resources is operated intelligently with other species, where small steps and persistence set the tone to achievements that enrich the environment and come within an unalterable cycle.

译文：满足人类需求的景观美化首先是一种生活方式，其中，对资源的合理利用要与其他物种一起巧妙地进行；要在亘古不变的循环中实现丰富环境的目的，小步前进和坚持不懈是成功的基调。

从以上例子可以看出，原文中的三个定语从句都翻译成了中文的短句，节奏明快，可以使观众迅速掌握片中的信息。

2.3 文化信息的处理

英文原文中的某些典故对不熟悉西方文化的中国观众来说是无法理解的，因此不能直译，而要采取归化的原则，将其替换成中文的文化意象，才能消除陌生感，使目的语观众对其含义一目了然。

《动物建筑师》中一种小鱼在沙中挖掘洞穴居住，由于地基不牢，需要不断修补重建，片中将小鱼比喻成古希腊神话人物西西弗斯（Sisyphus）。西西弗斯因触犯了众神，被罚将巨石推到山顶，但巨石太重，到了山顶会落下，令他前功尽弃，他只好重新推上去，就这样无休无止地重复，直到生命耗尽。对于不了解古希腊神话的观众来说，听到把小鱼比作西西弗斯会不知所云，达不到传递信息的目的。所以这里要采取归化的翻译策略，翻成中国观众熟悉的人物"愚公"，简洁明了，无须解释，达到了跨文化传播的目的。

3 结语

纪录片是知识和信息的载体，也是了解异国文化的重要途径和文化传播的重要手段。译者应在翻译的过程中考虑到纪录片的特色，运用恰当的策略使译文流畅通达，既能传达原文的内容，又符合目的语观众的语言习惯，实现文化交流的目的。

"合法"一词翻译探究
——以《民法典》英译本为例[①]

刘婷婷[②] 孔海龙[③]

> **摘 要**：《中华人民共和国民法典》(以下简称《民法典》)是新时代我国社会主义法治建设的重大成果。笔者通过探究"合法"一词在《民法典》译本中的翻译,展开对法律翻译的学习,并通过对比秘塔翻译软件的翻译与官方译文,探究机器翻译的翻译质量。
>
> **关键词**：合法；翻译；《民法典》；机器翻译

2020年5月28日第十三届全国人大三次会议通过了《民法典》,这是新时代我国社会主义法治建设的重大成果。《民法典》被称为"社会生活百科全书",它是对我国国家法治建设经验的系统总结,对我国现行民事法律制度规范的编订纂修[1]。准确严谨是法律语言的灵魂和生命,也是法律法规

[①] 本文系北京工商大学研究生科研能力提升计划项目"人工智能时代机器翻译对法律词汇翻译质量的探索"的部分研究成果。

[②] 刘婷婷,北京工商大学外国语学院翻译专业2022级硕士研究生。

[③] 孔海龙,北京工商大学外国语学院副教授,主要研究方向为叙事理论、英美文学、翻译、商务英语教学等。

翻译的首要标准。这一标准是由法律法规语言属性决定的。译文应当尽量符合立法原意，法律法规翻译要做到字字准确、句句对等[2]。因此，我们既需要准确理解中文法律词语的意思，又要将其准确严谨地翻译成英文。

1 《民法典》中"合法"一词翻译分析

广义的"合法"是指不为法律所禁止，与"违法"相对。狭义的"合法"指符合法律规定。《民法典》中文版本中，"合法"一词共出现42次。除第一千零三十六条英文将"合法公开"中的"合法"译为"legally"，其他表示"合法"的英文都选择"lawful"及其名词或副词形式。笔者以《民法典》第一条为例进行分析。

原文：第一条　为了保护民事主体的合法权益，调整民事关系，维护社会和经济秩序，适应中国特色社会主义发展要求，弘扬社会主义核心价值观，根据宪法，制定本法。

译文：This Law is formulated in accordance with the Constitution of the People's Republic of China for the purposes of protecting the lawful rights and interests of the persons of the civil law, regulating civil-law relations, maintaining social and economic order, meeting the needs for developing socialism with Chinese characteristics, and carrying forward the core socialist values.

根据《布莱克法律词典》，"lawful"一词的释义是"not contrary to law; permitted by law"。"legal"一词的释义有以下三条：① Of or relating to law; falling within the province of law。② Established, required, or permitted by law。③ Of or relating to law as opposed to equity。可以看出上述两词释义有重叠之处，但"legal"一词的词义范畴更大，笔者认为"lawful"一词更符合民法典第一条中的"合法权益"，即当事人享有的权益不能违反法律规定，权益必须是法律允许的。

依照《元照英美法词典》，"lawful"与"legal"的主要区别在于：①前者侧重法律的实质，后者侧重法律的形式。如说某一行为是"lawful"，意指该行为为法律所授权或批准，至少是不被禁止的；而说某一行为是"legal"，则意味着该行为根据法律的形式和习惯，或者技术性的方式作为。在这一意义上，"legal"接近"invalid"的含义。②前者较后者来说，更清楚地暗含道德伦理上的内容，即伦理上的容许性，后者仅指与技术性的或正式的规则相一致。③后者常用作"constructive"的同义词、"equitable"的反义词。

综上，第一条中把"合法权益"翻译为"lawful rights and interests"是比较理想的译法。

2 机器翻译与法律翻译

笔者分别尝试使用 DeepL 翻译器和秘塔翻译软件翻译《民法典》第一条，对比如下：

DeepL 翻译器译文：In order to protect the legitimate rights and interests of civil subjects, adjust civil relations, maintain social and economic order, adapt to the requirements of the development of socialism with Chinese characteristics, promote the core values of socialism, according to the Constitution, the enactment of this law.

秘塔翻译软件译文：This Law is formulated in accordance with the Constitution in order to protect the legitimate rights and interests of civil subjects, adjust civil relations and maintain the social and economic order, so as to meet the needs of developing socialism with Chinese characteristics and carry forward socialist core values.

通过对比可以看出，DeepL 翻译的句子只是词组的堆砌，缺少必要的主语和谓语，让读者不知所云。秘塔翻译的句子成分都有，且与官方英文译文较接近。机器翻译都将"合法"译为"legitimate"，依照《布莱克法律词典》，该词的释义是"complying with the law; lawful"，可见与"lawful"意思较为接近，笔者认为选择"lawful"更简单明了，更易为大众接受。

3 结语

法律翻译是有目的的。目的思维要求在法律翻译中提出明确的翻译目的，并在翻译过程中实现翻译目的[3]。笔者通过对《民法典》进行中英文对比研读，结合机器翻译，领悟到法律翻译要求的严谨。法律与人们的生产生活密不可分，关系到每个人的权益，法律翻译必须准确清晰，避免漏洞，才能更好发挥法律的作用，有效维护社会和谐，保障社会健康协调发展。

通过上述对《民法典》英译本中"合法"一词的分析，我们可以看出，用词准确是法律文本翻译的一个显著特点。法律文本的权威性和严谨性就是通过准确选词体现出来的，所以译文要保证目的语准确无误地表达出原文的意思。因此法律文本英译时英语词汇的选择尤显重要。这就启发我们平时在汉译英练习中，选词时要注意到英语词汇广义、狭义、具体意义和抽象意义的不同之处，注意区分法律英语中的同义词和近义词，进而领悟法律英语翻译的精髓所在。

参考文献

[1] 李明倩，宋丽珏.《中华人民共和国民法典》的英译逻辑研究[J].中国翻译，2022，43（2）：148-155.

[2] 张法连.从《民法典》英译看法律翻译质量管控体系建构[J].中国翻译，2021，42（5）：121-130.

[3] 李文龙，张法连.国际传播导向下的法律翻译思维探究：以《民法典》英译为例[J].外语与外语教学，2022（6）：122-132，149.

目的论视角下"一带一路"时政新闻翻译[1]

余奕凡[2]　万祉含[3]　孔海龙[4]

> **摘　要**："一带一路"新闻的英译备受关注。本文从目的性原则、连贯性原则、忠实性原则入手，剖析《共建"一带一路"倡议：进展、贡献与展望》的翻译策略。
>
> **关键词**：目的论；时政新闻；翻译

中国时政新闻愈发受到国际媒体重视。但由于中英双语的差异，译者在翻译时会遇到重重困难。本文以《共建"一带一路"倡议：进展、贡献与展望》为例，用目的论对其英译本进行分析，以期为时政新闻的翻译提供借鉴。

1　功能主义翻译目的论

目的论由汉斯·弗米尔提出，是20世纪70年代功能主义学派的核心观

---

[1] 本文系北京工商大学普通大学生创新训练项目"新时代中国国际发展合作新闻翻译研究"阶段性成果（项目编号：B005）。
[2] 余奕凡，北京工商大学外国语学院英语（商务翻译）专业2020级本科生。
[3] 万祉含，北京工商大学外国语学院商务英语专业2020级本科生。
[4] 孔海龙，北京工商大学外国语学院副教授，主要研究方向为叙事理论、英美文学、翻译、商务英语教学等。

点。弗米尔认为，每一种行动都带有目的，翻译作为复杂的人类活动之一，理应也带有目的[1]。目的论的重心在于翻译目的，由目的决定翻译策略[2]。

2 翻译目的论在中国国际合作发展新闻中的应用

2.1 目的性原则

目的性原则是整个翻译活动的首要原则，因为目的决定方法。目的性原则认为，每篇文本都基于某一特定目的产生且应服务于该目的，使用一种强调目标文本、自上而下的方法。例如：

原文：共建"一带一路"跨越不同国家地域、不同发展阶段、不同历史传统、不同文化宗教、不同风俗习惯……

译文：It spans different countries and regions, different stages of development, different historical traditions, different cultures and religions, and different customs and lifestyles ...

该句旨在向世界表明中国态度，需着重强调中国对多样性的包容，因此译文遵循目的性原则，保留了对"different"的重复，目的不是造成信息冗余，而是明晰"一带一路"倡议沿途国家的真实情况，讲求"求同存异"，表达中国欢迎沿线及世界各国参与"一带一路"倡议的态度。

2.2 连贯性原则

连贯性原则认为，读者只有基于自身情况充分理解译文，才能成功交流。在翻译时，应考虑目标文本的读者及其文化背景与社会情况。例如：

原文：2018年8月，习近平主席在北京主持召开推进"一带一路"建设工作5周年座谈会，提出"一带一路"建设要从谋篇布局的"大写意"转入精耕细作的"工笔画"，向高质量发展转变，造福沿线国家人民，推动构建人类命运共同体。

译文：When presiding over a symposium in August 2018 that marked the fifth anniversary of the Belt and Road Initiative, President Xi said that in advancing the initiative, we should transition from making high-level plans to intensive and meticulous implementation, so as to realize high-quality development, bring benefits to local people, and build a global community of shared future.

"大写意"原指水墨画的手法技巧，突出墨色变化和笔墨趣味，风格较粗犷。"工笔画"原指中国画的一种技法，崇尚写实，求形似。用"谋篇布局"来形容"大写意"、用"精耕细作"来形容"工笔画"，是中国文学特色的描写方式。两者用比喻描述"一带一路"建设的方式。若直译为"intensive cultivation"或"traditional Chinese realistic painting"，会引起目标语读者的误解；"making high-level plans"和"intensive and meticulous implementation"则较为符合目标语读者的阅读习惯，准确传达了原文要旨。

2.3 忠实性原则

忠实性原则认为，目标文本与源文本应存在某种对应关系[3]，即在能达到译文预期功能的情况下，译者应尽可能保持译文与原文在语言特色上的一致。例如：

原文：基础设施互联互通水平大幅提升。"道路通，百业兴"。基础设施投入不足是发展中国家经济发展的瓶颈，加快设施联通建设是共建"一带一路"的关键领域和核心内容。

译文：Infrastructure connectivity has been remarkably enhanced. "Access to roads will enable all sectors of the economy to prosper." Insufficient infrastructure investment is a bottleneck for economic development in developing countries. Accelerating infrastructure connectivity is a key area and core goal of the Belt and Road Initiative.

在本句中，"道路通，百业兴"指道路的建成会带动不同产业的快速发展。英译时使用增译法，将因果逻辑关系译出，便于目标语读者理解，尽量保持与原文在语言特色上的一致。

3 结语

时政新闻的与时俱进给译者带来挑战。目的论具有较高的指导价值，可以为翻译工作提供帮助，从而提升文本的翻译效能。我们在对时政新闻进行翻译时，要树立正确的意识形态，准确把握国家的国情，有目的地采取翻译策略，力争做到译文与新闻内容相符，更好地向世界展现出中国的大国形象。

参考文献

［1］NORD C. Translating as a purposeful activity: functionalist approaches explained［M］. Shanghai: Shanghai Foreign Language Education Press，2001.

［2］DU XY. A brief introduction of skopos theory［J］. Theory and practice in language studies，2012，2（10）：2189–2193.

［3］NORD C. Translating as a purposeful activity: functionalist approaches explained［M］. 2nd ed. London：Routledge，2018.

网络流行语的构成方式与翻译策略

宫方杰[1]　孔海龙[2]

> **摘　要**：本文旨在探讨网络流行语的五种构成方式：旧词新意、谐音、缩略、派生以及词性转换，在翻译网络流行语时可根据情形采取直译、意译、转译和音译四种翻译策略。
>
> **关键词**：网络流行语；构词；翻译策略

4G 网络与智能手机的普及使全球进入互联网时代。抖音、小红书等社交平台成为网络流行语的孕育地。网络流行语是网友在网络空间创作并广泛使用的语言，它反映了社会生活的方方面面，是互联网特有的文化现象。下文探讨网络流行语的五种构成方式以及四种翻译策略。

1　网络流行语的构成方式

网络流行语一般有以下五种构成方式。

一是旧词新意法。如"吃瓜"本义是食用瓜果，现多指网友围观八卦、

---

[1] 宫方杰，北京工商大学外国语学院翻译专业2022级硕士研究生。
[2] 孔海龙，北京工商大学外国语学院副教授，主要研究方向为叙事理论、英美文学、翻译、商务英语教学等。

绯闻等事件。英语中的"tea"也属于旧词新意,本义是茶,现指八卦事件等,如"spill the tea"译为"爆料"。

二是谐音法。谐音构词能够让词语变得简洁,更加节约时间。谐音还会给人耳目一新的感觉,因此成为网络流行语构词的重要方式。例如:英汉网络语中的数字谐音,如汉语中886(拜拜喽)、英语中的"4ever"(forever);汉语中的字词谐音和英语中的字母谐音,如汉语中的"酱紫"(这样子)、"李姐"(理解)以及英语中的"IC"(I see)、"IOU"(I owe you)等。

三是缩略法。英文中名词的缩略现象非常普遍,如"CEO"(chief executive officer)、"APP"(application)等。在网络语言中表现为短语和句子的缩略,如"F2F"(face to face)、"BRB"(be right back)等,多为使用频率很高的日常用语,目的是提高沟通效率[1]。汉语网络语言的缩略主要体现在拼音上,如"dbq"(对不起)、"tql"(太强了)等。

四是派生法。在网络环境里,当一个词"火"了之后,与其类似的词就很容易出现并流行,如"控"引出的"颜控""微博控""手机控";2021年在英国"vax"成为热词之后出现了"vax-pass"(疫苗通行证)、"vax-card"(疫苗接种卡)等派生词。

五是词性转换法。许多网络流行语以达意为目的,由词性转化而来。"凡尔赛"本身是名词,在网络流行语中意为"以低调的方式炫耀"。如"他又在这儿凡尔赛呢",其中"凡尔赛"用作动词"炫耀"。英文中也有类似的方式,如"Google it"(搜索一下)将名词"Google"用作动词。

2 网络流行语的翻译策略

根据网络流行语构成方式的不同,可以采用以下四种翻译策略。

一是直译法。当社交网络用语的源语和译语语义等效时采取直译法,就是保留词语本身的内容和形式进行翻译[2],如汉语中的"雪糕刺客"直译为"ice cream assassin"、动态清零政策直译为"dynamic zero COVID-19 strategy",英语中的"vax-card"直译为"疫苗卡"、"cakeism"

直译为"蛋糕主义"等。

二是意译法。当词语表面意思无法表达其背后特殊的文化含义时采用意译的方法，即保留源语内容而改变其表达形式[3]。如："破防"本是游戏术语，后引申为心理防线被突破，产生了强烈的情感冲击，因此译为"overwhelmed"；"cap"在英语俚语中是"谎言"的意思，因此"no cap"意指"说真的/不开玩笑"。

三是转译法。针对词性转换形成的网络流行语，翻译时采取转译法，译文中需要转变其词性来实现准确的翻译。如："他在这儿凡尔赛呢"应译为"He is flaunting"；"He always likes to photobomb my selfies"中名词"photo"与"bomb"的合成词"photobomb"译为"抢镜"更加恰当。

四是音译法。由于语言以及文化上的较大差异，中英互译时有时找不到较为理想的匹配词，此时音译不失为一种简单高效的办法。一些传统词汇如"风水"（fengshui）、"磕头"（kowtow）、"功夫"（kungfu）、"sofa"（沙发）、"copy"（拷贝）均采取的是音译的方法。在翻译网络流行语时同样可以选用这一方法，如"关系"（guanxi）、"城管"（chengguan）、"omg"（偶买噶）、"darling"（达令）。在翻译时最好加以注解，如"guanxi, equals to relations"，更便于读者理解，以促进跨文化沟通与交流。

3 结语

网络流行语作为互联网时代的文化现象，其影响范围正变得愈加广泛。网络流行语具有非独立性、简洁性、创新性和时效性特征，其构成方式也较为丰富，翻译时应选择恰当的策略将这些特征及文化内涵展示出来，从而更好地推动文化交流与传播。

参考文献

[1] 张军. 网络用语的特征及汉译策略[J]. 中国科技翻译，2021，34（3）：43-46.

[2] 刁欣欣. Translating Chinese Internet buzzword into English from the perspective of skopos

Theory [J]. 海外英语, 2016 (7): 131-132, 137.
[3] 堵宁宁, 游玉祥. 从网络流行语的构成方式看网络流行语的翻译: 以2020年度十大流行语为例 [J]. 英语广场, 2022 (9): 12-14.

隐喻视角下外宣新闻的翻译研究
——以"一带一路"相关新闻报道为例[①]

余奕凡[②]　汪　碧[③]　郑雅心[④]　孔海龙[⑤]

> **摘　要**：本文以莱考夫（Lakoff）和约翰逊（Johnson）所提出的实体隐喻、结构隐喻、方位隐喻为依托，选取 *China Daily* 对"一带一路"倡议的英文新闻报道，使读者通过隐喻视角理解原文和译文中再现的文化特征。
>
> **关键词**：外宣翻译；实体隐喻；结构隐喻；方位隐喻

随着中国国际地位的提升以及中国文化"走出去"战略的实施，外宣翻译研究发展迅猛。本文以隐喻理论为框架，探究"一带一路"双语新闻中的隐喻类型，以期为新时代中国国际发展合作注入活力。

[①] 本文系北京工商大学普通大学生创新训练项目"新时代中国国际发展合作新闻翻译研究"阶段性成果（项目编号：B005）。
[②] 余奕凡，北京工商大学外国语学院英语专业2020级本科生。
[③] 汪碧，北京工商大学外国语学院商务英语专业2020级本科生。
[④] 郑雅心，北京工商大学外国语学院商务英语专业2020级本科生。
[⑤] 孔海龙，北京工商大学外国语学院副教授，主要研究方向为叙事理论、英美文学、翻译、商务英语教学等。

1　隐喻

隐喻理论主要由莱考夫和约翰逊提出。该理论认为，人们在理解抽象或复杂概念时，会将其与更为熟悉的、具体的概念进行比较。隐喻并不只是一种语言现象，还是一种认知方式，帮助我们理解世界，表达我们的思想和感受以及创造新知识。

文化隐喻是一种用一个文化概念来解释另一个文化概念的方式。外宣新闻报道经常使用文化隐喻来解释和描述复杂的事件和现象，帮助人们理解不同文化之间的差异。任何民族语言都承载着该民族深厚的文化底蕴。各民族文化的个性特征经过历史的沉淀而表现在词汇层面上[1]。

具体到外宣文本中隐喻的翻译策略，应当遵循沟通第一的原则。译者在处理外宣文本时，其出发点和落脚点都应聚焦于中文所表达的意思能否在英文中得到准确的表述，而不是中文精妙的语言和生动的比喻能否在英文中得到直接的传达[2]。莱考夫和约翰逊把隐喻分为三类，即实体隐喻、结构隐喻、方位隐喻。下文将对这三类隐喻分别进行举例和探讨。

2　"一带一路"背景下新闻文本的隐喻分析

2.1　实体隐喻

实体隐喻运用我们日常生活中熟悉的、具体的实际物体和概念来替代抽象的、心理上的概念和事物，有利于读者更好地理解较为深奥难懂的文章，修辞手法的运用也让文章更具艺术性。例如：

例1：The Belt and Road Initiative

"belt"本义为皮带、腰带，在此喻指"丝绸之路经济带"[3]；"road"本义为道路、途径，在此喻指"21世纪海上丝绸之路"。

例2：We are confident that future generations will enjoy the fruits of this great development initiative.

"fruit"本义是指果实、水果，但在此用果实来比喻"一带一路"倡议将会给后代带来的好处。

2.2 结构隐喻

采用结构隐喻需以民众日常学习工作生活经验为基础，并按照一定的规则有序地将一个系统的概念用另一个概念来表示。两个概念分属于不同的认知域，但是其使用结构是类似的。在目前的语言体系中，已经有很多隐喻为大众所熟悉，甚至提到某种隐喻，大众更熟悉的是它的喻义而非本义。例如：

例3：Egypt's independent foreign policy stance prompted many other Arab countries to follow in its footsteps.

"follow in its footsteps"本义是指"跟着它的步伐走"，在此处应将其意译为"其他的阿拉伯国家作出同埃及一样的行为"，即采取和埃及一样的政策。

例4：In his speech, President Xi, while making clear some of the prospects of the Belt and Road Initiative in enhancing and smoothening trade flow...

"flow"本义是"流动"，一般用于讨论液体的流动、流淌；"trade flow"指"贸易的畅通"，暗含着"一带一路"国家间的贸易十分通畅，不受到贸易壁垒的阻碍。

2.3 方位隐喻

方位隐喻一般使用一系列的反义词组，这些反义词组多与空间相关。通过运用方位隐喻，文章能够更加形象且直观地表达物体或事件变化的趋势。例如：

例5：The initiative increases trade flows among participating countries by up to 4.1 percent.

传统理念认为"上"意味着更多，"下"意味着更少。"up"本义为"向上"，"up to"表示贸易往来的增多。

3　结语

通过对 *China Daily* "一带一路"相关时政新闻翻译的隐喻进行分析，我们可以看出该报在报道"一带一路"倡议时使用了不同类型的隐喻手法。这些手法的运用不仅丰富了新闻的表现力，还增强了读者对"一带一路"倡议的理解。在今后的翻译实践中，我们需要更加深入地理解隐喻在新闻翻译中的作用和影响，注重隐喻的适度使用和翻译的准确性，以提高外宣新闻报道的质量和效果，从而推进不同国家和地区的相互了解和合作。

参考文献

[1] 陈佩娟. 浅谈汉语词汇与文化的关系[J]. 北京电力高等专科学校学报（社会科学版），2012，29（8）：262，264.

[2] 陈雁行. 外宣翻译中隐喻意象再现的限制性因素探究[J]. 翻译跨学科研究，2021（1）：210–217.

[3] 毛继光，秦玉芳. "一带一路"背景下汉英"路/road"隐喻对比研究[J]. 西安外国语大学学报，2019，27（1）：18–22.

探微秘塔对翻译的挑战
——以《联合国船舶司法出售国际效力公约》的几个术语为例[①]

顾 铭[②] 梁桂霞[③]

> **摘 要**：本文以《联合国船舶司法出售国际效力公约》的英文原文为语料，以联合国发布的中译本为参考译文，从术语层面分析秘塔的译文质量。经分析发现，专注于法律文本的翻译软件秘塔的译文质量确有保障，但某些词汇的翻译仍不尽如人意。本文试图为开发法律领域高质量的机器翻译带来一定启示。
>
> **关键词**：机器翻译；秘塔；法律合同；术语翻译

1 引言：机器翻译在法律领域的应用概述

随着人工智能、大数据等先进技术不断发展，翻译行业引进了计算机

[①] 本文系北京工商大学研究生科研能力提升计划项目"人工智能时代机器翻译对法律词汇翻译质量的探索"的部分研究成果。

[②] 顾铭，北京工商大学外国语学院翻译专业2022级硕士研究生。

[③] 梁桂霞，北京工商大学外国语学院副教授，主要研究方向为文化和翻译研究。

辅助翻译（CAT）等多种新技术，为人工译者大大减轻了工作量。国内的有道、百度、腾讯翻译软件等都提供免费的在线机器翻译，但一般都是针对通用领域的翻译，而上海秘塔网络科技有限公司所研发的秘塔翻译则专注于法律公文类文本。目前，让机器根据某领域的语言特点进行翻译具有一定难度，因为某些文本缺乏明显特征，机器翻译给出的结果可能不尽如人意。而上海秘塔网络科技有限公司专注于法律、公文领域，并获得了国内红圈所的认可。机器翻译技术正在不断发展，人们也在不断探索如何利用机器翻译以提高译员生产力。但是，就目前机器翻译技术的应用而言，机器翻译只能应用于部分不复杂、对译文质量要求不高的场景，远未达到足以取代专业译员的翻译水平。本文以《联合国船舶司法出售国际效力公约》的中英文版本和秘塔对这份公约的部分译文为语料，将其中几个术语翻译的联合国中译本参考译文与秘塔译文对比，以期为法律领域的机器翻译发展提供一定的启示。

2　秘塔翻译公约术语的表现

在法律翻译中，文本中常常会出现一些所谓的"熟词"，但其所表达的意思却是"生义"。专注于法律类文本的秘塔是否能够对其进行准确的翻译？本文所有秘塔翻译的例子都以句子或段落为单位，但因篇幅有限，以下例子都只摘出词汇。

例 1：clean title

秘塔译文：清洁产权；参考译文：清洁物权

"物权"是法律术语，用于界定特殊财物归属权，而"产权"更多指的是经济权利。这是一份公约，显然"产权"不如"物权"准确。

例 2：naval auxiliaries

秘塔译文：海军辅助船；参考译文：海军辅助舰艇

"舰艇"是军用船只的统称，"船"指的是一般意义上的交通工具，这里机器翻译的缺点便是无法精确选词，前面已有"海军"这个信息，表明船只的性质。尽管"船"是上位词，但在国际公约中，选词应更加严谨精确。

例3：bareboat charter registration

秘塔译文：光船租赁登记；参考译文：光船租赁登记

"charter"最常见的含义便是"宪章、章程"，但它还有"租赁"的意思，这里的秘塔翻译能够根据语境准确翻译出这一术语。

例4：maritime lien

秘塔译文：船舶优先权；参考译文：船舶优先权

在没有语境的情况下，秘塔将该术语译为"海上优先权"，而只要给出语境，秘塔翻译便能给出与参考译文一致的翻译。

3　结语

本文以公约的法律术语为切入点，考察秘塔翻译的质量。由以上几个例子可知，虽然秘塔已经在法律领域大显身手，但仍需要人工编译保证译文的质量。

参考文献

[1] 张法连. 法律翻译中的机器翻译技术刍议［J］. 外语电化教学，2020（1）：53-58.

[2] United Nations convention on the international effects of judicial sales of ships［M］. New York：United Nations Publication，2022.

[3] 联合国大会. 联合国船舶司法出售国际效力公约［M］. 纽约：联合国纽约出版社，2022.

从关联理论的角度探讨《深圳经济特区平安建设条例》的英译

李 悦[①] 刘 婧[②]

> **摘 要**：法律文本翻译是法律翻译研究中的一个重要部分，其词汇、句式等都有独特的特点。本文借用关联理论，从词汇和句子两个层面对《深圳经济特区平安建设条例》的英译本进行分析，浅析法律文本在翻译过程中如何实现最佳关联。
>
> **关键词**：关联理论；法律翻译；最佳关联；平安建设条例

1 关联理论的简要介绍

自 1986 年法国语言学家丹·斯珀波（Dan Sperber）和英国学者迪尔德丽·威尔逊（Deirdre Wilson）提出关联理论以来，国内外已有一大批学者关注了关联理论[1]。恩斯特·奥古斯特·格特（Ernst August Gutt）于 1991 年提出关联翻译理论，而我国的关联翻译理论研究始于 1994 年林克难在《中

---

① 李悦，北京工商大学外国语学院英语笔译（法商特色）专业 2022 级硕士研究生。
② 刘婧，北京工商大学外国语学院副教授，研究方向为翻译理论与实践、翻译教学、英语教学。

国翻译》发表的《关联与翻译》书评。之后冉永平、张春柏、王建国等都对关联理论进行了介绍、评述和讨论。如今越来越多的学者开始把关联理论运用到不同领域中，比如翻译领域、基础科学、农业科技、医药卫生、社会科学、信息科技、经济等[2]。可见，关联理论对各领域的翻译活动均具有较强的指导意义。

2 关联理论在法律翻译中的运用

在关联理论的框架内，法律翻译被看作法律语域内的一种语际阐释活动，涉及三方交际者：法律文本的作者、译者和目的语读者；并含有两个推理交际活动：第一个在法律文本的作者和译者之间进行，而第二个在译者和目的语读者之间进行，每一个都要遵循关联原则。对于译者来说，关联原则的运用就是先找到原文作者的言语内涵，再把最佳关联传递给目的语读者[3]。具体地说，译者首先要提供语境效果，让原文与读者产生关联，即：通过词汇、句法等交际线索传达原作者的意图，为了让读者理解，译文必须做到清晰自然，以帮助目的语读者推理法律文本作者的语用内涵[4]。

传统的法律翻译理论坚持逐字逐句的直译，强调绝对忠实的翻译[5]。在关联理论的框架内，这是不可想象的。事实上，这种表面上的忠实并不能保证文本交际目的的实现，过分强调语义对等可能导致法律效果的巨大差异，这并不能保证法律效力的对等。法律翻译应该以译文的读者为导向。只有当文本的作者和接受者达到充分的互动，译文才能最大化体现法律效力。

3 关联理论下《深圳经济特区平安建设条例》的翻译

3.1 词汇

3.1.1 古体词

古体词是指从拉丁语、法语和希腊语中借用的外来词汇。这些词汇在现代英语中已不再使用，但是法律英语中一些长期使用的古体词由于已产生了固定的特殊意义，因此得以保留至今。例如：

第五条　市、区平安建设组织协调机构（以下简称组织协调机构）在同级党委的领导下，组织开展平安建设工作。

Article 5 The municipal and district organization and coordination institutions for the urban order construction（hereinafter referred to as "organization and coordination institution（s）"）shall carry out urban order construction under the leadership of the Party Committees at the same levels.

上述例子中，"以下"译为古体词"hereinafter"，译者想要告诉读者这是法律文本。这样读者付出最小的努力就可以获得足够的语境效果。

3.1.2　政治新词

今天的中国创造了许多新的表达，其中一些和政策相关，经常出现在官方文本中。对于这些政治新词，翻译通常采用音译、直译和附注意译等几种方法。例如：

第三条　平安建设坚持党的领导，坚持以人民为中心，坚持共建共治共享，坚持系统治理、依法治理、综合治理、源头治理。

Article 3 The urban order construction shall be under the leadership of the CPC, a people-centered approach, and based on collaboration, participation and common interests. Systematic governance, law-based governance, comprehensive governance and source governance shall be practically combined for the urban order construction.

上述例子中，译者对"党的领导""以人民为中心""共建共治共享""系统治理"等政治新词的译法采用了普遍认同的官方译法，此种译法没有改变我国政策的原意，并且实现了最佳关联。

3.2　句法

3.2.1　被动句的大量使用

法律英语句子一大特色是大量使用被动句，这是由法律文书的客观性决定的。同时，法律英语中存在大量变汉语中的无主句等为被动句的情况，构成了法律英语句型结构的又一大特色。例如：

第六条　鼓励单位和个人积极参与平安建设工作，对在平安建设工作中作出突出贡献的单位和个人可以给予表彰奖励。

Article 6　Agencies and individuals shall be encouraged to take part in the urban order construction. Agencies and individuals that have made outstanding contributions to the urban order construction shall be commended and rewarded.

上述例子中，由于英汉语言差异和法律英语特点，所以不需要明确提出汉语中的动作执行者，译者无法进行直译，但读者是可以通过阅读推断出来的。这种翻译方法成功实现了最佳关联。

3.2.2　长句的使用

法律文本的长度比一般文本长得多，结构上多用长句和复杂句。所以在英译时，通常会使用动名词、抽象名词、介词和连接词等来进行翻译。例如：

第七条　市、区组织协调机构履行下列职责：（一）组织、指导实施平安建设相关法律、法规；（二）掌握平安建设动态，研究平安建设有关重大问题，提出平安建设工作建议；（三）协调、督促各有关单位开展平安建设工作；（四）建立平安建设联动和协调工作机制；（五）协调处置重大突发事件；（六）制定评价考核标准，对平安建设工作进行考核，向有关部门提出工作建议；（七）协调处理平安建设其他工作。

Article 7　The municipal and district organization and coordination institutions shall perform the following dutie: ① Organizing and providing ...（省略13个单词）; ② Grasping ...（省略14个单词）; ③ Coordinating ...（省略19个单词）; ④ Establishing ...（省略10个单词）; ⑤ Coordinating ...（省略4个单词）; ⑥ Formulating ...（省略16个单词）; ⑦ Coordinating ...（省略7个单词）.

上述例子中，译者从句法特点上把交际线索和自己的认知语境结合起来，找出句子的主线，然后推断出原文作者的意图及目的语读者的认知环境，选择正确的词语来翻译。这样译者就使译文本身具有最佳关联性，达到译文和原文最大程度的契合。

4　结语

法律文本翻译是法律翻译研究中不可分割的一部分。笔者通过分析深圳市司法局关于《深圳经济特区平安建设条例》的英译发现，由于中国的大陆法系和英美普通法系之间存在差异，译者在翻译时要查找相关信息以确保译文符合读者的认知语境、阅读期待和语用习惯，这便是关联理论在法律翻译中的运用，在进行相关词汇、句法翻译时更体现了最佳关联。综上，关联理论在法律文本翻译中具备一定的适用性，并有待完善。

参考文献

［1］龙婷，蔡进宝.关联理论与关联理论翻译观再思考［J］.上海翻译，2020（3）：12-17.

［2］王建国.关联翻译理论研究的回顾与展望［J］.中国翻译，2005（4）：21-26.

［3］马文书.关联理论在法律翻译中的应用：评《中华人民共和国商标法》英译本［J］.湖北函授大学学报，2010，23（6）：127-128.

［4］刘辉.基于关联理论翻译观探究词义推断策略探析［J］.海外英语，2023（4）：42-44.

［5］吴锟.法律英语词汇的特点与翻译研究［J］.英语广场，2020（33）：30-32.

形合与意合视角下产品说明书的翻译

屈 波[1] 刘 婧[2]

> **摘 要**：随着经济全球化的发展，各国之间的商品流通越来越频繁。作为产品与用户之间的媒介，产品说明书需要翻译成不同的语言来满足不同国家客户的需求。本文充分把握汉语重意合、英语重形合的语言差异，通过对比法、案例分析法对产品说明书进行分析，最后得出三种翻译技巧：增译法、省译法和语序调整法，从而为提供更好的产品说明书译本提出建议与方法。
>
> **关键词**：产品说明书；形合；意合；翻译技巧

1 引言

"产品说明书翻译"这一研究课题首次出现于1993年《上海科技翻译》第一期顾荣而发表的《汉译英中的意外难处——谈谈说明书翻译中名词的选用》一文中。而后，药品说明书、化妆品说明书、食品说明书等各种类型的说明书陆续被一些学者研究。从跨文化视角、文化交际视角、语域视角、目

---

[1] 屈波，北京工商大学外国语学院英语笔译（法商特色）专业2022级硕士研究生。
[2] 刘婧，北京工商大学外国语学院副教授，研究方向为翻译理论与实践、翻译教学、英语教学。

的论视角等对产品说明书翻译进行讨论的文献有很多，而单独利用英汉语言的句式差异，即汉语"意合"、英语"形合"的特点来探讨产品说明书翻译的研究却很少。因此笔者基于这方面研究的不足撰写此文，试图从形合与意合的视角探讨产品说明书的翻译策略，希望能够为今后产品说明书的翻译提供一些有用的指导。

2　形合与意合对比

形合与意合是英汉对比研究中经常受到学者们关注的一个话题。美国著名的翻译理论家尤金·奈达就曾在其著作《翻译的意义》一书中提到，英语和汉语之间最大的差异可能就在于形合与意合的对比[1]。形合与意合是英语和汉语中常见的语言组织方式。"形合"（hypotaxis）又称"显性"（explicitness/overtness），借助语言形式（主要包括词汇手段和形态手段）实现词语或句子的连接；"意合"（parataxis）也被称为"隐性"（implicitness/covertness）或"零形式连接"，指不借助语言形式而借助于词语或句子所含意义的逻辑联系来实现语篇内部的连接[2]。

从现有文献来看，所谓英汉之间的形合和意合差异，主要是指英语词汇形态变化丰富，连接词和介词数量多且使用频率高，而汉语没有词语形态变化，较少使用连接词、介词和代词等[3]。总的来说，形合更加强调语句结构的相对完整度和语言规范性，意合更加注重语义是否表述清楚，具体表现在以下几个方面：

第一，英语注重运用各种有形的联结手段以实现语法形式和逻辑形式两个层面的完美结合，概念指代分明，句子组织严密，层次明确，句法功能呈外显特点。英语中，大部分句子的从属关系都由连接词 if、although、because、when 及 so that 等词明确地表示出来。而汉语则由内在逻辑联系来表现英语中这些连词所传达的意义。

第二，英语大量使用介词。英语中有很多介词，其中简单介词（with, to, in, of）、合成介词（inside, within, without）、成语介词（according to, because of, with regard to）等使用频率非常高，是英语里最活跃的词类之一。英语的造句与介词是密不可分的，而在汉语中则常常不用或省略介词。

第三，英语有多形态变化，主要有词缀变化，动词、名词、代词、形容词和副词的形态变化等。而汉语中却不存在这些形态变化。总之，汉语尽量省去不必要的连接形式，依靠语篇中的上下文语义来弥补其在逻辑和连贯方面的不足。

由此可见，英汉两种语言的构句形式之间有着较大的差异。

3　产品说明书的翻译技巧

产品说明书的翻译在本质上无异于普通文本的翻译，但其商务属性决定了其显著的特点。在英汉语言形合与意合特点的影响下，其翻译技巧也必将表现出形合与意合的表达手法特点。以产品说明书英汉翻译为例，笔者归纳总结了几种翻译技巧，主要包括增译法、省译法和语序调整法。

3.1　增译法

汉语的主谓结构极其复杂，主语不但形式多样，而且可有可无[4]。与此相反，英语句式具有严格的主谓结构，主语不可或缺，谓语动词是句子的中心，两者协调一致，使不同的关系网得以聚合。英语语法当中往往可以省略某些词，而照样能达到完整表达意思的功效，但译成汉语则需要添加一些被省去的部分，这样才能符合汉语语法，达到汉语"意合"的特点。例如：

原文：If the appliance overheats, it will switch off automatically.

译文：如果产品过热，它将自动关闭电源。

原文中"switch off"是"关闭"的意思，在译文中增译了"电源"，使整个表达变成了"关闭电源"，意思更加清楚明了，不会误导使用者。

3.2　省译法

由于语法结构、表达方式、修辞方法等方面的差异，在不改变原义的情况下，需要省译一些不合适的词或成分[5]。与增译法相比，省译法在语法、意义的补全和文化背景等方面也有运用。换句话说，如果从 A 语言到 B 语言的翻译中使用了增译，那么从 B 语言到 A 语言的翻译中就要用到省译。英语是"形合"语言，大量使用虚词连接句子成分，而在翻译成中文时，则需要省略一些多余的词，使得译文更加简洁凝练，符合中文的语言规范[6]。例如：

原文：Dry your hair by making brushing movements while holding the dryer at a small distance from your hair.

译文：干发的方法是在距离头发较近处握住电吹风作刷式动作。

在此例句中，介词"by"构成的介词短语作方式状语，而在中文里表达手段和方式的介词一般被省略，因而在翻译成中文时常省略这类词，以符合中文的语言习惯，使得译文更加简洁。

3.3 语序调整法

中英文表达方式的差异在语序上也有所体现。所以在翻译时，要对相应的细节进行巧妙的处理，对英汉词语的顺序进行及时的调整，由此不但可以确保语句表述更为准确，而且可以提高语句的流畅度。例如：

原文：Please check regularly to make sure all the parts are in good condition.

译文：各零件安装及使用时，请经常检查是否完好。

这个例句译文语序的调整非常符合中国人的思维方式，而且非常明确。如果不调整语序，用户可能一时不能接受，会觉得非常拗口，甚至会误解其中的意思。在一般情况下，产品说明书英译汉的过程中，英文中的判断表态词放到后面进行翻译，以便于消费者理解。同时根据汉语动态语言的特点，原文中的英语在"意合"为汉语后变成了小短句。

上述例子均为产品说明书英汉翻译过程中的技巧，但是任何一种翻译技巧都不是被单独使用的，而要综合运用多种翻译技巧，对待不同的翻译文本要灵活处理。同时，产品说明书的汉英翻译可以看作上述翻译的逆向过程，这些技巧都可以使用。

4　结语

英语注重形合，注重结构、形式，常常借助各种连接手段，因而比较严谨（preciseness）。汉语注重意合，注重功能意义，常常不用或少用连接手段，因而比较简洁（conciseness）[7]。形合与意合体现的是英、汉两种语言的不同表达特点，反映的是中、西两种不同文化影响下人们思维上的差异。说明书简洁而又严谨、说明而又宣传的语言特点，决定了我们在进行英汉互译时必须充分考虑到两种语言的表达特点，必须紧紧抓住英语的"形"，牢牢把握住汉语的"意"，综合运用多种翻译技巧，做到准确传递说明书的"神"。

参考文献

[1] NIDA E A. Translating meaning [M]. San Dimas, California：English Language Institute, 1982.

[2] 余泽超. 对"形合"、"意合"的再认识：英汉对比与翻译 [J]. 浙江师范大学学报, 2003（3）：56-59.

[3] 贾光茂. 形合、意合还是构式整合？：汉语零形式的认知阐释 [J]. 外语与外语教学, 2021（5）：14-23, 147.

[4] 陈准民. 商务英语翻译汉译英 [M]. 北京：高等教育出版社, 2007.

[5] 郝新, 温婷. 产品说明书的翻译美学研究 [J]. 海外英语, 2019（20）：23-25.

[6] 曹建梅. 介词的英汉翻译策略 [D]. 太原：山西大学, 2019.

[7] 王大来. 商务英语形合与汉语意合对比研究 [J]. 中国科技翻译, 2005, 18（3）：40-43.

重新语境化视角下企业简介翻译——以华为为例

项欣如[①] 刘婧[②]

> **摘 要**：在经济全球化和中国对外开放的大背景下，简介翻译在公司对外宣传中发挥着重要作用。由于中外文化、思维方式等方面的不同，科技类公司的中英文公司简介的排版和内容各不相同。本文从重新语境化的视角，对照华为公司简介中英文网页文本，分析企业简介英译策略，总结翻译规律。
>
> **关键词**：重新语境化；企业简介；外宣翻译

1 重新语境化与翻译

伯恩斯坦（Bernstein）于1990年提出的重新语境化是指将一种社会实践的要素转变为另一种社会实践的过程，通常伴随着语义的转变。一旦脱离语境，文字符号就会失去信息交流和情感交际的意义[1]。

[①] 项欣如，北京工商大学外国语学院英语笔译（法商特色）专业2022级硕士研究生。
[②] 刘婧，北京工商大学外国语学院副教授，研究方向为翻译理论与实践、翻译教学、英语教学。

重新语境化在企业传播自身文化中起着重要作用[2]。首先，去语境化，即由企业自身将宣传材料中的文化具体化；其次，适应新语境，即通过要素删除、要素替代、要素重组或要素添加等方式将宣传材料进行转换以适应新语境；最后，对外传播，即企业在新语境下将宣传材料加入独特的内容，进而唤起读者的文化认知，吸引消费者的兴趣与关注，最终达到意识层面上的对外传播[3]。

2 重新语境化在企业简介中的应用——以华为为例

2.1 要素增添

华为中文简介中的"在一起，有未来"翻译成了"Together, We're building for a Tomorrow"。在这里，英文翻译进行了要素增添，增加了"We"和"build"，这体现了华为群体奋发的企业文化，向海外展示了华为的集体意识和合作精神；也体现了中英文的差异，中文句子可以无主语，而在翻译成英文时需要增添主语[4]。外宣翻译时应在不改变原文含义的基础上加工中文原文，并非逐字逐句地翻译，必要时可做一定的增减[5]。

2.2 要素删除

在华为的商业联盟这一板块，"共创、共拓、共赢，与全球合作伙伴携手，助力行业数字化转型"翻译成了"Huawei works and innovates with global partners to advance the digital agenda for industries"。英文翻译将"共赢"删除了，并将原文的意思整合了，共创和共拓就是和全球合作伙伴携手的意思；这也体现了中外企业文化的不同，中国企业更加注重共拓共创，而外国企业强调个性化发展、个人主义精神。

2.3 要素重组

在华为的中文网站上，"华为秉承开放合作共赢的宗旨，携手各行业、各领域的产业和生态伙伴共建和谐健康的全球产业生态，着力在三个维度形成突破：突破认知的局限，突破合作的局限，突破信任的局限"翻译成了

"Huawei remains committed to openness and collaboration for shared success. We work with various industry and ecosystem partners to shape new mindsets, and new models for cooperation and building trust. Together, we will build a harmonious and healthy global industry ecosystem"。英文翻译没有完全按照中文的顺序翻译，而对内容进行了调整，对要素进行重组，将"共建和谐健康的全球产业生态"放到了后面，使句子意思十分明显。英文习惯将重点放在前面，这让外国用户清楚地看到华为要在哪些方面做出创新，着重突出了华为创新这一板块的重点和未来的计划，增加对用户以及合作企业的吸引力。

2.4 要素替换

中文简介在介绍"华为是谁"时，描述为"……致力于把数字世界带入每个人、每个家庭、每个组织，构建万物互联的智能世界。目前华为有20.7万员工，业务遍及170多个国家和地区，服务30多亿人口"。英文译文如下："... Through its dedication to customer-centric innovation and strong partnerships, it has established end-to-end advantages in telecom networks, devices and cloud computing. It is committed to creating maximum value for telecom operators, enterprises and consumers by providing competitive solutions and services. It has 207, 000 employees. Its products and solutions have been deployed in over 170 countries, serving more than third billion people around the world"。译文可以解释为："通过致力于以客户为中心的创新和强大的合作伙伴关系，它已在电信网络等方面建立了端到端的优势。它致力于通过提供有竞争力的解决方案和服务，为电信运营商、企业和消费者创造最大价值。它有20.7万员工。其产品和解决方案已在170多个国家或地区部署，服务于全球30多亿人口。"译文更加清晰地表述企业提供的功能与服务，而非带有中文色彩的"把幸福带给千万家"。该企业的译者很好地理解了中西方的文化差异特点，而不单单直译简介内容，在一定程度上让国外受众更容易接受这些信息，更加能够理解这个企业想传递给他们的理念[6]。

3　结语

对于企业外宣文本,译者的首要任务是忠于原文内容,在充分理解原文的基础上进行翻译。译文要准确传达原文主旨,还要全面考虑目的语语境及读者需求,方便读者接受。只有这样,才能完成重新语境化过程,传递有效信息,提高网页文本对外宣传效果。

参考文献

[1] BERNSTEIN B. The structure of pedagogic discourse: class, codes and control[M]. London: Routledge, 1990.

[2] 王琦. 中国出版企业外宣与重新语境化:以出版企业网页翻译为例[J]. 中国出版, 2019(11): 54-59.

[3] 彭利元. 语境与翻译关系新探[J]. 外语教学, 2003, 24(2): 59-62.

[4] 陈平, 林昊, 周静海. 言外之意翻译的语境视角[M]. 沈阳:东北大学出版社, 2018.

[5] 武建国, 李昕蒙. 重新语境化与企业文化的传播:以世界五百强企业的网页翻译为例[J]. 外国语(上海外国语大学学报), 2017, 40(2): 90-96.

[6] 王俊超. 构建中国企业"走出去"外宣翻译的研究框架:基于500强企业网页外宣语料库[J]. 上海翻译, 2019(2): 62-66.

商标名称的翻译方法

朱佳上[①]　刘明宇[②]

> **摘　要**：伴随着我国经济的发展以及科学技术的进步，进出口商品的数量逐渐增加。因此，商标名称的翻译问题也变得更加重要，而对商标名称翻译方法的研究也应该得到持续的充实和发展。唯有将各个方面的要素结合起来，并对商标名称的起源，也就是商标命名的设计原理和组成进行回溯，商标名称的译名才能与目的客户的语言文化相吻合，同时取得良好的推广效果。
>
> **关键词**：商标名称；翻译；策略

1　引言

在商标的翻译中，商标的名字是一个非常关键的问题，因为商标的名字直接决定了商标的声誉，同时决定了顾客对商标的认可程度。因此，在对商标进行翻译的时候，要充分认识到不同国家之间存在的文化差异，结合本国的具体情况，从而制定出一套与之相适应的商标翻译策略。本文重点阐述了

[①] 朱佳上，北京工商大学外国语学院翻译专业2022级硕士研究生。
[②] 刘明宇，北京工商大学外国语学院讲师，主要研究方向为英语翻译。

世界上一些知名商标的英文商标含义、特征及其差异与关联,并对其差异与关联进行了比较,在此基础上给出了一些具体的译法[1]。翻译时,可以通过音译法、意译法以及音意结合法进行翻译。

2 商标名称的一般特征

2.1 商标名称的语言特征

2.1.1 商标的通用性

商标的通用性是指商标在各国和各区域间通用的、能够在世界范围内被广泛应用的现象。

2.1.2 商标的地域性

一个好的品牌要具有良好的市场竞争力,就要被世界各地的顾客认可。如果它的产品没有热度,就会很难销售出去。品牌要想拥有良好的形象和声誉,就要具备鲜明的地域性,这样才能成为驰名商标[2]。

2.1.3 商标的文化内涵特性

当把沉淀着人文价值的词汇或图形作为商标时,其商标所代表的物品就相应具有了这些文化的丰富内涵,能使产品获得相当大的附加值,并提高经济效益。无锡太湖制衣厂选用王维的名作"红豆生南国,春来发几枝"中的"红豆"二字作商标,因"红豆"作为爱情的象征早已深入人心,所以产品大受欢迎,远销美国、日本、新加坡等10多个国家和地区,该厂也成为创汇百万元的大户。在此过程中,我们要充分认识、学习中国的传统文化,吸取这些特色,形成我们自己独有的艺术形式[3]。

2.2 商标名称的其他特征

2.2.1 独特性

我国商标名称的翻译要遵循一定的原则:首先,在进行商标名称的翻译时,不能因为一个词语的不同而导致整个商标的意思表达上出现差异。其次,在翻译的过程中,要考虑到译文是否具有独特性,即在使用的时候必须符合原文的意思，否则就会使读者误解，甚至造成不必要的纠纷。最后，对于同一个词的含义应该保持一致。如果不相同，就会使其产生歧义[4]。

2.2.2 专有性

一个商标的专有性取决于其反映的产品和劳务的特征，而专有性则是对其权利保护对象的某些特点以及对其权利保护所作的限定。正是商标的专有性，才能让企业在市场上有其独一无二的品牌。所以，对于一种特殊的物品而言，只有具有专有性，才能让自己的优势得以充分发挥，从而获取更多的利益[5]。

2.2.3 联想性

联想是指在进行跨文化交流时，不同国家或民族的人民通过语言、文字等手段，在平时的生活中进行信息的传达与交流，由此形成的一种思维方式。联想性商标名的英译则运用联想性品牌名的特征，通过联想性品牌名来进行广告、促销，从而达到提高品牌形象的目的。

3 商标名称的翻译方法

3.1 音译法

音译是对某一特定品牌的商品名经过一定程度的翻译处理后，重新创造出与原品牌名一样的商品名的活动与过程。在实际运用中，人们往往通过对某一品牌进行翻译，使其与原有品牌保持一致，例如安踏（Anta）、茅台酒（Maotai）、海尔（Haier）等。

（1）音译法的优势：①能把原始品牌名称与产品的名称结合起来，对公司的长期发展是有益的；②通过对原有品牌进行拼音翻译，可以使其具有新的意义或标志；③既可以保持原来的字体特征，又可以赋予原来的标志以独有的特征。

（2）音译的不利之处：①其独特的文字形态会使原来的名字难以辨识，从而无法正确地表现出商品的功能性特点；②音译费用偏高，还会引起其他方面的损害，甚至会对正常的生产活动产生不利的影响[6]。

3.2 意译法

意译法指注重原文内容而不保持原文形式的翻译方法。译员可通过对商品深层意蕴的理解，挖掘源语的真正内涵。商标译名的目的语可表达产品的效用、功能，有利于给消费者留下深刻印象。例如洗发液 Rejoice 直译是"高兴"，意译为"飘柔"，意为头发飘逸柔顺，既能充分地显示商品的特性和品质，又能给消费者留下美好的心理回味；药片 Asverin 译为"安咳定"，清楚地表达出了该药片抑制、治疗咳嗽的功效，且易于记忆。由此可以看出，汉字的意义是很重要的。如今，有不少公司都采取了这种翻译方法来推广自己的商品和服务。

3.3 音意结合法

音意结合法是音译法与意译法的结合，要求译名既能表示原商标的含义，又要有与原名相似的读音。这种译法的商标名称独特生动，使人印象深刻。如男子服饰商标 Goldlion 意译本是"金狮"，但译者为使商品有气派，并满足人们渴望吉利、追求豪华的心理，将 gold 一词保留；而 lion 一词采用音译手法，两者结合在一起便有了"金利来"商标。商标 Youngor（雅戈尔）与 younger 谐音，象征着更年轻。音意结合法根据产品本身侧重点的不同，又可分为功能表述法、激发联想法、形象描绘法。在国内，不少公司使用的是音意结合法，但因为种种原因，人们并不清楚到底该用何种语言进行翻译。所以，在运用音意结合法时，应注意：①不要用一个词去替代与其特征相似的词；②不要将音译和意译混淆；③翻译人员应确保翻译的正确性，避免翻译过程中出现歧义，引起不必要的纠纷。总的来说，音译与意译的差别主要体现在其所表达的意思上，而这两者之间的转化是根据对商标名称及其含义的理解来决定的。例如，英文姓氏 Smith 可以通过音译转化成"史密斯"，也可以通过意译翻译成"铁匠"，以更直观地表达其含义和文化背景。在汉语中，很多外来语也是通过音意结合法得以被接受和运用的，比如"咖啡""巧克力""保龄球"等。这些汉字不仅表达了外来语的发音，也通过词义的拓展贴合了汉语的语言习惯和文化背景。但是需要注意的是，音意结合法并不是一种固定的翻译方法，其运用要根据具体情况和语言环境进行。

4 结语

任何一个商标的翻译都不遵循绝对的、固定的、永久的翻译方法，而要根据不同的场合和情况，对同一个商标进行多方面的翻译和修改。这就需要翻译工作者结合实际情况，具体问题具体分析，找到最适合的翻译方法。随着社会的不断进步、人们生活水平的提高及消费观念的转变等，消费者的需求越来越多样化，而这种多样性的需求决定了我们的商标名称必须具有独特性，才能吸引更多的人去购买，从而促进经济的发展与繁荣。因此为了适应市场的变化及满足大众的审美，我们应该将其作为一项重要的研究课题来对待。

参考文献

[1] 刘莹, 范晓彬. 从美学视角分析英文化妆品商标翻译的音译法[J]. 现代英语, 2022（3）: 57-60.

[2] 胥芝韵. 食品商标英语翻译中的文化障碍及处理策略[J]. 食品研究与开发, 2020, 41（23）: 229.

[3] 祁特. 英文商标翻译刍议[J]. 英语广场, 2021（4）: 34-36.

[4] 王阿平, 杜江涛, 田华平. 以消费心理为导向的商标翻译原则和方法[J]. 中国商论, 2020（2）: 69-70, 74.

[5] 刘丽娜. 功能对等理论视角下商标翻译研究[J]. 海外英语, 2020（19）: 169-170.

[6] 马洁鞯. 本土化翻译对商标及其品牌发展的重要性[J]. 海外英语, 2019（19）: 149-150.

芒迪 Introducing Translation Studies 评介

刘思含[①]

> **摘　要**：芒迪（Munday）在 Introducing Translation Studies 一书中对翻译研究主要流派进行了梳理和分析，帮助读者熟悉翻译学学科内容及必要的背景知识和工具。本文将结合本科翻译教学实践，对该书进行评介。
>
> **关键词**：翻译研究；图里；规范

1　引言

芒迪在 Introducing Translation Studies 一书中梳理并概括了翻译学的主要思想，呈现并讨论了相关理论框架，介绍了翻译学重要的发展趋势和贡献。本文将对比该书第三、四版，并结合本科翻译教学实践，着重对书中涉及的翻译研究范围、翻译规范以及对开展翻译研究的建议等方面进行评介。

2　翻译学的范围

在翻译学发展成为一个独立学科的过程中，詹姆斯·霍姆斯的论文《翻

[①] 刘思含，北京工商大学外国语学院讲师，主要研究方向为英汉翻译。

译学的名与实》影响深远。芒迪在该书第三版中引述以色列著名翻译学者图里（Toury）对霍姆斯翻译学结构图（见图1）的呈现[1]，并在本书第四版中进一步就应用翻译学的范围进行更新和扩展（见图2）[2]。

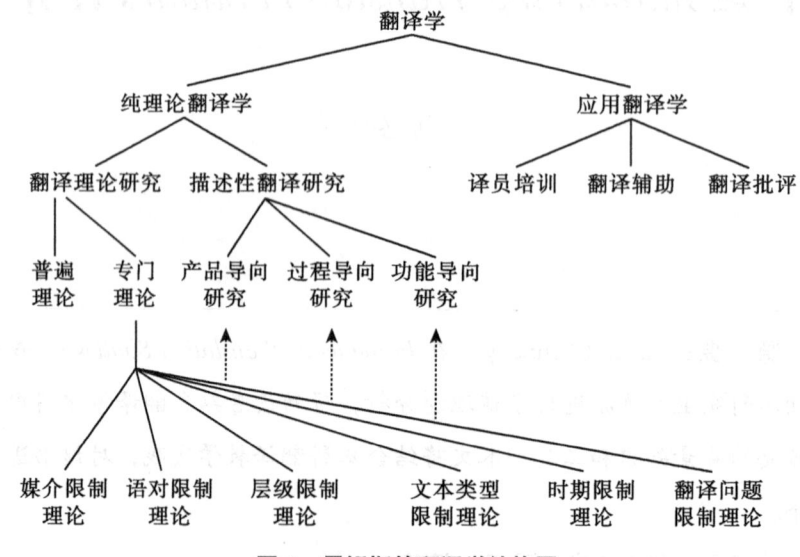

图1 霍姆斯的翻译学结构图

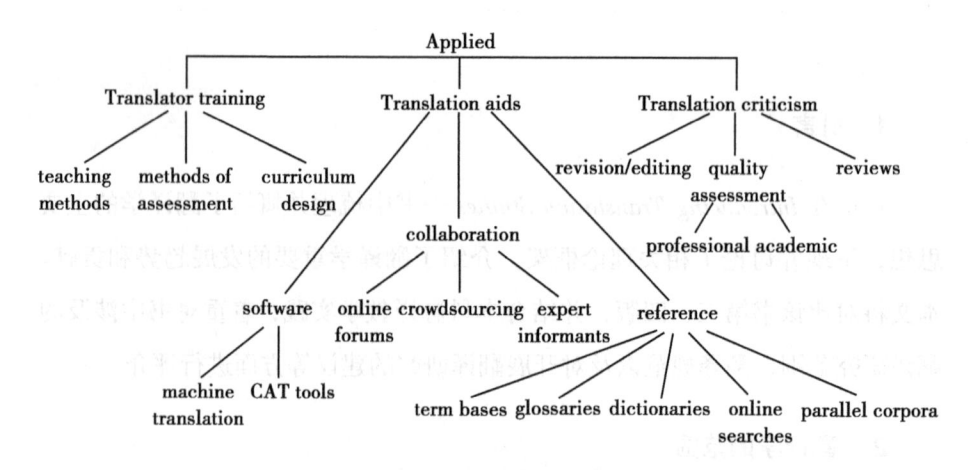

图2 应用翻译学更新扩展内容

从本科翻译教学的角度而言，明确翻译学的范畴，可帮助学生从宏观的学科视角理解所学知识。该书第四版涉及应用翻译研究中的CAT工具、众包翻译等领域，也可为学生日常翻译实践和毕业论文撰写等提供启示。

3 描述性翻译研究

描述性翻译研究提出描述翻译的实际情况，同时强调系统（system）和规范（norm）[3]。芒迪在书中引述图里为系统的描述性翻译研究提出的三阶段方法论，即：①把文本置于目标文化系统之中；②将原文和译文做文本比较；③尝试归纳两个文本的对应模式，帮助重构原文–译文文本对的翻译过程。

从翻译教学的角度而言，描述性翻译研究相关理论能帮助学生理解译者在特定环境下作出的翻译选择，同时自觉地将自己的翻译实践与当下的历史实践相结合。例如从描述性翻译研究的角度分析王宗炎主译的《光荣与梦想》时，可以发现当时的历史环境对翻译文本选择（翻译政策）、可接受性偏好（初始规范）和汉语特色表达方式（操作规范）的影响[4]。

4 对翻译研究的建议

芒迪结合切斯特曼（Chesterman）关于"融合"研究的论述，对新的研究项目进行前需要考虑的问题进行了梳理，包括：你的选题是什么？你的研究领域是什么？跟你话题相关的研究问题包括哪些？你的研究领域中前人已经做了哪些工作？你将如何进行研究？你的项目可行吗？芒迪的论述可为学生撰写毕业论文提供思路和启示。

5 结语

本文结合翻译教学实践，对芒迪 *Introducing Translation Studies* 一书进行评介，主要关注翻译研究范畴、描述性翻译研究和对开展翻译研究的建议等。将芒迪此书中涉及的翻译理论与研究方法结合本科翻译教学实践，或可为学生提升翻译素养、撰写毕业论文等提供更多参考。

参考文献

[1] 芒迪．翻译学导论：理论与应用［M］．3版．李德凤，何键，译．北京：外语教学与研究出版社，2014：28，161，294．

[2] MUNDAY J. Introducing translation studies: theories and applications［M］. 4th ed. London and New York: Routledge, 2016: 20.

[3] 叶子南．高级英汉翻译理论与实践［M］．4版．北京：清华大学出版社，2020：114．

[4] 王东风．英汉名译赏析［M］．北京：外语教学与研究出版社，2014：129．

顺应论视角下致辞翻译研究
——以 2021 小米董事长致辞为例[①]

魏宁宁[②]　刘　影[③]

> **摘　要**：随着经济全球化的发展和国际贸易规模的扩大，商务翻译得到了越来越多的关注，总裁致辞的翻译也彰显了其重要性。本文从语境顺应论的角度出发，选取小米公司 2021 年度报告中的总裁致辞这一典型的商务话语语料来探讨商务文本中的语境及其顺应问题。
>
> **关键词**：语境顺应；商务翻译；总裁致辞

1　引言

随着经济全球化的发展和我国国际地位的提高，许多企业纷纷走出国门，寻求与外国企业更广泛的合作。在这一过程中，为了保证商贸活动顺利进行，展示良好的企业形象，就需要注重商务翻译的发展。总裁致辞翻译作

---

① 本文系 2022 年北京工商大学研究生教育教学改革研究项目"以评促建提升翻译硕士人才培养质量"（2022YJG014）成果之一。
② 魏宁宁，北京工商大学外国语学院英语笔译（法商特色）专业 2022 级硕士研究生。
③ 刘影，北京工商大学外国语学院副教授，主要研究方向为功能语言学、语篇分析和翻译研究。

为商务翻译的重要组成部分,对树立企业良好形象与声誉具有重要意义。由于总裁致辞的质量直接影响投资者信心,撰写者必须以目标读者为导向,在用词及谋篇方面认真谨慎,以赢得股民的信任并吸引潜在投资者和客户[1]。总裁致辞的翻译也需经过仔细推敲与审核。

2 文献综述

商务英语具有极高的专业性和较强的针对性,表达简练、规范、准确。这也对商务文本的翻译提出了更高的要求。分析商务英语翻译常使用的三个理论是目的论、顺应论和功能对等理论[2]。徐珺、肖海燕在《商务翻译中的语境顺应研究》中指出,从文献看,当下商务翻译研究对商务翻译语境的重视与系统性解读尚显不足。语境顺应理论强调语境的动态顺应,为分析商务翻译语料提供新的方法论工具,也为解释商务翻译过程提供理论框架。在知网上搜索关键词"商务翻译"和"顺应论",搜索到的文献多是顺应论指导下的文学翻译研究,有关商务翻译的寥寥无几。吕自先从文化语境顺应角度探究了商务英语翻译策略。商务翻译是一种跨文化的商务交际活动,而"语用理论是一种交际理论,但交际理论又是一种认知理论"。因此,语用理论为商务翻译提供了全新的视角[3]。

回顾以往研究可以得知,从顺应论角度出发,对商务语料翻译的分析还比较少。然而商务翻译具有很强的时效性和专业性,对语境的依赖程度较高。董事长致辞作为企业对外交流沟通的重要渠道,其重要性也进一步凸显。有鉴于此,本文以语境顺应论为角度,以小米公司2021年度报告中的总裁致辞为研究对象,从语言语境、文化语境两方面对该文本进行研究。

3 语境顺应下的董事长致辞翻译

3.1 语言语境的顺应

在语言语境的制约下,顺应涉及话语构建成分和语体的选择。具体来说，在翻译时要选择好人称代词、修饰语等。

3.1.1 人称代词

译者为适应目标语句式结构和语言规范，应根据语境增添人称代词。

原文：我们高度重视并积极践行企业社会责任，运用公司规模和效率上的优势，不断推进可持续经济的发展。

译文：We highly value and actively practice corporate social responsibility. By leveraging our advantages in scale and efficiency, we have been continuously driving the development of sustainable economy.

英文中的第一个人称代词"we"是直译而来的，第二个"we"则是译者增添而来的，译者选择在"践行企业社会责任"后断句。拆分后的第二个句子为"运用公司规模和效率上的优势，不断推进可持续经济的发展"。中文中存在大量无主语句子，形散而神聚；而英文句子受严格语法规则的制约，主语不可或缺，因此根据语境，增添主语"we"。

3.1.2 修饰语

汉语多使用四字结构，或使用副词修饰动词，使表达饱满，读起来朗朗上口；而英语要求表达清晰明确，忌讳文字堆砌和语义繁冗。在这篇致辞的原文中多次出现了"坚定不移""扶危济困"的四字结构和"不断""高度""积极"等副词。使用这些词可以进一步帮助企业营造良好形象，促进企业文化传播，同时体现了汉语的节奏感。修饰语可以译为对等副词。

原文：另一方面，我们积极进行教育捐赠，助力人才培养及科技创新发展。

译文：We also actively donate to education to nurture talent and encourage innovation in science and technology.

3.2 文化语境的顺应

奈达认为，要成功翻译，译者不仅要精通两种语言，更要精通两种文化，因为文字只有在它们起作用的文化里才有意义。在翻译商务文本时也要留意语境中的文化信息，妥善处理。

原文：树欲静而风不止，风不止则树愈劲。

译文：As the saying goes, good timber does not grow with ease.

小米公司董事长雷军在提到当下所处的时代充满挑战和不确定性时，用到了"树欲静而风不止"这一俗语，该俗语包含中国传统文化中的孝道文化信息，后半句本为"子欲养而亲不待"，此处改为"风不止则树愈劲"。在致辞中使用这句俗语，不仅彰显了雷军董事长的文化底蕴，也使致辞更有感召力。

4　结语

在语境顺应论的指导下，本文选取小米公司 2021 年度报告中的总裁致辞英文本作为研究对象，从语言语境顺应和文化语境顺应两方面进行对比分析；最终得出结论，可以用语境顺应论指导总裁致辞这一商务英语翻译。作为专业翻译中的一个分支，商务翻译是一种重要的国际交流方式，其涵盖范围广、用词专业，对译者的素养提出了更高的要求，译者需在对作者意图、读者对象等因素分析的基础上谨慎地作出选择，掌握好"顺应"的分寸。

参考文献

[1] 徐珺, 肖海燕. 商务翻译中的语境顺应研究 [J]. 外语学刊, 2015（5）: 72-76.

[2] 欧阳超群. 顺应论视角下企业年度报告中董事长致辞英译研究: 以 2019 华为董事长致辞为例 [J]. 江苏商论, 2021（7）: 102-105.

[3] 戴冰桢. 顺应论指导下社科文本中的一词多译 [D]. 南京: 南京信息工程大学, 2022.

文化翻译理论视角下字幕中的文化负载词英译研究——以电影《长津湖》为例①

杨盼盼② 刘 影③

> **摘 要**：电影作为一种视觉文化，是传承民族文化、增强国家软实力、提高国家影响力的重要手段。为了使中国电影走出国门，字幕英译成为不可或缺的一部分。本文以陈凯歌、徐克、林超贤共同执导的电影《长津湖》中的字幕为例进行探讨分析，以巴斯奈特提出的文化翻译理论为出发点，旨在解读该电影字幕中文化负载词的英译，也为今后其他影视字幕翻译研究提供一个视角。
>
> **关键词**：文化翻译理论；文化负载词；字幕翻译；《长津湖》

1 引言

电影《长津湖》以抗美援朝战争第二次战役中的长津湖战役为背景，讲

---

① 本文系2022年北京工商大学研究生教育教学改革研究项目"以评促建提升翻译硕士人才培养质量"（2022YJG014）成果之一。
② 杨盼盼，北京工商大学外国语学院翻译专业2022级硕士研究生。
③ 刘影，北京工商大学外国语学院副教授，主要研究方向为功能语言学、语篇分析和翻译研究。

述了一段波澜壮阔的历史故事。作为国内一档主旋律战争题材电影,《长津湖》好评如潮,而要讲好中国故事,使国外观众看懂该电影,字幕翻译就显得尤其重要。文化翻译学派的巴斯奈特认为:"语言只有置于文化背景下才得以存在;文化也只存在于拥有自然结构的语言中。"[1]而由于《长津湖》电影中涉及浙江、山东等地方言,该影片的字幕翻译就显得尤为关键。因此,笔者尝试在文化翻译理论视角下分析该电影字幕中文化负载词的翻译。

2　文献综述

文化负载词的独特性就在于这类词承载了丰富的文化内涵,且只存在于某一种文化中,在另一种文化中是空白的[2]。也正是这种特性使其成了跨文化交流的障碍。所以,电影字幕中文化负载词英译是值得深入研究的一个课题。因此,对于该问题的研究具有一定的现实意义[3]。已掌握的文献资料显示,理论界主要从以下几方面展开了相关研究:

梁褚乔从生态翻译学理论中三个维度转换效果理论[4]、谈彬钰从多模态话语分析视域对电影《长津湖》的字幕翻译进行了研究[5]。以上学者的研究各有所长,均涉及对电影《长津湖》的字幕翻译研究,为笔者理解并完成本论文的写作提供了莫大的帮助。在搜集文献的过程中笔者发现,从什么角度、运用什么理论、如何去分析电影中的文化负载词,应该有更具体的措施,这给本文的写作提供了一些空间和可能性,本文针对这一问题进行相应的拓展和研究。

3　案例分析

翻译不只是一个简单的译码和重组过程,更是一种交流的行为。这也是文化翻译理论的观点之一[6]。而笔者认为,字幕翻译所实现的正是目的语读者和源语文化之间的交流。笔者将从文化翻译理论视角出发,用以下实例分析去看待文化负载词英译。

3.1 完善文化意象翻译法

电影《长津湖》中有许多文化负载词，在翻译这些名词的时候，采用完善文化意象翻译的方法可使观众能够理解其文化含义。

例1：

原文：立春就回来，回来给你们盖房子。

译文：I'll come back by the beginning of spring. I'll build the house when I come back.

分析：传统的中国农历将一年分为24个节气，"立春"是一年中的第一个节气。"立"字意为"建"，所以"立春"的英文表达为"beginning of spring"，而这样翻译"立春"采取了异化翻译策略。异化翻译是指在翻译过程中有意移用源语中的语言形式、习惯和文化传统，在译文中突出源语的异国情调，保留原有的语言特征，从而提高理解能力，增强原文的异域文化特色[7]。这样的翻译也颇有"一年之计在于春"的意味，使目的语读者更容易理解"立春"的含义。

例2：

原文：我们不仅在跟老美较劲，也在跟老天爷较劲啊。

译文：We are not only fighting against the Americans. We are also fighting against god.

分析：欧美人多信奉基督教，认为世界是上帝创造的。而在中国，人们心目中"主宰一切"的是老天爷。因此在对像"老天爷"这种专属民族文化色彩的文化负载词进行翻译的过程中，对于词义的空缺，可以借用与其语义相近的词来填补。上帝和老天爷的概念固然是不一样的，但是它们意义相近，所以我们可以用"god"来对"老天爷"进行翻译处理。

3.2 替代

在字幕翻译中，如果目的语和源语在文化内涵上有差异，翻译策略主要选择替代，即字幕翻译者可以选用目的语中和源语言内容类似的词汇来表达。这样目的语观众在理解时可以达到源语言的效果[8]。

例3：

原文：不许抄家伙，自己丢的人自己挣回来。

译文：Don't grab for a weapon. You must regain the respect you lost on your own.

分析：原文语境中，雷公老爹正在教诲初来乍到的伍万里。而像"抄家伙"这种含有浓厚地方语言色彩的词汇则属于文化负载词。文化负载词深深打上了某一语言社会的地域和时代烙印，是表示某一种文化所特有的事物和概念的词（词组）[9]。在翻译该词语时，要结合文化翻译理论，注重交流。为了使文本在译语文化里达到功能等值，翻译不应局限于对源语文本的描述，应该采用归化策略中意译的翻译方法，使目的语读者能够正确理解"抄家伙"这一带有强烈语言色彩的词。而"抄家伙"的意思就是迅速拿起武器跟对方打，也包括拿凶器、工具准备打架，相当于准备械斗。故将"抄家伙"一词翻译为"grab for a weapon"是更便于目的语读者理解的。

例4：

原文：你个小砍头的，我回头让你爹收拾你。

译文：You little bastard! I'll tell your dad to kick your ass!

分析："小砍头的"极具地方口语特色，是对调皮捣乱小男孩的称呼，并无恶意。因此在翻译时应该采取替代的翻译策略。而译者将其译为"little bastard"既贴近了源语言，符合原文行文结构，又体现了风趣轻松的文本特点。

4 结语

通过以上实例分析不难看出，对于文化负载词的翻译是没有固定的翻译策略的。到底选用归化还是异化策略，应当具体情况具体分析。但是总体原则都是在相关理论指导下，以更好的方式去传播中华文化，使更多汉语非母语读者或观众去了解中华民族优秀文化，去通过优秀影视作品来了解中华民族,加强不同国家、民族间的文化交流。

参考文献

[1] BASSNETT S. Translation studies[M]. 上海:上海外语教育出版社,2004.

[2] 胡晓华. 文化负载词的翻译策略及方法[J]. 汉字文化,2022(22):144-146.

[3] 丛田田. 关于文化负载词的翻译策略分析:以美剧《致命女人》第一季字幕翻译为例[J]. 汉字文化,2022(11):153-155.

[4] 梁褚乔. 生态翻译学视角下《长津湖》字幕翻译研究[J]. 海外英语,2022(16):29-30.

[5] 谈彬钰. 多模态话语分析视域下的字幕翻译研究:以《长津湖》为例[J]. 英语广场,2022(24):3-6.

[6] 孙燕燕. 从巴斯奈特的文化翻译观看文化负载词的翻译原则[J]. 考试周刊,2009(11):52-53.

[7] 杨子渝. 《哪吒之魔童降世》电影字幕语言文化负载词英译中的译者主体性[J]. 海外英语,2022(9):64-66.

[8] 于波,吕琛元. 文化翻译理论视角下的字幕中文化负载词英译研究[J]. 牡丹江教育学院学报,2022(4):41-44,79.

[9] 周建红. 文化翻译观视野下英文电影中文化负载词的翻译研究:以《老友记》为例[J]. 海外英语,2018(22):50-51.

新闻中部分高频前缀的语义探究

陆 敏[①] 王 淳[②]

> **摘 要**：熟练掌握常见的英语前后缀可以极大地提升英语学习者的语言表现力，提高其词汇习得能力和对篇章的理解能力。基于此，本文拟选取新闻中高频使用的out-、de-前缀进行具体的实例分析，以期对时事新闻中与之相关的词汇实现精准把握和准确翻译。
>
> **关键词**：英语前缀；out-；de-；实例分析

词汇是语言的基石，是构成语言的基本单位。语言学家威尔金斯（Wilkins）曾提到："Without grammar very little can be conveyed; without vocabulary nothing can be conveyed."[1]同理，时事英语篇章能否得以准确理解，在很大程度上取决于学习者对词汇的掌握。其中，通过常用词缀来扩充词汇是非常有效的途径，可以达到事半功倍的效果。本文拟以新闻中高频出现的前缀out-、de-为例，着手探讨如何通过前缀有效扩充英语词汇。

---

① 陆敏，北京工商大学外国语学院讲师，主要研究方向为商务英语、英语教育。
② 王淳，北京物资学院外国语言与文化学院商务英语2021级本科生。

1　前缀 out-

根据《牛津高阶英汉双解词典》(*Oxford Advanced Learner's English-Chinese Dictionary*)的解释，前缀 out- 具有多种含义。作为英语中常见的构词前缀，它经常与名词、动词、形容词、分词等结合，多数构成及物动词，少数构成形容词或名词。首先，前缀 out- 与动词、分词及形容词结合，表示"出、向外"，如 outflow、outlandish、outgoing 等，对于大部分学习者来说这不是难点，此处不做赘述。前缀 out- 加在动词、部分形容词及名词前，表示"超越，超过"。这个用法在时事新闻、各类英语考试中频频出现。根据笔者的教学经验，学习者常在该语义的理解上出现偏差。

原文：The former CIA chief attempted to smear China, outshining all his predecessors in this regard.

译文：前中情局局长企图抹黑中国，在这方面与他所有的前任相比有过之而无不及（shine 为动词，意为"出色，显身手"。因此 outshine 就可理解为"使……相形见绌，胜过"）。

原文：The larger picture of global security should outweigh selfish strategic calculation.

译文：全球安全的大局比自私的战略算计要重要得多（weigh 为动词，意为"重"。outweigh 即"重于，胜过"）。

原文：The foreign capital inflow will outnumber the annual average of 243.7 billion yuan over the past three years.

译文：过去三年来外资流入超过了年均 2 437 亿元（outnumber 意为"在数量上超过"）。

原文：Russia's economy is projected to outperform the UK's, growing 0.3 percent.

译文：俄罗斯经济预计将超过英国，增长 0.3%（outperform 意为"在表现上超过"）。

此外高频出现的还有 outlive、outpace、outclass、outdo 及 outlast 等。

2　前缀 de-

否定前缀一直是前缀的重点研究领域。在英语中，有许多表示否定意义的前缀，如 dis-、mis-、un-、in-（il-/im-/ir）、non- 等。

原文：The country is nervous about leak of plans of dismembering Ukraine.

译文：该国对肢解乌克兰计划的泄露感到紧张。

原文：World must steer clear of misinformation to benefit from globalization.

译文：为了从全球化中获益，世界必须避开错误的信息。

本文选取否定前缀 de- 做重点论述。在众多的含义中，de- 表示"除去，去"的这个含义在新闻中高频出现。

原文：Debranding is a marketing strategy to remove the manufacturer's name from a product to appear less corporate, or to save on advertising.

译文：去品牌化是一种在产品中去除制造商名称，以显得不那么企业化或者节省广告成本的营销战略（branding，意为"品牌塑造"。debranding 即"去品牌化"）。

原文：In recent years, the global trend of "dedollarization" has become increasingly prominent, as a way to break the hegemony of the US dollar and respond to the US sanctions.

译文：近年来，为了打破美元霸权和应对美国制裁，全球去美元化趋势日益凸显（dollarization，意为"美元化"。dedollarization 即"去美元化"）。

原文：Washington's persistent moves to decouple from China have substantially rewritten the rules of bilateral interaction.

译文：美国持续与中国脱钩的举动极大地改写了双边互动规则（couple 为动词，意为"连接"。decouple 即"脱钩"）。

原文：Over the years, the evolution of the US and European banking sectors have been characterized by deregulation and financial disintermediation.

译文：长期以来，美国和欧洲银行业的发展均以放松监管和金融脱媒为特征（regulation 意为"控制"。deregulation 即"放松监管"）。

此外，还有 deindustrialization、decode、deforest 等。

综上所述，前缀通过对词根的语义进行限定、修饰或补充，提供了有效的辅助语言信息。为了更精准地把握词汇的含义，学习者需要了解并把握高频前缀的相关用法，以提高新闻篇章阅读的理解效率和准确性。

参考文献

[1] WILKINS D A. Linguistics in language teaching [M]. Cambridge, MA: MIT Press, 1972.

翻译规范理论下我国大学校训的英译策略

史素虹[①]　苗天顺[②]

> **摘　要**：在"中国文化走出去"的过程中，中外大学间的交流发挥着重要的作用，国内高校建设双一流大学、打造国际化大学的要求也使得其校训的英译获得了较大的关注。本文将结合中外大学校训的特点，从"切斯特曼翻译规范理论"视角对国内大学校训英译本进行分析，从而得出一些大学校训英译策略，希望对校训的英译有所帮助。
>
> **关键词**：切斯特曼翻译规范理论；大学校训；汉译英

1　引言

目前，大部分国内高校已有英文版官网，校训也有其确定的英文版。但是国内高校校训英译本尚未有统一规范，学校校训承载的文化内涵也有所不同，这在一定程度上导致了校训英译本质量的参差不齐。笔者将从"切斯特曼翻译规范理论"角度，结合中英文语言特点和国外知名大学校训，对比分析国内高校校训英文翻译，希望能为国内大学校训英文翻译提供一定的借鉴

---

① 史素虹，北京工商大学外国语学院翻译专业2022级硕士研究生。
② 苗天顺，北京工商大学外国语学院副教授，主要研究方向为英语翻译。

作用。

2　切斯特曼翻译规范理论

结合吉迪恩·图里（Gideon Toury）提出的翻译规范理论以及社会学和语言学中的概念，切斯特曼（Chesterman）把不同时期的从不同角度对翻译的理论和看法纳入一个宏观的框架之下。他把社会生理学家道金斯（Dawkins）作品《自私的基因》中"meme"的概念引入翻译研究中，并认为翻译中的"meme"指的是翻译理论和观念[1]。"meme"即文化基因或理念因子，它不可避免地影响译者的思维方式和翻译。所有的翻译理念因子构成庞大的理念因子库（meme-pool），其中有些翻译理念因子因为没有获得普遍接受便消失了，有些翻译理念因子曾经非常流行但最后让位于其他的翻译理念因子，还有一些翻译理念因子生命力很旺盛。不同的翻译理念因子在不同的时期占据了不同的地位。某种翻译理念因子一旦占据了主导地位，就变成了翻译规范[1]。在切斯特曼构建的翻译理论框架中，"meme"和"norm"两个概念与翻译规范活动的研究息息相关。切斯特曼认为规范与规定不同，它是描述性的而不是规定性的。此外，他把翻译规范分为社会规范、道德规范和技术规范。其中，社会规范指协调人与人之间的关系；道德规范指译者应该遵守明晰、真实、信任、理解等价值标准；而技术规范指译作应该满足读者对翻译的期待，遵从目的语主流的翻译传统和文学形式[2]。

切斯特曼将翻译活动的规范分为两大类：期待规范和专业规范。期待规范指目的语读者对译文的期待，而这个期待涉及多个方面，包括语法性、可接受性、语言风格和词汇处理等。对于这一点，译者可以采取多种方式来满足目的语读者的期待。译作越接近读者的期待，越会在译入语文化中得到认同[3]。专业规范从属并受制于期待规范，它制约翻译过程中可以接受的方法和策略。切斯特曼将专业规范细分为三个部分：责任规范（accountability norms），即译者要对原作者、委托者、译者本人和读者等其他相关方忠诚、负责，不能忽略原文来改变译文以达到自身目的；交际规范（communication norms），即译者应该根据具体情况需要，在交际各方之中采取最佳的交际方式，使得交际效果最大化；关系规范（relation norms），指译者要在原文与译文中保持适当的相关性，就是译者应该明白原文和译文应该在哪种程度、哪些方面相似，考虑优先满足哪种关系[4]。

3　切斯特曼翻译规范理论下对校训英译的分析

3.1　从期待规范角度分析校训英译

笔者认为，由于期待规范主要涉及目的语读者的期待，这就要求译者在英译校训时尽可能地往目的语读者的文化习惯、用词特点上靠近。国内部分大学校训在英译时很符合期待规范。

例1：

北京大学：爱国 进步 民主 科学

译文：Patriotism, Advancement, Democracy and Science.

例2：

山东大学：气有浩然 学无止境

译文：Noble in Spirit; Boundless in Knowledge.

例3：

同济大学：严谨 求实 团结 创新

译文：Discipline, Practicality, Unity and Creativity.

国外大学英文校训多为名词性短语，富有静态色彩。所以上面的几个例子并没有将原文中动态词语直接翻译为动词，它们巧妙地采用了名词来表达原文意思，这符合英语国家读者的期待。

3.2　从专业规范角度分析校训英译

应从专业规范角度分析校训英译，即从责任规范、交际规范和关系规范三个层面去衡量译文。笔者梳理国内知名大学校训英译，列举了几个例子进行分析：

例 4：

山东大学：气有浩然 学无止境

译文：Noble in Spirit; Boundless in Knowledge.

例 5：

哈尔滨工业大学：规格严格 功夫到家

译文：Strict Standard and Sufficient Effort.

例 6：

厦门大学：自强不息，止于至善

译文：Pursue Excellence, Strive for Perfection.

例 4 中将"气有浩然"译为"Noble in Spirit"（即指高尚的精神），而汉语中"浩然"意思是指"盛大的样子"，"气有浩然"则可理解为"正大刚直的精神"；"学无止境"译为"Boundless in Knowledge"（即指知识没有边界，学习无止境）。译文采用"Noble""Boundless"，准确传达了原文的意思，反映出该译文符合责任规范；而且译文形式为名词性短语，原文与译文之间也达到了相对的平衡关系，能够让读者更好地理解，符合专业规范。例 5 将原文译为"Strict Standard and Sufficient Effort"，符合英语语言静态的特点。译文将"功夫到家"译为"Sufficient Effort"（即足够的努力），体现了原文中需要大量努力、下很大功夫的意思，是忠实于原文的体现。反观例 6 中译文直接将汉语进行动态英译，似乎不太妥当。可以参考清华大学校训：自强不息 厚德载物（Self-discipline and Social Commitment）的翻译，译为"Self-discipline for Perfection"。

4　校训英译可采取的翻译策略

4.1　直译和意译

直译是指既保持原文内容又保持原文形式的翻译方法。对于一些承载文化深层含义较少、原文内容浅显易懂、形式结构简单的校训，可直接采取直译。例如：同济大学的校训"严谨求实 团结创新"译为"Discipline, Practicality, Unity and Creativity"；燕京大学的校训"因真理，得自由，以服务"译为"Freedom through Truth for Service"。

而对于文化意蕴丰富的校训可采取意译的方法，侧重展现其文化内涵。例如：南开大学的校训"允公允能 日新月异"译为"Dedication to Public Interests; Acquisition of All-round Capability; and Aspiration for Progress with Each Day"。"允公允能"语引《诗经》中"允文允武，昭假烈祖"。"允"为文言语首助词，是"既、又"的意思。"允公允能"意为"既有公德，又有能力"，以培养学生"爱国爱群之公德，与服务社会之能力"。"日新月异"语引《礼记·大学》中"苟日新，日日新，又日新"，意为"与时俱进，每天每月都要有所创新和发展"。英文译文不拘泥于原文形式，侧重传达原文文化内涵，是值得借鉴的。

4.2 借译和仿译

借译指按照外来词的形态结构和构词原理直译过来。以对外经济贸易大学的校训"博学 诚信 求索 笃行"（Erudition, Honesty, Endeavour, Perfection）为例，其中"博学"译为"erudition"。《韦氏词典》（*Merriam-Webster Dictionary*）中对"erudition"的定义为"extensive knowledge acquired chiefly from books: profound, recondite, or bookish learning"，"erudition"一词与汉语中"博学"一词意思相近，而杜克大学（Duke University）校训"Erudition et Religio"中也有"erudition"一词，通过借用这一词能够使译文更符合期待规范。

仿译可理解为"模仿目的语中相似的语言或形式、结构等进行译文的翻译"。参考国外校训得知，部分国外大学校训是以介词开头的句子，例如：哥伦比亚大学的校训——In thy light shall we see light；拉夫堡大学的校训——With truth, wisdom and labor。而国内一些高校校训英译也以介词开头，如：天津外国语大学的校训——中外求索，德业竞进（For Global Knowledge and Moral Integrity）；香港中文大学的校训——博文约礼（Through learning and temperance to virtue）。

5　结语

在推动中国文化走出去、讲好中国故事的大背景下，高校校训翻译应该引起重视。中国高校校训翻译的规范化有助于目的语读者更好地理解学校的办学宗旨，从而树立学校良好的文化形象，加快建设国际化高校的步伐，推动中华文化的外宣。译者在翻译校训时，切不可望文生义，应该字斟句酌，尽可能地再现原文内容和风格，准确传达其深层内涵；同时可参考切斯特曼翻译规范理论对译文进行反思并完善。

参考文献

［1］CHESTERMAN A. Memes of translation：the spread of ideas in translation theory［M］. Philadelphia：John Benjamins Publishing Company，1997.

［2］侯丽，许鲁之. 从 Andrew Chesterman 的五个翻译伦理模式谈译者主体对翻译伦理的坚守［J］. 外国语文，2013，29（6）：133-136.

［3］张光明，杨淑华. 评切斯特曼的《翻译模因论》［J］. 中国科技翻译，2007（4）：57-60.

［4］张顺生，ELLIOT R. 汉英大学校训特点对比研究与翻译［J］. 上海翻译，2021（5）：39-44.

委婉语在商务交际中的应用和翻译

徐爱心[①] 苗天顺[②]

> **摘 要**：商务交际是指合作双方通过在语言和思想方面的沟通和交流完成商务合作的过程，需要合理分配利益、达成双方合作共赢的局面。委婉语可以有效地缓和尴尬或紧张的商务谈判氛围，使得合作双方的想法、要求和目的得到更加得体又明确的表达，从而促成合作双方更好的商务合作。因此，委婉语在商务交际中的使用频率较高，是商务交际中普遍存在的语言现象。本文将选取相关的典型例句并进行比较和分析，旨在进一步讨论委婉语在商务交际中的功能、应用原则、实际运用以及如何对委婉语进行准确地道的翻译。
>
> **关键词**：委婉语；商务交际；应用；翻译

1 引言

作为语言中的普遍现象，委婉语是指用委婉的、文明的、令人舒服的表达来代替那些直接的、粗鲁的、令人不适的表达，可以有效地缓和在谈

---

① 徐爱心，北京工商大学外国语学院翻译专业2022级硕士研究生。
② 苗天顺，北京工商大学外国语学院副教授，主要研究方向为英语翻译。

判场合可能出现的紧张、尴尬的气氛，使得讲话人能够更加友好、得体地传达己方的观点和态度，也使得对方更加容易接受。事实证明，委婉语在商务交际中的应用效果与意义都是非常显著的，对经济贸易合作的顺利开展起到了重要作用。因此，委婉语的合理运用已经成为商务交际中比较普遍的现象。

2　文献综述

西方学者在很早之前就对委婉语展开了研究。早在18世纪80年代初期，英国作家乔治·布朗特（Gorge Blunt）便首次引用了euphemism一词，并给出了定义：（Euphemism）is a good of favorable interpretation of a bad word。自此之后，越来越多的学者开始研究委婉语。英国语言学家休·罗森（Hugh Rawson，1981）编撰了词典 A Dictionary of Euphemism and other Double-talk，全面地总结了英、美语言学家在委婉语研究方面的贡献和成就，受到了国内学者束定芳的高度肯定。彼得·纽马克（Peter Newmark，1981）认为委婉语翻译是文化等价物替代的过程。米尔德里德·拉尔森（Mildred Larson，1984）表示委婉语翻译的第一步应该是找出源文本的委婉属性，再通过目标语进行合理的呈现。艾伦和布瑞吉（Allen and Burridge，1991）出版 Euphemism and Dysphemism 一书，这本书对于全世界委婉语的研究者来说都是非常重要的，也是国内研究委婉语的学者频繁参考的著作之一。

国内许多学者也对委婉语有很多深入的研究。根据格里斯（Grice）和利奇（Leech）的理论，束定芳（1995）重点探讨了委婉语的语言交际与使用过程中的三个原则的关系，并提出了这方面有待解决的问题，极大地推动了国内对委婉语的研究进程。此外，刘弘伟（2009）、邹建玲（2012）及罗建忠等（2014）对委婉语的汉译展开了深度的探究，提出了直译、意译和加注这三个主要的翻译方法，推动了国内委婉语翻译的发展。商务信函中委婉语的翻译需要遵循礼貌的汉语语言风格（邓静萍，2016）。委婉语在商务英语中的翻译须达到语义和文化底蕴上的对等（滕士俊，2016）。

3　委婉语的含义、功能与使用原则

3.1　委婉语的含义

委婉语是指在语言使用过程中，讲话人选择恰当、得体的表达来代替唐突、粗鲁的表达。它既是一种常用的表达技巧，也是一种语言文化现象的体现。

3.2　委婉语的功能

3.2.1　避讳功能

对于一些带有负面意义、容易产生歧义的表达，人们通常是比较避讳的，委婉语的避讳功能就体现在这方面，即用委婉语来代替这些词语。比如，在英语国家中，人们经常用"pass away""to be with God"等含蓄的表达来替代"death""die"的使用。同样地，数字"4"的发音与中文的"死"很接近，因此在与中国人合作的过程中，另一方也会避免使用数字"4"。

3.2.2　礼貌功能

礼貌恰当的表达不但可以体现个人的素养，还会拉近人际关系或者推动合作关系的发展。委婉语的礼貌功能是指说话人通过使用温和有礼的表达方式来体现对对方的尊重，让对方感到舒适。比如在称呼老人时，我们通常不会选择"old"这个词，而使用"senior citizen"代替"old man"，避免造成无礼的顶撞。

3.2.3　模糊功能

委婉语的模糊功能可以很大程度地掩盖事情的真相，这个功能在军事、政治方面的委婉语运用中表现得比较频繁。比如，有些国家为了逃避挑起战争的责任，会把对其他国家的侵略从"aggression"说为"active defense"。在商务交际中，委婉语的模糊功能也有所体现。比如，我们常用"fake quality commodities"（伪劣产品）来代替"illegal products"（非法产品）。

3.3 委婉语的使用原则

3.3.1 得体准则

在商务交际和洽谈中，很多时候都会出现意见分歧的情况，如果一方直接否定另一方的意见，可能会打击另一方谈判的兴致，以至于造成尴尬的局面，甚至会造成贸易合作关系的破裂。因此，商务谈判双方通常会使用得体的表达来削弱负面的语气。

3.3.2 慷慨准则

为了尽可能地保护己方的利益，我们通常会选择使用谦卑的表达来自降身份或者抬高对方的地位，体现自己慷慨的态度，从而实现谈判的目的。

3.3.3 一致准则

一致准则要求合作双方在商务谈判中达成共识，尽可能地减少分歧。比如，在指出对方的问题时，说话人首先会肯定对方的某一方面。相较于直接指出对方的问题，这样会让对方更加容易接受。

4 委婉语在商务交际中的应用与翻译

4.1 委婉语的应用

4.1.1 被动语态法

如果给出建议或者强调对方的义务，通常会选择使用被动语态。因为主动语态过于直接，给人一种发出命令的感觉，而被动语态强调动作本身而不是动作的执行者，会显得更加礼貌。

例1：The goods were promised to be delivered before July 30th.

4.1.2 虚拟语气法

当提出请求或表达意见时，使用虚拟语气能够更加委婉含蓄地表达说话人的意思，为双方的谈判提供了平等友好的基础，从而开展更深层次的合作。

例2：If we had not received such a large order, we could not have quoted for products at that price.

4.1.3 变换时态法

过去时态和进行时态能够带来一种时间上的距离感。因此，在商务交际的语境下，说话人会选择使用这两种时态来体现自身的委婉和礼貌。

例 3：We suggested you could place the order no later than the end of this month.

4.1.4 句式转变法

在谈判的过程中，当指出对方的问题或者错误时，一般会用否定句或疑问句来替代肯定句，从而使表达变得更加委婉得体。

例 4：It is generally considered inappropriate for you to act that way.

例 5：Could you please repack the products in natural packing?

4.2 委婉语的翻译

委婉语的应用多种多样，为了避免翻译得不恰当导致译文的态度强硬，表达不得体不恰当，从而遗憾地失去商务合作的机会，对委婉语的翻译也需要展开深入的探讨。

4.2.1 被动句的处理

在翻译委婉语被动句时，译者会按照汉语的逻辑关系，对英语原句的语序先进行调整再翻译。被动句最常用在提出观点、意见或者催促对方付款、发货时。

例 6：Shipment should be made before October, otherwise we are not able to catch the season.

译文：很抱歉，我方要求货物需要在十月前发货，否则无法赶上旺季销售。

例 7：Upon inspection, it was found that the weight of the goods is not up to the agreed standard.

译文：很遗憾，经检验，我方发现这批货的重量没有达到双方协定的标准。

在例 6 和例 7 中，译者将原句的被动语态处理成主动语态，添加了主语"我方"，更加符合汉语的逻辑关系。同时，译者增译"抱歉"和"遗憾"这类带有感情色彩的词汇，体现了说话方的遗憾和歉意，使得沟通氛围更加融洽得体。

4.2.2　虚拟语气的处理

由于中文不存在时态的概念，在翻译时就无法体现出英语虚拟语气的过去时态。因此，译者在翻译过程中不需要纠结时态的问题，将"would"和"could"都当作"will"和"can"来处理即可。

例 8：If you gave us a discount, we would cooperated with your company on this order.

译文：若您答应给我们优惠，我们会和贵公司合作这个订单。

在例 8 中，虽然译文无法在时态上与原文达到对等，但译者巧妙地在译文中使用尊称"您"和"贵公司"，体现了说话人委婉谦逊的态度，与原文实现了同等的表达效果。

4.2.3　信息对等的处理

由于不同语言有不同的表达习惯，在翻译过程中难免会产生信息不对等的情况。信息不对等会影响译文读者了解原文作者的思想。

例 9：This company is an international marketing company specializing in bookshelves, bookcases and others.

我们将例 9 翻译为：这是一家专营书架、书橱及其他产品的跨国销售公司。总体来看，译文与原文在语义上是没有差别的，只是对于"marketing"一词的翻译仍停留在表面的理解，没有具体分析其在这句话中的深层内涵。销售公司是不会生产或者专营产品的，只会销售其他赚钱的产品。因此，将这句话中的 marketing 翻译为"贸易"会更为合理、贴切。

4.2.4　文化背景的处理

在国际商务交往中，我们需要特别注意国家之间的文化差异，翻译自然也不例外。文化背景的对等要在语义对等的基础上实现。比如，不同的数字在中华文化中代表不同的含义，"6"代表六六大顺，"8"代表事业顺利，但是英语中的"six"和"eight"没有上述的内涵。英语国家有自己的吉利数字，比如，不能把英国的饮料"7-up"直译为"七上"，而要根据英语国家文化将其翻译为"七喜"，这里的"7"与中国人理解的"8"的内涵接近。

东西方文化的差异是实际存在的，因此我们在翻译时需要认真对比研究，避免文化差异造成误会和冲突。

5　结语

随着社会的不断发展和进步，经济全球化已经是不可逆转的大势所趋，商务交际日趋重要。委婉语在商务交际中承担着"润滑剂"的角色，是商务谈判和合作过程中必不可少的技巧和手段。正确地运用委婉语可以极大地推动商务交际的顺利进行。因此，在不同文化、不同语言的交流过程中，我们要准确把握委婉语的应用原则和翻译策略，使用礼貌得体的表达，避免引起双方直接的矛盾和冲突，以顺利达成商务合作的目的。

关联翻译理论视域下的外宣文本翻译研究
——以《新时代的中国绿色发展》白皮书为例

李浚歌[①]　史岩林[②]

> **摘　要**：本文在关联翻译理论的指导下，以《新时代的中国绿色发展》白皮书为例，研究外宣文本的英译，并总结出结构重组、补偿增译、化繁为简这三个翻译策略，为外宣翻译提供参考。
>
> **关键词**：关联翻译理论；外宣文本；汉英翻译

1　引言

翻译的本质是交际，而关联翻译理论正是关于语言交际的理论，因此关联翻译理论对翻译具有很强的解释力。本文将以《新时代的中国绿色发展》白皮书为例，研究外宣文本的翻译，并得出结构重组、补偿增译、化繁为简这三个翻译策略。

---

① 李浚歌，北京工商大学外国语学院翻译专业2022级硕士研究生。
② 史岩林，北京工商大学外国语学院副教授，主要研究方向为西方文学与文化批评、比较文学、翻译等。

2 关联翻译理论

格特（Gutt）首次将关联理论应用到翻译中，形成了关联翻译理论。翻译是两种语言之间进行的一种特殊形式的言语交际行为，是与大脑机制密切联系的推理过程[1]。关联翻译理论强调翻译的明示-推理交际本质，译者在翻译过程中既是交际者又是接收者，具有双重身份。译者首先是听话人，其主要任务是对原作者的交际意图进行推理，在完成该交际过程以后，再进入第二轮明示-推理过程，这时译者的身份是发话人，译者根据原语篇将自己所理解的原文作者意图和原文用意再现给译文读者。

当前我国关联翻译理论研究中涉及广告、幽默、文学、话剧、口译、教学、文化、可译性、归化和异化、隐喻、连贯、回译等20多个课题[2]。

3 关联翻译理论视域下的外宣翻译

外宣翻译工作的重要性和新特点是伴随中国国际地位的变化而出现的，外宣翻译就是为党和国家的大局服务[3]，实际上是跨文化交际的过程，在翻译时译者既要推测作者的意图，也要考虑目的语读者的接受能力。翻译的质量取决于译文与原文之间的关联性，是否符合读者的期待，是否达到交流的目的。下面笔者将以《新时代的中国绿色发展》白皮书为例，探究如何用关联翻译理论指导外宣翻译。

3.1 结构重组

汉语为意合语言，多用动词和短句，有时句子中无明显逻辑关联词，而英语为形合语言，多用名词和长句，语法逻辑严谨。为使译文能够符合目的语的表达习惯，译者在必要时需要先对原文进行拆分重组，厘清句子结构和逻辑关系。

例1：

原文：中国顺应人民日益增长的优美生态环境需要，坚持生态惠民、生态利民、生态为民，大力推行绿色生产生活方式，重点解决损害群众健康的突出环境问题，持续改善生态环境质量，提供更多优质生态产品，让人民在优美生态环境中有更多的获得感、幸福感、安全感。

译文：To meet the growing demand for a beautiful environment, China has strengthened eco-environmental conservation and protection and vigorously promoted eco-friendly ways of work and life. It has focused on solving the major environmental problems that seriously endanger people's health, improved the quality of the environment and ecosystems, and provided more quality eco-environmental goods, so as to help people feel happier, more satisfied, and more secure in a beautiful environment.

本句结构较为松散，无明显逻辑关系，但从译文可看出译者首先对原文想表达的信息进行了推理，再分析句子层次。原文中"中国顺应人民日益增长的优美生态环境需要"是原因，"坚持生态惠民……提供更多优质生态产品"是具体做法，"让人民……安全感"是结果，因此译者重组了句子结构，在开头和结尾分别运用了"To meet ..."和"so as to ..."的句式，把本句中的原因、措施、结果明示出来，这样句子的逻辑更加清晰，读者能够抓住重点信息，更加了解中国为绿色发展所付出的努力，最终完成双重明示 – 推理过程。

例 2：

原文：大力发展绿色金融，形成绿色信贷、绿色债券、绿色保险、绿色基金、绿色信托等多层次绿色金融产品和市场体系。

译文：In order to boost green finance, China has developed a multi-level market and a portfolio of green financial products, such as green credit, green bonds, green insurance, green funds, and green trust.

译者在翻译本句时，先分析句中暗含的逻辑关系，增加了"In order to"，并且调整句子结构，先总说，再依次介绍绿色金融产品，这样使得译文更加有条理，符合目的语的表达习惯。

3.2 补偿增译

增译法是外宣翻译的常用方法之一。外宣文本中包含大量具有中国特色的词汇，若直译，国外读者难以理解其含义。因此，在外宣翻译时，译者可以通过解释或增加背景知识等方法补充信息，使译者与读者之间产生最佳关联，从而达到原文作者的交际目的。

例 3：

原文：实施资源综合利用"双百工程"，开展国家"城市矿产"示范基地建设，完善废旧物资回收网络，统筹推进废旧资源循环利用，提升再生资源加工利用水平。

译文：China has selected a total of 100 pilot projects and 100 backbone enterprises to promote the comprehensive use of resources and started the construction of national demonstration bases for recovering mineral resources from city waste. It has also updated the waste material collection network, coordinated the recycling of waste resources, and improved the processing and utilization of renewable resources.

原文中出现了"双百工程"和"城市矿产"这两个国外读者不熟悉的词汇，译者在翻译时充分考虑到了译文受众的认知信息，用补偿增译的方式把背景信息补充到译文当中，译为"100 pilot projects and 100 backbone enterprises"和"national demonstration bases for recovering mineral resources from city waste"，这样就极大减少了国外读者为理解原文作者意图所付出的努力，提高了译文的可读性。

例 4：

原文：在生态环境保护领域严格实施"党政同责、一岗双责"、尽职免责、失职追责。

译文：These are designed to ensure that Party committees and governments assume equal responsibilities for environmental protection, that leading officials perform their environmental protection responsibilities with diligence, in addition to their other prescribed duties, and that they are held accountable when they fail to do so.

"党政同责"和"一岗双责"是两个极具中国特色的词汇，译者运用简洁的语言进行解释，将原文作者想传递的信息明示出来，降低了国外读者的理解成本，实现了最佳关联。

3.3 化繁为简

关联理论中最佳关联原则的核心观点是人们在交际过程中用尽可能小的努力获得最大程度的认知。因此，译者在翻译时要注意化繁为简，以达到更好的宣传效果。

例5：

原文：几千年来，中华民族尊重自然、保护自然，生生不息、繁衍发展，倡导"天人合一"是中华文明的鲜明特色。

译文：Respecting and protecting nature has made an important contribution to the survival and prosperity of the Chinese nation over thousands of years. The concept of "harmony between humanity and nature" is a distinct characteristic of Chinese civilization.

本句中"生生不息"与"繁衍发展"具有相近的含义，译者仅用"survival and prosperity"就简洁明了地把原文信息传递给读者，避免了语义重复。化繁为简的翻译策略并不是删去原文内容，而是去除同义内容，使句子简洁明了，能够准确传达出原文信息，达到交际目的。

例6：

原文：中国积极健全国土空间体系，加强生产、生活、生态空间用途统筹和协调管控。

译文：China is making efforts to optimize its governing system of territorial space. The country has strengthened the overall planning and coordinated management and control of territorial space for working and living and for the environment.

汉语修辞语在程度上往往强于英语,如果按汉语思维行事,势必导致译文文字堆砌,语义传达失真[4]。例 6 中"健全"本身已具有积极的含义,原文使用"积极"来加强语气,进行强调,但是在翻译时若将"积极"翻译出来可能会产生相反的效果,故译者选择省去不译。

4　结语

关联翻译理论把翻译看作对原语进行阐释的动态的明示-推理过程,对翻译具有重要的指导意义。在进行外宣翻译时,我们要对国家的政策信息有基本了解,特别是对一些国际关注的敏感问题要做较深入的研究,确保政策表述清晰准确[5]。

参考文献

[1] GUTT E. Translation and relevance:cognition and context[M].Oxford:Basil Blackwell,1991.

[2] 王建国.关联翻译理论研究的回顾与展望[J].中国翻译,2005(4):21–26.

[3] 朱义华.外宣翻译的新时代、新话语与新思路:黄友义先生访谈录[J].中国翻译,2019,40(1):117–122.

[4] 张基珮.外宣英译的原文要适当删减[J].上海科技翻译,2001(3):21–24.

[5] 李洋.白皮书的翻译与出版[J].中国翻译,2020,41(1):49–53.

静态对等理论下的法律文本英译探析
——以《中华人民共和国个人所得税法》为例

梁鹤凡[①] 史岩林[②]

> **摘 要**：随着各国国际交流合作的不断深入，法律翻译的重要性日益凸显。本文以《中华人民共和国个人所得税法》及其英译本为例，以静态对等理论为指导，从词汇、句子、篇章三个方面对法律文本英译策略进行分析研究，并总结出一些法律文本翻译策略和技巧，旨在为法律文本的翻译实践提供一些借鉴与参考。
>
> **关键词**：静态对等；法律文本；《中华人民共和国个人所得税法》

1 引言

《中华人民共和国个人所得税法》于 2018 年 8 月 31 日进行了第七次修改，自 2019 年 1 月 1 日起实施，该法律文本用词精确规范、逻辑严谨，适合用作法律翻译研究。北大法宝网作为权威的法律网站，其提供的法律文件

---

① 梁鹤凡，北京工商大学外国语学院翻译专业2022级硕士研究生。
② 史岩林，北京工商大学外国语学院副教授，主要研究方向为西方文学与文化批评、比较文学、翻译等。

英译本内容严谨、准确性高、时效性强，故选该网站发布的《中华人民共和国个人所得税法》英译文作为分析文本。

2 静态对等理论

香港理工大学李克兴教授基于多年的法律文本翻译实践、经验和研究，提出了静态对等理论。李克兴指出："静态对等翻译虽然与直译或语义翻译相似，但是它并不等同于直译或语义翻译，更不等同于'死译'。它的内涵和外延都比直译或语义翻译更丰富、更宽泛，但又更严格。真正的静态对等的译本要求深层意思、表层意思、语言结构、风格、格式与原文的这些方面完全对等，还要求译文最大程度地再现原文作者的写作意图。"[1]59-65 法律文本自身的语言特点及其法律使命决定了其适用于静态对等翻译[2]。首先，法律文本具有篇章结构程式化、专业术语多、句式格式化、语言严谨的特点，这些文本特点使其适用静态对等翻译。其次，法律文本的使命使译者必须忠于原文，将法律文本的内容、意思、风格、格式都精确传达给译文读者[3]。因此，运用静态对等理论翻译法律文本，可以使译文和原文在表层意思、深层意思、法律语域、篇章结构、语言风格等方面实现完全对等。

3 静态对等理论在法律翻译中的应用

下面基于静态对等理论从词汇、句子、篇章三个层面对《中华人民共和国个人所得税法》英译本进行实例分析。

3.1 词汇层面的应用

法律词语是构成法律语言的基本单位，其运用在法律事件中起着举足轻重的作用。法律语言不同于日常生活用语，专业性较强，应当避免主观臆断的翻译。译者应首先了解某个词汇在特定法律文本下的具体含义，秉持着词义对等原则，表达出词汇的表层意思和深层意思[4]。

例1：

原文：利息、股息、红利所得和偶然所得，以每次收入额为应纳税所得额。

译文：For the income from interest, dividends and bonuses and contingent income, the amount of taxable income shall be the amount of income obtained each time.

例1原文中的"利息"、"股息"及"红利"都属于专业术语，需要注意三者含义相近，不要混淆。在例1译文中译者精确找到了上述三个专业术语所对应的英文词汇，分别译为"interest"、"dividends"和"bonuses"，准确传达了源语词义，做到了词义对等。

例2：

原文：在中国境内有住所，或者无住所而一个纳税年度内在中国境内居住累计满一百八十三天的个人，为居民个人。

译文：A resident individual is an individual who is domiciled in China or who is not domiciled in China but has stayed in the aggregate for 183 days or more of a tax year in China.

在非专业领域，"domicile"和"residence"均有"住所"的意思，但在法律英语中，它们的含义却大相径庭。《布莱克法律词典》中的解释是："'Domicile' and 'residence' are not synonymous. The domicile is the home, the fixed place of habitation; while residence is a transient place of dwelling."即住所（domicile）一般指一个人固定的或永久性的居住地。而居所（residence）一般指的是一个人连续居住了较长时间但又不准备永久居住的居住地。因此，例2的译文选用了"domicile"表示"住所"，用词正式且精确，既符合原文的表层含义，又符合原文的深层含义，实现了词义上的静态对等。

3.2 句子层面的应用

无论在中文法律文本中还是在英文法律文本中，都存在大量结构复杂、文辞冗繁的长句。在翻译过程中，译者应在保证翻译等值性的基础上，结合上下文，准确理解和把握原文本表层意思及深层意思，再进行翻译，最终实现句义对等。

例3：

原文：个人将其所得对教育、扶贫、济困等公益慈善事业进行捐赠，捐赠额未超过纳税人申报的应纳税所得额百分之三十的部分，可以从其应纳税所得额中扣除；国务院规定对公益慈善事业捐赠实行全额税前扣除的，从其规定。

译文：The part of income donated by an individual to public welfare and charitable causes such as education and poverty alleviation that does not exceed 30% of the amount of taxable income declared by the taxpayer may be deducted from the amount of taxable income, unless the State Council prescribes the pre-tax deduction in full amount of donations made to public welfare and charitable causes.

原文本中的"国务院规定对公益慈善事业捐赠实行全额税前扣除的"所暗含的是一个假设条件，指的是如果某些公益慈善事业捐赠实行全额税前扣除政策，应遵从其相关规定，而不应当按照本条规定处理。例3译文中用了"unless"一词表示"除……外"，将句中的逻辑关系表达清楚，实现了与原文句子的句义对等，这样译文在表层意思和深层意思方面都与原文达成了静态对等。

例4：

原文：有下列情形之一的，可以减征个人所得税，具体幅度和期限，由省、自治区、直辖市人民政府规定，并报同级人民代表大会常务委员会备案：

……

译文：Under any of the following circumstances, individual income tax may be reduced, the specific scope and time limit shall be prescribed by the people's government of the province, autonomous region, or municipality directly under the Central Government, and be filed with the standing committee of the people's congress at the same level: ...

在中文中常用主动句表示被动意义，但在英文中被动语态的表达受到了很大限制。例4中的"可以减征……""由"以及"报……备案"均翻译成了"be+V-ed"的被动结构。译者将被动语态显化，译文句义更加明确，准确传达出了源语的表层意思和深层意思，达到了句义对等。

3.3 篇章层面的应用

李克兴认为法律翻译的目的就是将原文本的所有信息都传达给译本的读者，使译本的信息与原文本的信息保持对等，由此发挥和原法律文本同等的法律效果[1]81。因此译者在翻译法律文本时，除了要注重表述原文本的表层意思、深层意思外，还要传达原文本的格式与风格，达到形式对等，体现法律文本的权威性、庄严性和规范性。

例5：

原文：个人转让不动产的，税务机关应当根据不动产登记等相关信息核验应缴的个人所得税，登记机构办理转移登记时，应当查验与该不动产转让相关的个人所得税的完税凭证。

译文：Where an individual conveys any real estate, the tax authority shall assess the individual income tax payable based on the real estate registration and other relevant information, and the registration agency shall, when handling transfer registration, verify the payment receipt of individual income tax related to the conveyance of real estate.

"不动产"在例5原文中出现了三次，如果选择省略或使用代词的翻译方法，可能会指代不明，产生语义歧义。因此，译者选择了重复翻译的方法，将三个"不动产"均译成了"real estate"，符合法律文本严谨的格式与风格，使得该文本的内容准确严谨，篇章结构清晰严密。

4 结语

通过对《中华人民共和国个人所得税法》及其英译本的分析，我们可以发现静态对等理论可以很好地指导法律文本的翻译。在翻译法律文本过程中，对于文本中的专业术语和对等词应查找专业法律词典，做到表达精确以实现词汇上的静态对等。法律文本多长难句，译者应先厘清句子的含义及潜在逻辑关系，准确严谨地译出原文所包含的所有信息，使译文的表层意思和深层意思与原文静态对等。篇章层面，应保留原文格式与风格，使语言表达更为简洁、严肃，从而实现与原文在篇章层面的静态对等。

参考文献

［1］李克兴.论法律文本的静态对等翻译［J］.外语教学与研究，2010，42（1）：59-65，81.

［2］刘桂英.静态对等翻译视角下的劳动合同汉英翻译实践［J］.齐齐哈尔大学学报（哲学社会科学版），2015（12）：115-117.

［3］刘桂英，倪爱霞.对等翻译理论及其对法律文本的适用性研究［J］.牡丹江教育学院学报，2015（9）：25-27.

［4］李星原.静态对等原则下的法律文献汉英翻译［D］.上海：上海海洋大学，2021.

立法文本翻译思维视角下《民法典》英译本的对比研究[①]

刘 煜[②] 鄢承瑜[③] 田 莉[④]

> **摘 要**：翻译并非源语同目标语之间的简单语码转换，在不同的思维指引下，产出的翻译文本亦各有不同。法律翻译作为特殊文本类型的翻译，具有严谨性与准确性的特点。本文从立法文本翻译思维的角度解析《中华人民共和国民法典》(简称《民法典》)的北大法宝英译本与威科先行英译本，对比实例中两个译本思维过程所体现出的不同，以期对中国法律外译提供更加科学可行的建议。
>
> **关键词**：立法文本翻译思维；《民法典》；对比研究

1 立法文本翻译思维

学者张法连于2023年提出构建"立法文本翻译思维体系"，首次将法律

[①] 本文系北京工商大学研究生科研能力提升计划项目——"基于Wex术语库的《民法典》英译本法律术语翻译对等性研究"的部分研究成果。
[②] 刘煜，北京工商大学外国语学院国际法商英语专业2022级硕士研究生。
[③] 鄢承瑜，北京工商大学外国语学院国际法商英语专业2022级硕士研究生。
[④] 田莉，北京工商大学外国语学院副教授，研究方向为话语分析、二语习得。

思维与逻辑方法融入一般翻译思维过程而形成科学合理的体系机制，着重探究翻译立法文本过程中的思维过程与思维方法[1]，对于"西法东渐"向"中法西传"的转型而言具有指导性作用，同时为增强中国国际传播能力与国际影响力提供了方法论的指引。

立法文本翻译思维体系包括"源语法律文本理解""法律概念体系转化""目标语法律语言表达"三个过程，每个过程所融入、运用的法律思维各有不同。第一个过程中涉及涵摄思维、体系思维的运用，第二个过程主要涉及类比思维，第三个过程则为批判性思维与体系思维。运用该角度审视《民法典》英译本，可以对不同版本的翻译问题予以分析，从而探索译者翻译过程中存在的思维弊端、逻辑谬误，以期更完美地翻译中国法律，传播中国文化。

2 立法文本翻译思维视角下《民法典》英译本的对比研究

下文将从立法文本翻译思维体系的"源语法律文本理解""法律概念体系转化""目标语法律语言表达"三个方面解析《民法典》北大法宝英译本（以下简称"法宝"）与威科先行英译本（以下简称"威科"）所体现的思维之不同，并对之进行分析。

2.1 源语法律文本理解之不同

在《民法典》第十五条"自然人的出生时间和死亡时间，以出生证明、死亡证明记载的时间为准……"的翻译中，法宝将"出生时间与死亡时间"译为"the time of birth and the time of death"，相比之下，威科则译为"the date of birth or death"。此条中，根据后文中提及的"出生证明"或"死亡证明"的文件内容判断，"时间"概念精确到时分秒单位意义，故此概念应当作狭义理解，time 可以表"the time when sth happens"的意思，而 date 所对应的时间概念"a particular day of the month"相较之下只是日期单位。

之所以存在"time"与"date"的翻译之差，原因是译者在解码源语法律概念系统时存在偏差，对"时间"所代表的具体单位理解不同，从思维方式看，前者运用了体系思维，结合上下文具体语句进行了进一步的判断，而后者并未运用体系思维。

2.2 法律概念体系转化之不同

与大多数无赡养父母义务的西方社会不同，中国从国家根本大法的高度，在《宪法》中规定了成年子女对父母的赡养扶助义务。《民法典》作为《宪法》的下位法对赡养作出了进一步细化规定。第三十七条规定"依法负担被监护人抚养费、赡养费、扶养费的父母、子女、配偶……"，法宝译为"support for elderly parents"，而威科则以"alimony payment"对应"赡养费"的概念。不难发现，无论是根据法律位阶高的《宪法》还是法律位阶低的《老年人权益保障法》，我国的"赡养"概念所对应的主客体对象均为子女及父母，而据《牛津词典》释义，"alimony"意为"the money that a court orders sb to pay regularly to their former wife or husband when the marriage is ended"，其内涵所指的对象是曾具有夫妻关系的双方，外延既包括丈夫向妻子的给付，又包括妻子向丈夫的给付，而"赡养费"则仅包括子女对父母的给付。根据向上位法、下位法探寻概念的内涵外延，两个英译本之不同体现出法律概念体系转化的不一致。

2.3 目标语法律语言表达之不同

当译者对源语理解无误、法律概念体系转化无误时，仍有可能在目标语表达输出环节产生差异。以《民法典》第一百七十九条为例，"承担民事责任的方式主要有：（一）停止侵害；（二）排除妨碍；（三）消除危险……（十一）赔礼道歉"，源语表达中第一款第一项至第十一项各项均以动宾结构呈现，为保持目标语的结构一致性，在输出目标语的表达时各项也应当以相同结构呈现。威科译文均以名词性结构来表达，法宝译文也大多使用名词性结构，但在第十一项使用了"making an apology"，此动词性表达与前文名词性短语结构不一致。与目标语结构一致的表达是一种形式对等、视觉上的对等之体现[2]。

再如，《民法典》第一百八十一条涉及正当防卫在民法上的民事责任问题，法宝将"正当防卫"译为"perfect defense",威科则译为"justifiable defense"。使用批判性思维进行译文分析时,据康奈尔大学 Wex 术语库释义,前者选取了"perfect means free from imperfections or errors"之意,强调无缺陷性与非错误性,而后者比照"justifiable homicide"之意,涵盖了"permitted by law"的内在含义,反观该条文,"正当防卫"意指被法律所允许的一种例外性的、无须承担责任的、未超过必要限度的防卫行为,将此意义与译文比照,便可知使用"justifiable"表示"正当"更为合适。

3 结语

通过比对法宝与威科译文所体现的思维过程之不同,本文认为可以在源语法律文本理解过程中嵌入对源语语言的词、句、篇等层面的分析,以及对源语法律概念进行上位法、下位法的探寻,厘清源语概念的真正含义。当翻译中国法律术语时,若使用英美法系中的现有术语进行对译时存在出现歧义的可能,则在译法上可以适当改变,进行创造性翻译或解释性翻译,以说明二术语间的差别[3]。在某种程度上,《民法典》的英译过程在两种法律体系中寻求在语言、法律、文化层面的相通性[4]。通过立法文本翻译思维体系,可以更科学准确指导译者翻译中国法律,为其提供一种可操作性的思维方法,助力中国法律外宣。

参考文献

[1] 张法连,胡晓凡.立法文本翻译思维体系构建初探:以《民法典》人格权编英译为例[J].上海翻译,2023(2):20-25.

[2] 屈文生.中国立法文本对外翻译的原则体系:以民法英译实践为中心[J].中国外语,2022,19(1):1,10-20.

[3] 李文龙,张法连.国际传播导向下的法律翻译思维探究:以《民法典》英译为例[J].外语与外语教学,2022(6):122-132,149.

[4] 李明倩,宋丽珏.《中华人民共和国民法典》的英译逻辑研究[J].中国翻译,2022,43(2):148-155.

我国强奸罪立法文本汉英语言对比分析[①]

鄢承瑜[②] 刘 煜[③] 田 莉[④]

> **摘 要**：本文尝试以我国强奸罪相关的立法文本，即《中华人民共和国刑法》中第二百三十六条与第二百三十七条英译本（北大法宝英译本）为例，从词汇及句式层面进行汉英语言对比分析，试图说明法律条文在两种语言间转换翻译时需注意的技巧和行文特色。
>
> **关键词**：强奸罪；立法文本；法律英语

1 法律文本的特点与翻译原则

法律语言有自身鲜明的特点，在词汇层面应用普通词汇表达特殊法律含义、精确与模糊用语结合等；在句式层面，名词化结构与被动句式较常见。有学者将法律翻译的原则概括为准确严谨、清晰简明、前后一致、语体规范[1]。掌握法律翻译的这些特点对于法律文本的翻译至关重要。

---

① 本文系北京工商大学研究生科研能力提升计划项目——"基于Wex术语库的《民法典》英译本法律术语翻译对等性研究"的部分研究成果。
② 鄢承瑜，北京工商大学外国语学院国际法商英语专业2022级硕士研究生。
③ 刘煜，北京工商大学外国语学院国际法商英语专业2022级硕士研究生。
④ 田莉，北京工商大学外国语学院副教授，研究方向为话语分析。

2 强奸罪立法文本的中文原文与英文译本对比分析

本文选取北大法宝中国法律英文译本库中《中华人民共和国刑法》第二百三十六条至第二百三十七条译文,从词汇和句式层面分析强奸罪相关条文中原文与英译本的行文特点。

2.1 词汇层面

(1)人称的表达。在中英立法语言中人称指示语的使用频率较司法和执法语言更低,但在法律英语中人称指示语的应用频率较汉语更高[2]。因此,在汉译英时可能需要增加主语。例如:

原文:以暴力、胁迫或者其他手段强奸妇女的……

译文:Whoever rapes a woman by violence, coercion, or any other means ...

译文句首添加了主语"whoever",效果有二:其一,使得原文的主动变为译文中的被动,完善句子主谓结构,更符合英语的表达习惯;其二,不定代词的插入符合原文不特指对象、面向社会公众进行规训的目的。

(2)普通词汇表示特殊法律含义。有些法律英语词汇根据立法和司法工作的实际需要,从多义的普通英语词汇中分离出来。例如:

原文1:第二百三十六条【强奸罪】以暴力、胁迫或者其他手段强奸妇女的,处三年以上十年以下有期徒刑。

译文1:Whoever rapes a woman by violence, coercion, or any other means shall be sentenced to imprisonment of not less than three years nor more than ten years.

情态动词在法律条文中起着不可或缺的作用,用于表示一项法律规定的性质。本例中"shall"之后紧跟法定刑的量刑幅度,表示作出前文行为的人所面临的法律后果——具体的法定刑,须强制性承担。

原文2:奸淫不满十四周岁的幼女的,以强奸论,从重处罚。

译文2:Whoever has sex with a female child under the age of 14 shall be deemed to have committed rape, and be given a heavier punishment.

"have sex with"相较于"rape",突出强调无须考虑性侵受害人是否同意性行为发生,仅将行为对象的年龄纳入考量——不满十四周岁的幼女在刑法上被认为不具备性同意能力,因此该表述有利于保护特定法律主体。

(3)精确用语和模糊用语。法律英语有其独特的语言风格,最重要且本质的特点就是语言的准确性。模糊用语则是指某些法律条文或法律表述在语义上不能确指,概括地表述"其他"情形。例如:

原文:致使被害人重伤、死亡或者造成其他严重后果的……

译文:Causing any serious injury to or the death of the victim or having any other serious consequence ...

本例中将精确用语"Causing any serious injury to or the death"和模糊用语"having any other serious consequence"相结合,以更准确地表述法律、最大程度地打击犯罪,得以对同类型、性质但较罕见的行为一并进行规制,便于应对瞬息万变的实际场景。

2.2 句式层面

(1)名词化结构。名词化是指从其他某个词类形成名词的过程或指从一个底层小句得出一个名词短语的派生过程,法律文体因追求精确和权威而大量使用名词化结构。例如:

原文:强奸妇女、奸淫幼女情节恶劣的……

译文:Raping a woman or having sex with a female child, with execrable circumstances ...

译者将原文表述的"强奸"行为改为动名词形式,置于译文句首。在立法文本汉译英的过程中运用名词化的方法处理法律所规范的行为,有利于保持原文的基本语序及句法特征。

(2)被动句式的使用。法律文件中被动句式的使用重点在于表述动作本身,突出了动作的承受者而不是动作的执行者,同时体现了对有关事项描述与规定的客观性。英语有过分使用被动语态的倾向,尤其在正式文体中[3],

因此在英语法律文件和汉语法律文件的英译文本中多见被动句式。例如：

原文：奸淫不满十四周岁的幼女的，以强奸论，从重处罚。

译文：Whoever has sex with a female child under the age of 14 shall be deemed to have committed rape, and be given a heavier punishment.

本例属于在论述犯罪行为及其法律后果时常用的被动句式，隐去实际司法裁判主体即法官，以达到客观公正的效果。汉译英时，汉语的泛称作主语/无主语句可以译为英语的被动句。本例中即用被动句式"shall be deemed … and be given"表述了奸淫幼女行为的法律评价及法定刑后果。也有学者建议应尽量避免使用被动句式，以保证读者的注意力主要集中于文本的内容而非形式[4]。

3 结语

我国强奸罪相关条文汉译英版本的特点为：在词汇层面，无主语句英译时需要增加主语、普通词汇表示特殊法律含义、精确用语和模糊用语结合；在句式层面，名词化结构和被动句式大量使用。立法文本涵盖内容广泛，译者应当精准把握源语和目标语言的特点及使用，从而做好翻译工作。

参考文献

［1］张法连．法律英语翻译教程［M］．北京：北京大学出版社，2016．

［2］熊德米．英汉法律语言中的人称指示语对比与翻译［J］．外语教学，2006（3）：81-86．

［3］连淑能．英汉对比研究（增订本）［M］．北京：高等教育出版社，2010．

［4］李克兴．法律翻译：译·注·评［M］．北京：清华大学出版社，2018．

英语法律文本中被动语态的翻译研究[①]

陆海宁[②] 田 莉[③]

> **摘　要**：被动语态是法律英语文本的重要特征。本文将主要介绍英语法律文本中的被动语态汉译过程中的具体翻译方法。
>
> **关键词**：法律文本；被动语态；法律翻译

1　英汉法律文本中的被动语态

英语多用被动语态的习惯和法律文本的正式化和书面化，决定了英语法律文本大量使用被动语态。被动语态已成为法律英语的重要特征[1]。汉语由于语言特点和表达习惯，被动句使用较少。被动语态常用于消极事物表达，即使有被动含义亦未必采纳被动表达形式，转而采取主动表达[2]。中文法律文本也多采用主动式，少采用被动式，被动语态的使用常用于消极被动的一方，比如"被告人""被逮捕"等消极被动的表述。

被动语态体现严谨客观，法律文本被动语态的使用频率要远高于普通文

[①] 本文系北京工商大学研究生科研能力提升计划项目——"英语法律文本的归化翻译策略研究：以《美国统一商法典》为例"的部分研究成果。
[②] 陆海宁，北京工商大学外国语学院翻译专业2022级硕士研究生。
[③] 田莉，北京工商大学外国语学院副教授，研究方向为话语分析、二语习得。

本被动语态的使用。尤其在本来就多用被动语态的英语中，英语法律文本中被动语态的使用频率远比中文法律文本要高。

2 英语法律文本中被动语态的翻译方法

2.1 英语被动句翻译为汉语被动句

英语的被动语态可以翻译为汉语的被动表达，译成带有被、受、由等被动标志的被动句。以被动译被动，是法律英语被动语态最为简单和直接的汉译方法。例如"The criminal was arrested by the local police"可以翻译为"罪犯被当地警方逮捕"，"The joint venture company is a legal person in China, who shall be governed and protected by Chinese law"可以翻译为"合营企业是法人组织，受中国法律管辖和保护"。

英语被动语态直接翻译成汉语的被动语态主要适用于汉语也存在此种被动表达习惯的情况，即翻译后的被动句在表达上符合汉语的表述和规范。上述例句中的"被逮捕""受管辖保护"等被动表达符合汉语法律语言的表达习惯。

2.2 英语被动句翻译为汉语主动句

法律英语被动语态也可以翻译成汉语主动句，如"A warrant is executed by arresting the defendant"可以翻译为"逮捕令用于逮捕被告人"，"Copyright law has been enacted in our county"可以翻译为"我国已经颁布了版权法"，"Resolutions on other matters shall be made in accordance with the rule"可以翻译为"其他事项可以根据本规则作出决议"。

这种翻译策略主要适用于英语法律文本中无法对应翻译成汉语被动句的情况。这时可以采用汉语主动的表达习惯，将英语的被动句翻译成汉语的主动句，顺从汉语语言的表达习惯。

2.3 英语被动句翻译为汉语无主句

在汉语中无主句的使用非常普遍，英语的无主句相对较少。如果英语中没有指出具体动作发起者，也无法查明具体的主动者，就可以直接译为汉语的无主句[3]。例如"Unless this account is paid within next fifteen days, it will be necessary to take appropriate action"可以翻译为"除非在十五天之内清偿债务，否则就有必要采取适当的行动"，"Partial shipments are not allowed unless the credit specially states otherwise"可以翻译为"除非信用证另有特殊规定，否则不得分批装运"。无主句的表达可以完整地表达出意思时，就没有必要再添加主语，这是符合汉语表达习惯的法律翻译策略。

法律英语的被动语态翻译成汉语的无主句主要适用于以下情况：第一，法律英语文本被动句式难以准确翻译成汉语被动句或主动句，可以译为汉语无主句。第二，英语句式中没有出现具体明确的主动者，该英语被动句翻译时无法补充而且也没有必要补充，可以将其译成汉语无主句。英语被动句翻译为汉语无主句的翻译策略在法律文本翻译中较为实用和严谨，符合中文法律语言表达习惯。

3 结语

法律语言注重客观事实叙述，是严谨客观的语言，属于专门用途语言，以准确客观和缺少主观情感因素为标志[4]。被动句式的运用使得法律语篇呈现得更为中立公正，彰显严谨客观。英语法律文本大量使用被动语态，凸显了法律英语的客观性和准确性，使得法律语言更加客观、庄重、严肃。而汉语法律文本少用被动语态，因此可以采取具体有效翻译策略，确保法律翻译的严谨、客观、准确和顺畅。

参考文献

[1] CAO D. Translating law[M]. Shanghai：Shanghai Foreign Language Education Press，2008.

[2] 张元元. 英汉思维差异对翻译的影响[J]. 海外英语，2016（4）：121-122.

[3] 黄巍. 议法律翻译中译者的创造性[J]. 中国翻译，2002（2）：40-42.

[4] 韩健. 海关条法的语篇翻译策略探究[J]. 上海翻译，2014（3）：32-35.

重新语境化视角下化妆品介绍的汉译研究[1]

武冰冰[2]　田　莉[3]

> **摘　要**：本文从重新语境化的视角分析了英文化妆品介绍的汉译，认为化妆品介绍在翻译过程中从结构到内容都需要进行重新语境化，译者可以从要素删除、要素添加、要素替代等角度考虑翻译技巧的选择与运用。
>
> **关键词**：重新语境化；化妆品翻译；产品介绍翻译

1　重新语境化

重新语境化最初由伯恩斯坦（Bernstein）作为一个社会教育学理论提出。他认为重新语境化是一个将某些要素从原社会实践中提取出来，并且投入其他实践中的过程[1]。费尔克劳（Fairclough）进一步把重新语境化的理论引入话语及语篇分析领域，认为话语作为社会实践的一部分，也应受到重新语境化理论的指导。在翻译过程中，译者在忠实原文与偏离原文之间作出

---

① 本文系北京工商大学研究生科研能力提升计划项目——"英语法律文本的归化翻译策略研究：以《美国统一商法典》为例"的部分研究成果。
② 武冰冰，北京工商大学外国语学院翻译专业2022级硕士研究生。
③ 田莉，北京工商大学外国语学院副教授，研究方向为话语分析。

选择，通过对不同翻译策略的选择，译者获得或创造出在某个领域或层面的等值。翻译时的重新语境化是语境瓦解与重构的过程。翻译是将源语境要素通过解构和重构输出到目标语境的过程，必然涉及重新语境化[2]。

2 重新语境化在化妆品介绍汉译中的应用

产品介绍语具有自身特点，其中某些要素存在于特定源语境之中。由于语境和受众的不同，在翻译时必须进行重新语境化，通过改适转换使信息要素"脱离源语境的束缚、接受新语境的制约"，以适于新语境、适于受众的形式进行展现[3]。

2.1 要素删除

依据重新语境化理论，当新语境中不再需要源语境中某要素所提供的信息或者缺少合适要素对该要素进行替代时，就会进行要素删除。

例1：Skin is cleansed in just seconds. See soft, smooth, fresh skin.

译文：享净澈洁面 泡沫绵密 温和洁净

本句主要突出产品"soft, smooth, fresh"的特点，在中文语境中，不再需要"in just seconds"所提供的信息，不然则会显得累赘繁琐，故在翻译时选择要素删除，着重突出产品的清洁功能，言简意赅地传递出产品信息。

2.2 要素添加

当源语境信息要素在新语境中表达不充分时，就需要进一步解释说明，或者新语境中需要某种源语境中所不具备的信息要素时，需要进行要素添加。

例2：drama matte

译文：高级丝绒雾面质感

例3：cream

译文：柔润丝缎

为了使译文更加符合产品形象，需要结合该语境进行要素添加，通过添加形容词，如"高级丝绒""柔润"等，让中国消费者生动形象地感受到产品的质地，有更直观真实的感受，激发消费者的购买欲望。增译的部分能更好地体现这款产品的功能和特性，能让消费者根据自己的需求进行选择。

2.3 要素替代

由于新语境与源语境存在差异，如果将源语境中某些信息要素直接翻译到新语境中，很可能会改变其原意，给目标语读者带来理解偏差。此时，就需要进行改适转换，以相近的合适的新要素替代源要素。

例4：Clarifique visibly improves uneven skin texture & tone while minimizing the appearance of pores.

译文：抛光，净澈，透亮

在此翻译中，将"minimizing the appearance of pores"中的原意"减少毛孔的出现"替代为"抛光"。在英文语境中，"minimizing the appearance of pores"是该产品要达到的效果，进行重新语境化后，将该意思替换为"抛光"，言简意赅地表达出了产品的功效。

2.4 要素重组

汉英语言的不同特点决定了汉英文本在词语选择、句式结构、逻辑关系等方面都有所不同，因此在翻译时需要进行改适转换，依据新语境的特点进行句子、段落的调整和重组。

例5：24hr full coverage foundation with a flawless, natural matte finish, & lightweight, breathable feel.

译文：持妆透气不假面

要素重组在产品介绍语中应用广泛，由于中英文的语境不同，翻译时往往需要译者进行语境瓦解与重构，译者将"flawless, natural matte finish, & lightweight, breathable feel"这些意象根据中文的语境进行重组，完美地诠释了产品的特点，译文流畅通顺的同时形象、全面地传递了产品的信息。

3 结语

翻译是一种"创造性模仿"。译者若想在新语境中得到同等的效果,一味模仿是不可取的,只有在适应了国内的语境或文化后方能达到翻译效果。产品介绍中大部分译文并没有采取逐字逐句的直译,而通过对原文本进行要素删除、要素添加、要素替换等,使产品介绍通顺流畅,吸人眼球。

参考文献

[1] 武建国. 篇际互文性的运行机制探析[J]. 中国外语, 2012, 9(4): 40–44, 50.

[2] 武建国, 牛振俊, 肖晓. 政治话语在新媒体传播中的重新语境化和意义转换: 以微博中的《公报》为例[J]. 外语与外语教学, 2019(3): 47–55, 144–145.

[3] 王琦. 中国出版企业外宣与重新语境化: 以出版企业网页翻译为例[J]. 中国出版, 2019(11): 54–59.

抽象与具体表达在商务广告翻译中的运用

耿子玉[①] 王晓庆[②]

> **摘 要**：抽象与具象是汉英对比与翻译中的一对重要概念。汉语用词倾向于具体，喜欢以实的形象表达虚的概念，以具体的形象表达抽象的内容。英语用词表达较为抽象，倾向于用抽象名词等表达复杂思想或微妙情感。本文以商务广告为研究对象，结合具体案例分析，探讨了抽象与具体在商务广告翻译中的应用，并总结翻译方法及策略。
>
> **关键词**：汉英差异；抽象与具体；商务广告翻译

1 抽象与具体

传统的英语思维常用比较抽象概括的概念表达具体形象的事物，这种思维抽象性体现在抽象名词的使用较多。抽象词语可以高度概括事物的本质、简练表达复杂的思想，使表达显得紧凑、含蓄。同时，英语的名词性结构既丰富了表达，又使句法简洁概括，例如 "Beauty is truth, truth beauty"（J. Keats），译为"美即真，真即美"。

[①] 耿子玉，北京工商大学外国语学院翻译专业2022级硕士研究生。
[②] 王晓庆，北京工商大学外国语学院讲师，主要研究方向为英语翻译、理论语言学。

汉语是意象性语言，常常以实的形象表达虚的概念。在表达抽象概念时，汉语往往采用动词取代抽象名词，例如可口可乐的广告"Can't beat the real thing"，其中"thing"的含义就较为抽象，这种抽象表达增加了消费者的想象。但汉语翻译具化成为"挡不住的诱惑"，具化了消费者对可乐口感的想象。

2 商务广告译例分析

例1：

摩托罗拉手机：Intelligence everywhere.

译文：智慧演绎，无处不在。

英语有丰富的词义虚化手段，语义和抽象化程度较高[1]。这句英文广告中名词"intelligence"的使用就是典型的抽象表达，有智力、情报、情报人员等含义。但是在汉译中具化为"智慧"，形象地解释了摩托罗拉手机的智能功能。

例2：

大宝：要想皮肤好，早晚用大宝。

译文：To gain an ideal complexion? Use Dabao with no hesitation.

汉语广告的表达具体而又形象，英文翻译则使用了抽象名词且用押韵的形式，使得这条广告语不仅保留了朗朗上口的语调，还可调动消费者的购买欲望。

例3：

费列罗：Golden heritage for golden moments.

译文：金色经典，金色味道。

英文名词"heritage"的含义如何翻译，是"遗产"还是"传统"？这就较为抽象，需要读者去体会理解，但汉译中具化为"经典"，更符合中国人的文化和表达习惯。

3 商务广告翻译方法

基于英汉在抽象与具体表达视角上的语言差异，在翻译商务广告时，应结合具体案例采取不同的翻译方法。

3.1 直译（literal translation）

直译指在翻译过程中按原文的形式和结构进行翻译，它能传达原文意义，体现原文风格。但直译并非死扣原文、字字对应，译者应考虑中英文抽象与具体的差别，在直译的基础上进一步地斟酌选词。

例如，"The world marketplace for diamonds, gems & pearls"译为"环球贸易焦点——钻石、宝石及珍珠展"。"marketplace"就是一个抽象的表达，译者未译成字面上的"市场、商场"，而译为"贸易焦点"，凸显该展必定成为珠宝贸易界关注焦点之意。这也体现了汉语的具体化。

同理，"Sprite：Obey your thirst"译为"雪碧：服从你的渴望"，汉译也把"thirst"具化为"渴望"的含义。"渴望"不仅包含名词的意义还包含动词的意义，使得译文更加生动形象。

3.2 意译（free translation）

意译与直译相互补充，相互关联，是根据原文的大意但不固守原文形式的一种翻译手法[2]。

例如：Whatever makes you happy.

这则瑞士信贷集团的广告倘若采用直译的手法会译成：任何让你快乐的东西。译文的抽象含义使阅读广告的消费者更加云里雾里。因此，汉译改用意译法，译成：为您设想周全，为您称心如意。这样具体的表达凸显作为主体的瑞士信贷集团，也突出该集团强烈的服务和负责精神。

3.3 创译（creative translation）

创译是指脱离翻译的范畴，对语句进行加工再创造的翻译手段。这种译法灵活多变，形式多样，极具特色[2]。

iPad mini的广告"Small wonder"的翻译"小有乾坤"就是创译的生动体现。"wonder"本身的含义是"惊奇、奇观"等，但在汉译中，创译为"乾坤"就更能体现其功能的强大和妙不可言,也激发了消费者对商品的期待。

4　结语

商务广告体现了英语和汉语抽象与具体的语言差异。在翻译时,为使译文流畅、通顺,需要借助适当的翻译方法,把英语中抽象的表达转译为汉语具体的词汇形式;反之,汉语广告中有些带有具体意义或形象的表达方式,英译时则需要进行抽象化处理。

参考文献

[1] 连淑能.英汉对比研究[M].北京:高等教育出版社,2010:159-187.
[2] 逯娅,李丽辉.商务广告翻译的原则与策略[J].英语广场,2020(2):21-22.

谈汉英翻译中意合到形合的转变策略
——以《习近平谈治国理政》英译本为例

董玮璇[①] 王晓庆[②]

> **摘 要**：英汉两种语言各属于不同语系，英语重形合，汉语重意合。在进行汉译英时，要善用这一差异，恰当地使用英语的形合表现汉语的意合，实现等效翻译。本文以《习近平谈治国理政》英译本为例，结合实例分析总结汉英翻译中从意合向形合转变的策略，以便更好地应用于今后的翻译实践。
>
> **关键词**：形合；意合；政论文；汉英翻译

随着我国经济的发展和国际地位的提升，中国的国际影响力持续扩大。我们要努力讲好中国故事，提升文化软实力，向国际展现真实、立体的中国。政论文作为国家发声的重要手段，其翻译的质量对传递大国之声尤为重要。本文结合实例分析强调研究汉英差异对政论文翻译的指导作用，分析总结政论文的汉英翻译策略，将其更好地应用于翻译实践。

---

① 董玮璇，北京工商大学外国语学院翻译专业2022级硕士研究生。
② 王晓庆，北京工商大学外国语学院讲师，主要研究方向为英语翻译、理论语言学。

1　政论文的翻译特点

作为对外发声的官方渠道和重要形式，政论文的翻译质量直接关乎我国的国际形象。政论文又称政治性论文，从政治角度阐述评论社会性问题。政论文的形式比较多样，有一定的政治倾向性；讲求内容确切，语言严谨；句式结构变化多样，注重整体布局[1]。在对政论文进行翻译时，译员要忠实地传递原文的政治思想，做到逻辑严谨，术语表达准确。

2　形合与意合

汉英两种语言根植于东西方两种不同的文化中，英汉两种语言分属两个语系——印欧语系和汉藏语系，二者在语音、形态、词汇和句法等方面都存在着较大的差异[2]。从语言学角度来看，英汉两种语言之间最重要的区别莫过于形合和意合。所谓形合，指的是词语或分句之间用语言形式手段连接起来，表达语法意义和逻辑关系。所谓意合，指的是词语与分句之间不用语言形式手段连接，其中的语法意义和逻辑关系通过词语或分句的含义表达[3]。英语是形合语言，句子有严谨的主谓结构，靠形表意。汉语是意合语言，靠语义表示句子的内在逻辑。

3　汉译英时的翻译策略

3.1　使用连接词

连接词包括表示连接和从属连词，在英语造句的时候是离不开这些连词的。

例1：我们一定要始终与人民心心相印、与人民同甘共苦、与人民团结奋斗，夙夜在公，勤勉工作，努力向历史、向人民交出一份合格的答卷。

译文：We must always bear in mind what the people think and share weal and woe with them, and we must work together with them diligently for the public good and for the expectations of history and of the people.

例1是典型的中文表达方式，有许多短句，但没有出现任何连词。但在翻译为英文时，由于英语是形合语言，所以需要多次使用并列连词"and"将句子进行连接，整合为一个长句子。

3.2 使用关系词

关系词包括关系代词、关系副词、连接代词和连接副词，用于连接主句和定语从句、主语从句和宾语从句等。汉语表达较为灵活，而英语的句子结构十分严谨。所以在汉译英时，需要在完全理解汉语句子的基础上，选择英语句子结构，搭建起基本框架。

例2：我坚信，到中国共产党成立100年时全面建成小康社会的目标一定能实现。

译文：I firmly believe that the goal of bringing about a moderately prosperous society in all respects can be achieved by 2021, when the CPC celebrates its centenary.

例2译文中将整个句子处理为that引导的宾语从句，把例2中"到中国共产党成立100年时"处理为when引导的定语从句，清晰地展现了句子内部的逻辑关系。在"意合"到"形合"的转变过程中，可以增加关系词使行文更加流畅，更符合英文的表达习惯。

3.3 使用介词

在英文里介词使用的频率很高，是连接词语和句子的重要手段。

例3：胡锦涛同志担任国家主席10年间，以丰富的政治智慧、高超的领导才能、勤勉的工作精神，为坚持和发展中国特色社会主义建立了卓越的功勋。

译文：With his rich political vision, outstanding leadership and dedication, Comrade Hu Jintao made remarkable achievements in upholding and building socialism with Chinese characteristics during his ten years in office as Chinese president.

例3中并没有出现很多介词,但在翻译成英文时,用了with、in、during、as等多个介词将句子的各个成分连接起来,既符合英文的表达习惯,又体现出句子的层次感。

3.4 使用非谓语形式

在汉语当中,一个句子中可能会有好多动词,并且不作形式上的变化。而在英语中,句子结构十分严谨,一个句子只有一个谓语动词,其他不作谓语的动词就要转换形式,因此时常采用非谓语动词的形式来处理次要的信息。

例4:实现中国梦必须走中国道路。这就是中国特色社会主义道路。

译文:To realize the Chinese Dream, we must take our own path, which is the path of building socialism with Chinese characteristics.

例4中出现了两个小短句,而译文将其中一句次要信息转变为非谓语动词形式,用不定式"to realize the Chinese Dream"表目的,将两句整合为一个长句,符合英文的表达习惯。

4 结语

笔者在对汉英两种语言进行比较时发现,汉语语言精练概括,英语句子结构紧凑严密,因此在进行汉英翻译时,我们要巧妙地利用汉英的意合形合差异,通过增添关系词、连接词、介词以及变成非谓语形式地道、流畅地翻译出符合英语表达习惯的句子。

参考文献

[1]江金波.浅谈政论文特点及翻译[J].教育教学论坛,2014(37):124-125.

[2]董晓波.英汉比较与翻译[M].北京:对外经济贸易大学出版社,2013:33-35.

[3]连淑能.英汉对比研究[M].北京:高等教育出版社,2010:73-88.

浅析英语商务广告文体的特点

万祉含[①]　王秀珍[②]

> **摘　要**：广告语言属于商业风格，是商品销售的媒介，如何使广告语言更具吸引力成为广告商们首先考虑的问题。随着世界各地经济一体化进程的加速，广告已成为人们日常生活中不可或缺的一部分。本文旨在从遣词、造句、修辞三方面对英语商务广告的文体特点进行分析探讨，以期对英语商务广告有更清晰的认识，更好地了解其背后的品牌文化。
>
> **关键词**：商务英语广告；文体特点；广告语言

广告是人们生活中的重要部分。为了"赢得客户，提供信息，维护需求，拓展市场，保证质量"，广告英语必须具备"语言的力量"[1]。作为应用语言，广告英语在遣词、造句和修辞三个方面具备鲜明的文体特点。

1　遣词特点

广告的受众不是一个特定的群体，而是整个社会大众。因此，广告必须

---

① 万祉含，北京工商大学外国语学院商务英语专业2020级本科生。
② 王秀珍，北京工商大学外国语学院讲师，主要研究方向为第二语言习得、教学法、语言学和翻译等。

简单生动、易于理解。与此同时，为了让英语广告能够博得消费者眼球，广告商经常会使用拼写变异、编造新词等方式对广告进行创新，给予消费者别具一格的心理感受。

例1：Just do it.（Nike Sports）

译文：尽管去做。（耐克运动系列）

例2：It is Up2U to decide.（Up2U Cosmetics）

译文：靓丽时刻，由您决定。（Up2U 化妆品）

上述例子都使用了我们在生活中常见的词汇，它们增添了广告的生动性与简洁性，使人们能够更好地理解广告想要传达的信息。"Just do it."既简单又很口语化，"just"一词为"仅仅"的意思，强调消费者不要考虑太多，而要关注运动本身，这也是耐克公司的体育精神理念所在。例2巧妙地编造了新词，"Up2U"与"up to you"借助了与英文字母同音的数字，可以使消费者在获得信息的同时获得审美快感。

2　造句特点

广告英语通常大量使用简单句，复杂或太长的句式会令消费者感到厌烦，难以达到宣传的目的。问题的提出会引发人们的好奇心。疑问句在广告语言中的运用充分利用人们的心理特征。祈使句意味着指示、命令，与劝说消费者购买的意图相符，因此也被大量使用在广告中。

例3：Coke adds life.（Coca-Cola）

译文：喝可乐，更欢乐。（可口可乐）

例4：How the rich get richer?（Vagabond Motor Hotel）

译文：富豪是如何炼成的？（漂泊者汽车旅馆）

例5：Simplify your housework with many-used Scott Towels.（Scott Towels）

译文：轻松家务，从斯高特多用途毛巾开始。（斯高特毛巾）

上述商务广告的句式都十分简单，目的在于让消费者快速了解产品相关内容，作出购买决定。例3使用主谓宾的简单句式，仅仅三个词就完整地传达了商品信息：可乐能为生活增添乐趣。例 4 提出疑问，能够引起消费者的思考和共鸣，从而引发他们的消费行为。例 5 则使用祈使句向消费者宣传产品的核心卖点，语气肯定，不容置疑。

3　修辞特点

为了提高广告的吸引力和表现力，广告商在广告中常常使用各种修辞手法，如隐喻、拟人化、双关、押韵、排比等。

例 6：Hi-fi, hi-fun, hi-fashion, only from Sony.（Sony）

译文：高保真、多乐趣、超时尚，唯有索尼。（索尼电子）

例 7：I am more satisfied. Ask for More.（More cigarettes）

译文：香烟，我只抽摩尔。（摩尔香烟）

在上述例子中，例 6 使用了押韵的修辞手法，hi-fi、hi-fun、hi-fashion 分别押 /h/ 韵和 /f/ 韵；例 7 使用了一个双关语，"More" 是香烟的品牌名称，也意味着让消费者"再来一支"香烟。这些修辞手法的运用增添了广告语的魅力，让消费者能够更多地关注品牌本身。

4　结语

作为一种具有独特语言魅力的文体形式，广告语言在词汇特点、句法和修辞方面具有典型的特征，使其形成了别具一格的运用文体[2]。对广告英语进行研究，不仅有利于我们了解广告及其背后的品牌文化，还有助于我们更好地学习运用英语语言，不断提升自己的专业知识水平。

参考文献

[1] 刘宓庆. 文体与翻译 [M]. 北京：中国对外翻译出版公司，1998.

[2] 管乐. 广告英语的词汇特征 [J]. 湖南科技学院学报，2008，29（3）：129-131.

从接受美学角度谈商标的翻译

王箬婷[①]　颜　昆[②]

> **摘　要**：接受美学聚焦于读者对作品的接受、反应、阅读过程和读者的审美经验以及接受效果在文学的社会功能中的作用。商标作为企业专属品牌与服务的标记，是企业的文化结晶与无形资产，在某种程度上直接影响到企业的发展。所以，对于以国际市场为发展战略目标的企业而言，商标翻译得准确、恰当是至关重要的。本文从接受美学角度进行了对商标翻译的探讨。
>
> **关键词**：接受美学；商标翻译；翻译原则

1　引言

由于国际贸易的日渐繁荣，目前市场上商品之间的竞争已经不再局限于产品质量，更多地演变成企业形象以及企业品牌商标之间的竞争。企业的品牌商标是企业商品的标识，通过商品销售范围的扩大而驰名中外。而能够让人们耳目一新、容易记忆且具有丰富内涵的品牌商标能够让企业家喻户晓，

[①] 王箬婷，北京工商大学外国语学院翻译专业2022级硕士研究生。
[②] 颜昆，北京工商大学外国语学院讲师，主要研究方向为英语教学。

提高企业在国际上的知名度与形象[1]。作为翻译的一种形式，商标翻译同样需要遵循翻译的基本原则，同时需要具有一定的通俗性和广泛性。因此，在翻译商标时，译者要综合运用多种翻译方法，尽可能实现源语和目的语之间的信息、情感、文化和美学的全面吸收。

2 接受美学理论

接受美学是一种以接受者为中心的理论，20世纪60年代诞生于德国，姚斯和伊瑟尔为该理论的主要代表人物。接受美学基于阐释学、现象学和形式主义，核心是从受众出发，从接受出发，使文学研究的中心从文本转移到读者，完善了对"作者—作品—读者"体系的研究[2]。读者本身也参与了文学创作，读者在对作品的接受过程中并非是消极、被动的，而是具有创造性和能动性的，他们利用自己的"期待视野"，即读者先前的各种经验、素养、趣味等综合形成的对文学作品的欣赏要求、水准和眼光，唤起对作品的理解与成像，从而完成理解与感悟的阅读过程。同时，接受理论将翻译看作一个动态的过程，译者在翻译中具备双重身份，即源文本的"第一读者"和"第二作者"，译者需要接受文本，充分把握读者的期待视野、审美趣味、审美能力、潜在知识、心理需求等，创造性地给出译文。

接受美学理论认为，接受活动由作者、接受客体、接受媒介、接受主体和接受环境等要素组成。按照这个理论，将其对照到文化传播活动的接受过程中，文化传播者相当于作者，文化传播内容相当于接受客体，传播的方式方法相当于接受媒介，读者相当于接受主体，社会环境相当于接受环境。接受美学理论可以为文化传播活动的研究提供新的科学依据。

3 商标翻译

3.1 商标翻译的思维文化影响

中西方在思维方式上存在很大的差异，西方国家的思维方式倾向于理性化，而中国的思维方式倾向于感性化，所以在对英语商标进行翻译的过程中，要注意对英语商标进行感性化处理，即要根据中国人的思维方式来进行翻译[3]。如将"Pepsi-Cola"译为"百事可乐"，将"Mirinda"译为"美年达"，将"Gatorade"译为"佳得乐"等，其目的都是满足中国人感性化的思维模式，从而让中国消费者能够接受并喜欢。西方人在创造品牌和接受品牌时，更多地会考虑到产品自身的质量和特点，而中国人会结合品牌给消费者的第一印象对品牌进行创造。所以，对商标进行翻译时应该首先对不同文化下的思维方式差异进行分析。

3.2 商标翻译的社会价值观

因为中西方社会价值观方面存在差异，所以在对商标进行翻译时不能仅从表面上理解其源语商标。中西方历史发展过程中早就存在中西方价值观念的不同。中国人长期受到儒家思想的影响，会更重视面子文化。因此，译者在将奢侈品品牌翻译成中文时，需要尽量采用一些积极且能够代表消费者身份地位的词语。除此之外，西方崇尚个人主义，所以在商标设计时往往会用人物的名称来命名，从而显示出其独特性；而中国崇尚集体主义，所以在商标翻译时往往会用展现团结的词汇，如"大众""国美"等商标品牌。

4 从接受美学的角度探讨商标的翻译

4.1 结合商标文化背景进行翻译

商标的翻译离不开商标本身的创作背景，而这也是翻译的重要根据，在商标的背景中，译者应该更加了解企业创作者的情感以及商标的思想表达，这样才可以翻译出更符合创作者情感的商标[4]。而在翻译美学中，商标的创作背景是重中之重，可以帮助译者了解整个企业的背景，使其在翻译过程中将这种意境用适当的译文表达出来。

然而，文化的差异是商标翻译中最重要的障碍。显而易见，不同的国家有不同的文化。东西方国家具有不同的文化形式，因此我们在翻译中应特别关注文化障碍，才可以将商标之中的美更好地传达出来。

例如，大多数说英语的国家信奉基督教，所以有许多源自圣经的观念或形象运用于英语的商标中。如"Eve"和"Eden"，它们的指定意义是"夏娃"和"伊甸园"，在中国本土宗教文化中则不存在这些形象。

4.2 结合商标的审美进行翻译

每个国家、民族因发展的历史各不相同而形成了不同的审美心理和标准，同种事物在不同的国家会引起不同的文化联想，因此研究国家间美学标准的差异十分重要。译者在翻译过程中一般需要对原文进行灵活的审美加工处理，以符合目标国家的美学标准，尽可能使译文具备与原文同等的审美效果，即译者通过适度修改使得商标译文更加自然流畅，以切合读者的审美心理，更具有和谐之美。

例如，狗在西方是可爱的宠物，但在中国，"狗"有贬损之意，尤其在成语中，如狗急跳墙、狗仗人势、狗尾续貂等。某留声机的商标为"狗听音乐"，商标名是"His master's voice"译成"狗听牌"。如此一来，中国的消费者可能觉得受到了侮辱。

再如，国产彩电"孔雀"译成"Peacock"[3]。孔雀在汉语文化中是吉祥的动物，但在西方文化中是邪恶的化身，不会给人带来青春和美好的联想。

4.3 结合商标的整体意境进行翻译

翻译是两种语言之间的切换，每种语言都有自身的特殊性，即使字面意思接近，但内在美很难保持，所以在进行商标翻译时，需要结合商标的整体意境。翻译不能够仅仅体现字面的意思，其整体意境需要译者慢慢体会、领悟。只有译者体会到其中的内涵和美感，才能够翻译出更符合原创意境的商标，这样才能够将品牌的美感传递下来[4]。

例如，通过商标词传递汽车的造型：Beetle（甲壳虫），用具有形象特点、外壳坚硬的昆虫来命名，以此来突出汽车的结构和质量；Jaguar（捷豹）、Cougar（美洲狮），用奔跑速度极快的动物命名，就会让消费者先入为主地认为此款汽车的驾驶速度极快，从而使这种汽车商标词在第一时间向消费者传递了商品信息，给消费者留下深刻的印象。

5　结语

目前，我们处在商品经济高度发达的阶段，品牌意识更深得人心，已经成为竞争的主要手段，更不可忽视商标翻译这一核心竞争力为企业带来的巨大隐形价值。从接受美学的角度来说，商标的翻译就是译者借助自己的审美意识将企业商标用另一种语言来表达的一种审美活动。在商标翻译中，译者必须同时具备英语和汉语的审美能力，使中、英文商标具有等同的内容和审美品质，从而符合翻译中美的标准。

中英文很多词汇都具有多重含义，所以在商标翻译的过程中，不能仅对词汇进行简单的语言转换，而应该充分考虑到国家与国家之间存在的文化差异，了解其文化内涵与背景等。因此，译者对商标的翻译既要尽量保持原有的特色，又要考虑中国用户的感受；既要合理进行语际转换，又要对译文进行审美鉴别和选择。译者必须在透彻理解商标的基础上因情制宜、随机应变、巧作处理，从而使中文译文具有丰富的意境美和深刻的文化美。

参考文献

[1] 任卫东. 西方文论关键词：接受美学［J］. 外国文学，2022（4）：108-118.

[2] 姚家新. 商标翻译的原则与方法［J］. 现代交际，2019（6）：94-95.

[3] 陈娇. 商标翻译中的文化因素［J］. 知识经济，2018（23）：66，68.

[4] HESTER A C. American law as art：an aesthetic judgment［J］. Washington University jurisprudence review，2020，13（1）：173-198.

浅析党的二十大报告热词的英译

郑昊霞[①]

> **摘 要**：党的二十大报告热词的英译中涉及多种翻译策略，其中直译使用最多，这是由党政文献的文本类型以及特定翻译原则所决定的。随着中国国力逐步增强和国际地位逐步提高，以党政文献为主体的外宣翻译应尝试以中国式表达构建中国话语体系，以争取在国际话语体系中的应有话语权。
>
> **关键词**：党的二十大报告热词；翻译策略；党政文献翻译

中国共产党第二十次全国代表大会于 2022 年 10 月 16 日至 10 月 22 日在北京召开，会后新华社发表了党的二十大报告双语全文，人民日报官方微博和微信公众号于 10 月 26 日整理发表了 40 个党的二十大报告双语热词。本文尝试对上述热点词汇的英译策略进行粗浅的分析讨论。

1 党政文献的英译原则

党政文献的翻译属于外宣翻译，资深党政文献翻译家黄友义在 2004 年曾撰文提出过"外宣三贴近"原则，即"贴近中国发展的实际，贴近国外受

[①] 郑昊霞，北京工商大学外国语学院讲师，主要研究方向为英语翻译、英语教育。

众对中国信息的需求，贴近国外受众的思维习惯"。这三项原则因其合理性而受到广泛关注，也产生了较大影响[1]。

2014年黄友义再次指出，党政文献体现了中国共产党和政府的大政方针和治党治国理念，体现了中国特色社会主义理论，翻译既要符合中国国情，有鲜明的中国特色，又要与国际话语体系和表达方式对接，不仅需要从翻译策略技巧的角度来研究，还应该从政治话语设计的角度加以研究[2]。

最近黄友义在其新著中谈到，党政文献翻译既要忠实原文，又要考虑读者的接受度，在两者之间寻求一种平衡。具体翻译实践中，首要原则是忠实原文，译者能够发挥的幅度非常小，因为文件是国家的领导层集体撰写制定的，译者不能擅自解读，哪怕是领导人说话的语气，也不能轻易更换，因为译者没有这个权力[3]。

可见，当前党政文献的英译应尽可能以直译为主，以其他各种翻译手段为辅，力求准确传达原文的内涵和信息，尽可能保留原汁原味的中国特色。

2 党的二十大报告热词的英译策略

2.1 直译

直译的具体译例如："中华民族伟大复兴"译为"great rejuvenation of the Chinese nation"；"全过程人民民主"译为"whole-process people's democracy"；"社会公平正义"译为"social fairness and justice"；"总体国家安全观"译为"holistic approach to national security"；"打虎、拍蝇、猎狐"译为"take out tigers, swat flies, and hunt down foxes"；"中国式现代化"译为"Chinese modernization"。

据笔者粗略统计，党的二十大报告双语热词中，有六成以上术语词汇采用了比较严格的直译。从翻译理论角度来看，德国功能派翻译理论研究者卡塔琳娜·赖斯在她提出的文本类型划分中把报告归为信息型文本，其译文应该准确传递原文信息，翻译时应采用直白语言[4]。因此党的二十大报告热点词汇大多数采用直译法是非常合理的。在我们绞尽脑汁要找出在文化上更接近西方受众、语言上更地道的表达时，外媒却往往乐于原汁原味地展现中国特色的内容。这表明随着中国国力逐步增强，国际地位逐步提高，国际上聆听中国的愿望也在增强，中国式表达也具备了被国际接受甚至再传播的可能性。

2.2 词性转换（动词→名词）

词性转换的译例如："全面从严治党"译为"full and rigorous Party self-governance"；"全面依法治国"译为"law-based governance on all fronts"。

有学者曾撰文对"全面从严治党"和"全面依法治国"的英译进行过详细探讨，并建议改译为"comprehensively implement strict governance of Party"和"comprehensively implement socialist rule of law"[5]。对此笔者并不赞同。大卫·弗格森指出，中国人倾向于使用"副词+动词"组合，而英语中"形容词+名词"组合的效果更好[6]。对于上述两个政治术语，新华社的官方译本非常贴切。"全面"一词并不需要固定使用"comprehensively"这样的副词，如上述两例中分别使用形容词"full"和介词结构"on all fronts"都是很好的变通处理，因为汉语中人们喜欢重复相同的词语或想法，但在英语中这是行不通的。

2.3 增译

增译的译例较多，如："一带一路"译为"Belt and Road Initiative"；"平安中国"译为"Peaceful China Initiative"；"健康中国"译为"Healthy China Initiative"；"美丽中国"译为"Beautiful China Initiative"。译文增补的"Initiative"无疑使原词的内涵更明确了。

2.4 省译/合译

省译/合译的译例如："踔厉奋发、勇毅前行"译为"forge ahead with enterprise and fortitude"；"不忘初心、牢记使命"译为"never forget our original aspiration and founding mission"。两个译例都省去了原文两个动词中的一个，将两个动词短语合二为一，既完整地传达了中文的含义，又契合了英文表达的需要。

2.5 释义/改译/转译

释义/改译/转译的相关译例有:"脱贫攻坚"译为"eradicate absolute poverty";"人才强国战略"译为"workforce development strategy";"马克思主义中国化时代化"译为"adapt Marxism to the Chinese context and the needs of all times"。"脱贫攻坚"释译为消除绝对贫困;"人才强国战略"改译为"劳动力总人口发展战略";"马克思主义中国化时代化"则转译为"对马克思主义进行适度调整使其适用于中国国情并符合各个不同时代的需求"。以上术语经过不同程度的释译、改译或转译,内涵更明确,表达更地道,传播效果也更好。

3 结语

综上所述,党的二十大报告的热词英译较多地采用了直译法,这是由党政文献的文本类型以及特定的翻译原则所决定的。随着中国国力逐步增强和国际地位逐步提高,中国式表达越来越具有传播力,以党政文献为主体的外宣翻译应更加着力于讲好中国故事,努力尝试以中国式表达构建中国话语体系,并为中国尽力争取在国际话语体系中的应有话语权。

参考文献

[1] 黄友义. 坚持"外宣三贴近"原则,处理好外宣翻译中的难点问题[J]. 中国翻译,2004(6):29-30.

[2] 黄友义,黄长奇,丁洁. 重视党政文献对外翻译,加强对外话语体系建设[J]. 中国翻译,2014,35(3):5-7.

[3] 黄友义. 从"翻译世界"到"翻译中国":对外传播与翻译实践文集[M]. 北京:外文出版社,2022.

[4] 芒迪. 翻译学导论:理论与实践[M]. 李德凤,译. 北京:商务印书馆,2007.

[5] 李奉栖. "四个全面"的英译探析[J]. 上海翻译,2016(1):82-89,94.

[6] 弗格森,姜旭. 我可能学的是假英语 III[M]. 北京:石油工业出版社,2020.

汉西视译非流利现象产生原因探究[①]

朱 婕[②]

> **摘　要**：视译是口译的一种特殊形式。我国西班牙语专业本科口译课程常将视译作为一种练习和测试方式。其中流利度作为评价视译质量的重要标准，一直受到专业师生的关注。不同水平的学生在汉西视译中常产生非流利现象的原因主要包括汉西转换、翻译策略、笔记和心态等方面，教师需在设计课堂时更加注意强调相关内容的方法和技巧，注意学生的视译反馈。
>
> **关键词**：汉西视译；非流利现象；西班牙语教学

1　汉西视译流利度问题

视译常被视为口译的一种重要形式，在教学和工作中占有十分重要的地位[1]，其中流利度是评价视译质量的重要标准[2]。有学者指出，口译中的非流利现象一般可分为三类，即停顿、重复和修正，并对每一类的出现频率

---

① 本文系北京工商大学青年教师科研启动基金资助项目"汉西视译非流利现象教学问题研究——以北京某高校西班牙语专业大四年级汉西双向口译课程为例"阶段性成果（项目号：19008022211）。

② 朱婕，北京工商大学外国语学院讲师，主要研究方向为西语翻译。

进行了统计[3]。但尚未有学者对非流利现象产生的原因进行深入探究。本文以该分类为基础，对北京工商大学参加汉西双向口译课程的同学开展视译测试和译后访谈，初探汉西视译非流利现象的产生原因。

2 汉西视译非流利现象产生原因

2.1 实验设计

根据以往研究，西语水平越低的学生在进行汉西视译时越容易出现非流利现象[4]，因此本次实验以班内学生在西班牙语专业四级考试中的成绩分级，分别在优秀级别（高分段）选取了2名、良好级别（中分段）选取了3名、及格与不及格级别（低分段）选取了2名学生参与实验。实验以西班牙语专业八级视译题目评分标准为基础，要求学生在5分钟之内视译一篇200字左右的汉语文段，随后根据视译表现回答教师提出的两个问题：在翻译中产生非流利现象的原因，以及采取了什么方式来避免产生非流利现象。

2.2 实验结果

高分段学生在面对四字中文表达以及因中西表达习惯不同而需调整语序的长句子时会产生非流利现象。但该类学生均会主动采取适当翻译策略来提升流利度，如提前快速梳理上下文逻辑和句子结构、快速寻找可替代生词的近义词或进行释义、通过适当省略来确保整体效果等；在心态方面，能够及时克服或调整紧张情绪。在笔记方面，习惯少记笔记或仅用符号提示上下文逻辑关系。

中分段学生还会因词汇量不足、忘记动词变位和心态过于紧张等原因而不流利。在翻译策略方面，他们会选择近义词替换、适当省略等方式来提升流利度，但有时准确度欠佳，会影响翻译内容的质量。在笔记方面，除了会标注逻辑结构外，他们还习惯于标注单词作为提示，有时学生会忘记所标内容，影响流利度。

低分段学生在词汇上问题更大，主要有词汇掌握不牢、忘记语法规则等问题；在翻译策略方面，虽有意使用，但使用效果不佳，且策略选择不合理；在心态方面，未能及时克服或调整紧张或胆怯心态，翻译过程中不敢开口，导致翻译很难推进；在笔记方面，更习惯于将完整的单词写在旁边，导致在准备时间结束后还没有读完整篇文段，未能整体把握上下文逻辑和句子间结构关系，越翻到后面越犹豫，非流利现象越多。此外，低分段学生在数字翻译上问题较大，未能掌握中西数字快速转换的方法，还在使用"数零"的方式，导致语速变慢、非流利问题变多。

3　结论

学生在汉西视译中产生非流利现象的原因除西语水平不同外，还主要体现在汉西表达转换、翻译策略使用、笔记记法和心态调整等方面。教师应有针对性地传授相关内容的技巧，并就不同西语水平学生面临的不同问题有针对性地提出应对方法，提升汉西视译教学水平，促进学生视译能力的提高。

参考文献

[1] 钱多秀，唐璐. 视译课程教学思考[J]. 中国翻译，2014，35（3）：53-56.

[2] 张威. 口译质量评估：以服务对象为依据：一项基于现场口译活动的调查研究报告[J]. 解放军外国语学院学报，2008（5）：84-89.

[3] 戴朝晖. 中国大学生汉英口译非流利现象研究[J]. 上海翻译，2011（1）：38-43.

[4] 朱婕. 视译非流利现象：西班牙语专业八级研究[D]. 北京：北京外国语大学，2020.

第三篇

文学、文化、教育、社会类等

第二篇

文学、艺术、相声

由疫情下外教到岗难对国内教师教学方式的反思

陈怡君[①]

> **摘 要**：外教课程作为大学英语课堂传统读写课程的补充，在培养大学生的听说能力方面优势显著，是本科课程培养方案中的重要组成部分，更是英语专业学生或全英班的学生英语学习过程中不可或缺的环节。然而，在近三年疫情防控的要求下，外教无法正常到岗教学，于是部分高校开始采用国内英语教师临时接替外教上课的方式作为过渡继续开展"外教教学"。但由于中外教学方式差异偏大等因素，非母语者英文教师在代外教授课过程中易产生身份认同问题，经历心理和技能等多方面的挑战。本文将重点探讨高校外语教师在暂代外教授课过程中面临的挑战、反思及相应对措。
>
> **关键词**：外教课堂；国内英语教师；听说能力；中外教学方式差异；身份认同

[①] 陈怡君，北京工商大学外国语学院助教，主要研究方向为英语教学法、口语教学。

1 引言

2020~2022 年，疫情的蔓延及反复，外国教师重返中国教学的计划被搁置，于是便产生了全国各大高校英语外教紧缺的情况[1]。外教课堂对培养学生听说方面的能力较为关键，尤其对培养英语专业学生的跨文化交际能力不可或缺。针对这一现象高校普遍采取的应对措施包括线下课堂转变为线上教学、由中教暂时接管外教课程以及中外教协作开展教学。

虽然纯外教课堂有诸多优势，但是由于技术层面的问题，外教无法快速适应国内线上平台。受网络影响，经常在授课时出现掉线和卡顿等状况。英语外教大多来自欧美国家，因此时差问题也使得开展线上外教课困难重重。即便采取录播的形式，由于教师无法及时查看学生的学习状态，也无法及时考查学生对知识的掌握情况，学生学习兴致不高，各方面的教学效果均大不如前。中外教师合作办学仍在探索中，但出于时差问题和成本方面的考量，可操作性仍需进一步摸索。因此，由国内教师临时接管外教课堂便成为许多高校的选择。然而受自身教学技能、中外教学差异和学生反馈等多方面因素的影响，高校非英语母语教师在开展"外教教学"的过程中难免会遇到一些问题。

2 高校非母语者英语教师暂代外教课面临的挑战与反思

非母语者英语教师接管外教课程需要一定的适应期，其间遇到挑战在所难免，正视在授课中发现的问题并融入自身授课的优势有助于督促教师提升自身英语能力和教学水平。教师应及时更新调整教学策略，在提升教学水平的同时更大程度地还原外教课堂，降低学生在对比中外教课堂后产生的心理落差。

2.1 非母语者英语教师面临的挑战

第一，非母语者英语教师在口语表达方面较母语者存在一定差距，其对英语思维的理解也需进一步的完善。国内教师对于帮助学生更好地了解西方人的思想和西方社会以及培养学生的跨文化交际意识有时感到力不从心，由此产生的问题可能会反映在教师对自己的教师身份认同上。国内教师由于自身语言水平能力不足,担心所授课程达不到学生的心理预期以及学生在对比后对国内教师信任度下降。第二,国内外教学方式差异较大,中国教师在转变自身教学观念时面临较大挑战。西方教学注重培养学生的实践创新能力,在教学中强调以学生为中心,擅长营造互动性强的课堂气氛。国内教师受传统教学模式(教师是中心,学生是被动的接收者)的影响,忽视了引导学生主动表达观点的过程[2]。最终听说课很有可能被上成听力课,学生得不到产出的机会,学习积极性也难以被调动。国内教师跳出教学舒适圈需要勇气,更需要在认清自身优劣势的前提下理性看待代替外教教学这一挑战。

2.2 非母语者英语教师的优势及反思

虽然外教教学存在一定优势,但是非母语者英语教师在特殊时期接任外教课堂同样能促进学生英文水平的进步。相较于不了解中国文化和中国学生学习习惯的外国教师,国内教师的课堂更容易被学生接受。另外,当学生遇到问题时更倾向于请教本国教师。但是中国教师所具备的优势需要建立在自身强大的语言功底、对西方社会深度了解以及灵活的教学方式等前提下。

首先,接管外教课的国内教师最好具备一定留学背景,以便在教学中更自如地调整教学模式,贴近国外教师的授课方式。国内教师还可以多利用网络资源,观摩国外教师的授课视频。具体而言,语言类教师应秉承以学生为中心的思想,避免以教代学,努力营造活跃的课堂气氛,如采用小组讨论、角色扮演、多人游戏等方式[3]。其次,高校教师应不断提升自身口语能力,不能安于现状,在课堂上应尽可能多地给予学生英文输入。即便在其他读写课堂上也可增加口语互动,鼓励学生表达观点,因为语言技能的培养应该全面且同步。再次,英语教师需要及时关注国际时政,增进对西方社会和文化的了解,多角度培养学生的跨文化交际意识和思辨能力,在提升语言质量的基础上开拓国际视野。此外,在条件允许的情况下,国内教师和外教还可通过协作教学相互学习借鉴,了解中西方教学方式和学生接受方式的差异,以便更好地开展本土化教学。最后，国内教师还应该及时获取学生的反馈，如了解前任教师的优秀做法以及学生对现任教师的期许，以便及时调整教学内容和授课方式。

3 结语

开展中教加外教的混合式教学模式不仅可以利用发达的网络科技丰富教学资源，还能弥补学生水平或者外教对中国文化理解欠缺造成的不足。在应聘和管理外教上，要鼓励外教通过提升科技应用能力尽快掌握线上互动平台的用法[4]，同时要熟悉中国文化和中国学生的学习习惯，以便及时调整教学模式。

作为高校教师，应该更加注重听说方面的互动教学，做好随时模拟外教全英教学的准备，在模仿的同时有意识地融入有助于中国学生理解和接受的教学手段，尽可能做到既调动学生的积极性又最大程度地发挥教学效果。如有需要应配合校方进一步探索中外协作教学模式，相互学习借鉴，增进与外教合作教学的能力。

参考文献

[1] 卢小英. 新冠疫情影响下日语口语课线上+线下混合式教学实践研究[J]. 数据，2021（5）：133–135.

[2] 关瑶. 外教外语教学研究回顾[J]. 海外英语，2019（10）：145–146，161.

[3] 覃润娟. 疫情背景下大学英语线上教学的总结与思考[J]. 湖北开放职业学院学报，2022，35（16）：187–188，195.

[4] 孛儿只斤·阿荣娜. 如何利用好外教资源：外教聘用及教学管理之思考[J]. 现代职业教育，2022（39）：108–110.

高校智慧校园建设中的挑战与反思
——以北京某大学为例

霍汉哲[①]

> **摘　要**：智慧校园是利用信息技术和大数据分析、提高教育质量和管理效率的新型校园模式。然而，智慧校园的建设面临着多方面的挑战，如技术更新、数据安全、人员培训等。本文以北京一所具有代表性的大学为例，通过数据收集和访谈分析探讨了智慧校园建设的现状、问题和需求。基于研究结果，本文提出了一些解决智慧校园发展问题的建议，包括制订合理的顶层规划、提高人员素养、加强设计与实践相结合等。
>
> **关键词**：智慧校园；信息化建设；教学管理

智慧校园建设是指利用信息技术和互联网+教育的理念，将信息化、智能化、网络化、数字化等手段应用于校园的教学、管理、服务等各个方面，实现校园的高效协同、全面感知、个性便捷和全向交互，提升教育质量和管理水平，支撑教育高质量发展的一种新型校园模式。

智慧校园建设已经成为中国大学的建设趋势，这与国家和社会对高等教

---

① 霍汉哲，北京工商大学外国语学院助理研究员，主要研究方向为管理学、心理学。

育的需求和期待有密切关系。同时，信息技术和互联网的飞速进步为高等教育提供了新的技术支撑和发展机遇，也带来了新的变革要求和发展趋势。智慧校园建设成为中国大学适应时代发展、提升核心竞争力、实现内涵式发展的重要举措。然而，智慧校园建设过程也存在着种种问题，成为高校较远智慧化的掣肘。

1　智慧校园的挑战

第一，共性问题是信息壁垒。大部分高校已经建立了多个信息管理系统，但它们之间缺乏兼容性和协调性，部分部门对改革缺乏积极性和执行力，导致信息资源无法有效共享和利用，这也阻碍了智慧校园建设的进展[1]。

第二，智慧校园建设需要大量的前期投入和后期维护，而高校的经济实力不同，因此信息化发展水平也有所不同[2]。

第三，定位不准确。如果高校没有明确的智慧校园建设目标和规划，没有跟上时代的变化和需求，就会造成资源的浪费和不良效果。例如，一些高校只简单地更换了旧设备，而没有充分利用新技术和新功能，导致信息化系统和应用不能满足当前的教学和管理需要。

第四，教师与员工对智慧校园的认识不足、重视程度不够、信息技术应用能力不强。一些教师对新技术和新功能不熟悉或不适应，对信息化、智慧化的工作方式有抵触或拒绝的情绪，甚至有教学管理人员误以为使用计算机就等于信息化[2-3]。

第五，数据安全风险增加。智慧校园需要大量的数据采集、存储、分析、应用，而数据安全体系和人才并不能满足智慧校园的需求。

目前关于智慧校园建设的研究多从政策制定者的角度出发，很少有研究从学生、老师、员工的视角分析他们在智慧校园建设中遇到的问题和困难。

2　智慧校园建设案例分析

本研究对北京某大学的一线教师、管理人员和学生进行了访谈法研究和数据收集工作。该大学于2020年开始智慧校园改革，其改革中的优势与挑战具有很强的借鉴意义。研究发现如下。

新冠疫情显著推动了智慧校园建设的发展，尤其是线上教学与教学资源的更新等方面。由于在疫情期间学生以居家网课的学习形式为主，因此学校大力倡导使用各种在线平台，日常各类手续也通过线上平台办理。同时，由于学生大多不在校，教室等资源处于闲置期，学校可趁此对教室、多媒体设备进行更新。

教学资源浪费明显。学习成本提升，培训效果不佳，导致智慧教室等教学资源闲置与浪费。以该校某智慧教室为例，在建成初期使用率仅为8%，在4个学期以后才达到了76%的水平，和其他教室持平。

智慧化平台的开发与使用场景脱节。根据访谈结果，很多一线教师和管理人员提出新平台的开发者并不熟悉一线工作的具体内容，开发了很多华而不实的功能，而一些非常重要的核心功能却不能实现，反而降低了工作效率。

教职工和学生对新资源新技术的接受程度呈两极分化态势。学生和年轻教职工对智慧校园建设接受度和欢迎程度更高，而另一些教职工虽然使用新平台，但依然使用老方法。智慧化办公和教学推行困难也是明显的瓶颈之一。但该问题在系统性培训后可以得到部分解决。

3 智慧校园的改革方向

首先，持续加强基础设施建设，统筹规划智慧校园设计。智慧校园建设是高校信息化建设的重要方向。学校管理者应该有远见卓识，认清智慧校园建设的必要性和紧迫性，并为信息化改革提供充足的资金保障。同时，要考虑到不同地区、不同学校的发展水平和经济条件，不能盲目模仿其他大学的做法，而要立足自身，突出重点和特色。更重要的是，智慧校园建设需要有连贯性、长期性、全面性的计划和设计，避免在建设过程中出现反复修改、前后矛盾等问题[4]。

其次，避免"重形式轻内容，重设施轻人才"的问题。大量的设备和软件并非"智慧化"的标志，其最本质的目的是服务于人。只有当智慧的设备能够满足学校教学、科研、管理的需求时，才能发挥出它的价值。本研究发现，很多设备由于管理不善或者使用者不熟练而被闲置或限制使用，造成了资源浪费。智慧化要与人才引进、员工培训、充分授权相结合。

最后，智慧化建设不能与工作实际脱节。研发者和使用者的脱节导致很多功能被搁置或废弃。因此，在智慧建设的过程中，必须让一线教师和管理人员参与智慧化平台建设。除此之外，学生的需求在整个流程中被忽视，智慧校园的建设需要更多地听取学生的声音。

4 结语

智慧校园建设对促进教育创新和社会发展具有重要意义。本文分析了智慧校园建设面临的主要问题，并提出了相应的三个解决方法，旨在为智慧校园建设提供思路和借鉴，为教育事业的发展作出贡献。智慧校园建设不能急于求成，只有结合实际需求、坚持以人为本、夯实顶层设计，才能真正促进高校智慧化改革，切实提升办学质量。

参考文献

[1] 张芳.高校智慧校园的建设实践及创新应用：以中央财经大学为例[J].现代教育技术，2022，32（4）：113-125.

[2] 卢静.高校信息化校园建设的冷思考[J].教育发展研究，2017（S1）：1-3.

[3] 李珺瑶.高校智慧校园信息化建设创新研究[J].科技经济市场，2021（3）：125-126.

[4] 吕品，苏勋文，朱显辉.数字化校园建设存在的问题及对策[J].哈尔滨职业技术学院学报，2021（3）：103-105.

论沙盘疗法在高校心理健康团体活动中的应用

霍汉哲[①]

> **摘　要**：本文探讨了当前高校心理健康团体活动的现状和缺点，并提出引入沙盘疗法作为弥补当前活动短板的可行方案。沙盘疗法是一个兼具趣味性和科学性、同时适合教职工和学生的优秀心理技术。本文介绍了沙盘疗法的历史与特点，并根据笔者在高校中进行沙盘团体活动的经验提炼出适宜操作的活动流程，同时对操作过程中可能存在的风险和注意事项进行了解释。
>
> **关键词**：心理学；高校；心理健康；沙盘疗法

心理健康是大学老师和学生共同关注的话题，尤其在当今社会，面对各种压力和挑战，如何保持良好的心态和情绪，是每个人都需要思考和掌握的技能。为了提高教职员工和大学生的心理素质，促进他们的个人成长，许多高校都开展了各种形式的心理团体活动。然而在活动实践的过程中存在很多难题，导致效果欠佳。因此，我们急需寻找一种更有效的心理团体活动方

[①] 霍汉哲，北京工商大学外国语学院助理研究员，主要研究方向为管理学、心理学。

式，来满足参与者的心理需求，提升他们的心理水平。本文认为沙盘疗法作为一种成熟的心理治疗方法，具有弥补这一空缺的能力。

1 高校心理健康团体活动的现状

目前，大学心理团体活动主要有以下几种形式：心理健康讲座，心理实践活动，心理互助活动。虽然大学的心理团体活动有很多好处，但存在以下缺点和问题。

（1）活动种类单一，缺乏创新和吸引力。有些活动重复性高，内容陈旧，不能满足参与者多样化的需求和兴趣，也不能激发学生的主动性和参与性。

（2）学生活动参与积极性不高。有些学生对心理活动缺乏认识和重视，或者受到时间、地点、人数等因素的限制，不愿意或不能参加活动。有些活动形式过于刻板或正式，不能有效地促进沟通和交流。

（3）活动心理支持效果差，缺乏专业性和针对性。有些活动只表面化地传授一些知识或技能，并没有深入地分析和解决学生的实际问题或困难。有些活动没有考虑到不同参与者的个性差异和需求差异。

2 沙盘疗法介绍

沙盘疗法是一种心理治疗方法，它是在心理治疗师的陪伴下，来访者从沙具架上自由挑选玩具，在盛有细沙的特制箱子里进行自我表现的一种心理疗法。沙盘疗法的起源可以追溯到20世纪初，多拉·卡尔夫（Dora Kalff）将"世界技术"（world technique）的方法与荣格的分析心理学相结合，创立了沙盘疗法。该疗法于20世纪90年代传入我国，至今已有30多年的经验积累。它被广泛运用于危机干预、创伤治疗、特殊人群治疗、儿童心理辅导等诸多领域[1]。

沙盘疗法可以提供一个富有创造力和想象力的空间，让参与者能够自由地选择和摆放玩具，表达自己的内心世界，不受语言或逻辑的限制。这样可以激发参与者的兴趣和参与感，也可以将参与者不愿或不能用语言表达的内容呈现出来。同时，沙盘疗法可以促进参与者与心理治疗师或其他团体成员之间的沟通和互动，让他们能够在一个安全、信任、支持的环境中，听取他人的反馈和建议，从而增进彼此的理解和联系。另外，沙盘疗法可以帮助参与者处理一些难以用语言表达或解决的问题或创伤，如家庭、工作、恋爱、学习、未来等方面的困惑或压力[2]。

2.1 沙盘疗法的实操方法

沙盘疗法中，需要一位主持人（通常由具有心理知识或技能的老师或咨询师担任）向参与者介绍沙盘以及各种道具的类别。疗法正式开始后，参与者既可选择道具架上的任何道具摆放在沙盘中，也可以让沙子在沙盘内进行任何形式的移动。主持人此时应奉行"非言语的治疗"原则，尽可能保持一种守护性和陪伴性的观察和记录，并努力让参与者以一种自发游戏的心态来创造沙盘世界以及自由地表达内在的感受，唤起"童心"，自己和沙盘交流。

沙盘摆放结束后，主持人需要陪同来访者对沙盘世界进行探索，邀请参与者讲述沙盘世界表达的内容与故事，在适当的地方给予共情，以及在必要的情况下给出建议性、隐喻性或提问性的诠释。

大学的心理团体活动具有参与人数多、时间有限等特点与限制，因此需要对沙盘疗法的步骤与方法作出一些调整，以适宜不同的场景。笔者在大学中进行了数十次团体沙盘活动，根据参与师生的反馈不断调整，总结出一套效果较好的沙盘活动流程：

（1）主持人将心理沙盘活动参与者分为若干小组，每组3~5人为佳，并向参与者介绍沙盘和道具。

（2）主持人制定并讲解游戏规则：每次一组参与，其他组员进行旁观。主持人设定回合数，如5个回合。在每个回合中，参与者可以选择拿取一个道具放在沙盘中，或者用手移动一次沙子。在一回合中，所有参与者都已行动完毕后方可开始下一回合，参与者按照前述规则继续摆放道具或者挪动沙子，直到设定的回合全部结束。

（3）主持人邀请参与者依次分享自己摆放某道具或挪动沙子的原因和其象征以及呈现的故事。然后主持人从专业的视角帮助参与者进行解读，让参与者能够打破思维惯性，反思自己的生活和心理，得到生活的智慧与启迪。

2.2 沙盘疗法的注意事项

在沙盘疗法中，主持人应该注意以下几个事项：

（1）积极关注：主持人应该积极关注来访者在沙盘中表现出的积极方面，如创造力、想象力、自我恢复能力等，并给予肯定和鼓励，同时要弱化沙盘解读中的消极意向。这样可以增强参与者的自信心和自尊感。

（2）以参与者自述为基础：主持人应该以参与者自己的解读为基础，认真倾听参与者对沙盘作品的描述和感受，不能照本宣科，将理论强行带入案例中。这样可以尊重参与者的主体性和个体差异，也可以避免误解和干预。

（3）象征性含义大于本身含义：主持人应该注意参与者在沙盘中使用的玩具的象征性含义，而不是它们的本身含义。比如用一个斑点狗代表哈士奇，那么就应该把它当作哈士奇而不是斑点狗来解读。

（4）避免过多暴露隐私：沙盘疗法会激发自由联想，一定程度上会暴露隐私。但团体活动中参与者互为陌生人，容易让参与者感到紧张、局促。因此主持人应该及时引导参与者将自我暴露程度维持在可控范围内，这样可以降低参与者的防御性和抵抗性，也可以增加参与者的开放性和合作性。

3 结语

综上所述，沙盘疗法在趣味性、科学性等方面都具备其独特优势，可以弥补现阶段大学心理团体活动的短板，是一种同时适合教职工和学生的优秀心理技术，在高校心理健康教育中具有重要的应用价值，应该受到更多重视。建议高校的心理健康教育工作者、辅导员老师积极引入团体沙盘游戏辅导这一新颖而有效的方法，促进高校教职工和学生的心理健康发展。

参考文献

[1] 从勇，王超，赵慧莉.沙盘疗法文献综述[J].文学教育（下），2017（11）：162.

[2] 石世平，代曼.沙盘疗法在高校心理危机预防与干预中的应用[J].当代教育实践与教学研究，2017（9）：275-276.

法国地方语言研究初探

吉 山[①]

> **摘 要**：据不完全统计，法国有100多种地方语言，地方语言与法语的地位和使用情况近年来在法国国内引起了更多的关注。本文将阐述法国地方语言研究的历史背景、研究现状及相关政策。我国方言众多，与法国有相似的语言情况，加强语言政策国别研究，可以为我国语言政策研究与实践提供借鉴和参考，促进国与国之间的人文交流。
>
> **关键词**：地方语言；语言政策；法国

1 引言

2014年中法两国举办第二届中法语言政策与规划国际研讨会（以下简称"研讨会"）。法国教育部地区语言与文化总督学让·萨拉勒-卢斯托的发言主题为"教育系统中的方言"，开篇他就提到法国对待方言的态度发生了变化：从最初将方言视为通用语的威胁或潜在竞争者到将之视为获取语言技能的来源之一。法国虽然高度重视统一，但卢斯托呼吁大家多多关注语言的多样性。就目前而言，法国社会已经接受并认可方言对多语教学的贡献。

[①] 吉山，北京工商大学外国语学院讲师，主要研究方向为法语语言文学及文化。

在 2016 年 11 月举办的第三届研讨会上，法国文化与通讯部法语及法国境内语言总司总司长罗伊克·德佩克的大会发言主题为"地方语言的推广和保护"，其中再次谈到了法国的地方语言。他指出法国有 100 多种日常使用的语言，甚至可能更多。德佩克司长来自法国北部地区，他以自己的亲身体验为例，指出每个来自不同地区的人都保持着自己家乡的传统，对自己的身份、文化和语言怀有很深的感情。这种感情可能体现在一种甚至多种地方方言或地区性的法语口语变化上。2022 年诺贝尔文学奖获得者安妮·埃尔诺同样来自法国北部诺曼底，在她的作品中，诺曼底方言和土语构成其创作的一部分。

2 法国地方语言的研究现状、历史背景及相关政策

法国地方语言众多，主要包括布列塔尼语、巴斯克语、加泰罗尼亚语、科西嘉语、法兰克语、阿尔萨斯语、弗拉芒语、法兰克–普罗旺斯语、奥依语、奥克语、利古里亚语、克里奥尔语。在 JSTOR 过刊全文数据库中以 "regional language of France" 进行检索可得到 39 797 个结果，其中期刊论文有 15 655 篇。在每页展示 25 条检索结果的情况下，前 10 页的检索结果与主题的相关性可达 70%，即仅前 10 页就有 175 篇关于此题目的研究文章。而与此形成较大反差的是，在中国知网搜索"法国地方语言"，仅得到 17 条检索结果，其中与主题相关的结果仅有 7 条。如果以"法国方言"为关键词，可得到 7 条结果，其中与主题相关的结果仅有 4 条。且以上 11 篇文章中有 2 篇文章年代久远且短小，其性质类似于简介；另外几篇中尽管都涉及法国地方方言或对待地方语言的法律与政策，但均不作为文章论述主体，也未涉及各地方言的历史流变与发展现状。

目前，国内对法国法语标准语的形成、发展、现状及语言政策的制定有着较为全面的介绍，论文主要依据为官方的法律文件、教育教学规章以及语言政策和规划下法语组织的推广与传播。从研究内容来看，有两篇较为系统的关于法国语言政策的博士论文。刘亚玲比较全面地呈现且概括了法国国

内、欧盟、国际层面的语言政策。许静荣以法国社会学家布尔迪厄的"语言符号权力理论"为纲，全面研究了法语标准语、法国语言政策理论体系及实践状况。然而，其中涉及法国地方语言的研究内容相对较少且较为宏观，不够系统和全面。

戴曼纯曾指出，法国严谨的语言政策为法国的民族统一作出了重要贡献，但是导致部分民族语言处于濒危境地[1]。例如，布列塔尼语作为欧洲大陆唯一的凯尔特语分支，已被联合国教科文组织列为濒危语言。据2018年统计的数据，目前15岁以上可讲布列塔尼语的人数为207 000人。戴冬梅也认为法国语言政策与其主张的"文化多样性"是一种悖论[2]。2005年，时任人民运动联盟主席提出在宪法修正案中加入"地方语言属于法国的遗产"的条款。该条款在国民议会近乎以全票通过，如果两院都得以通过，该条款将写入法国宪法第一条，然而在法兰西学术院强烈的反对下，该条款从第一条的位置降为第七十五条。

2021年4月，法国终于通过了自2008年地区语言入宪以来第一部有关地区语言的专门立法——《地区语言保护及推广法》。即便通过了该法，宪法委员会仍然裁定其中第四条和第九条有关地区语言沉浸式教学以及地区语言在户籍登记文件中的使用因违反宪法而无效。

总体而言，法国对地方语言的认可与保护起步较晚，地方语言此前一直处于被"打压"的状态。近20年法国才在具体实践中有多种尝试，如开设语言学校和相关语种的电视节目。法国文化部注重推广100多种法国地方语言，维护并促进这些地区的多样性文化。法国成立了一个布列塔尼语保护组织和一个有关奥克语的公共机构。在海外地区，当地民众的主要交流语言皆为地方方言，在当地推进法语教学与推进外语教学别无二致。需要说明的是，法国地方语言众多，历史情况及语言特点各异，故不可以一种理论为框。但是在法律层面法国官方一直表现出摇摆不定的态度。尽管"法国地方语言"得以入宪，但位置相对靠后，且法国并未接受《欧洲区域或少数民族语言宪章》条款。此外，这样矛盾的做法与法国社会历史发展紧密相关。

3 结语

语言是精神的生动创造，对法国地方语言的研究工作前景广阔。百年前的诺贝尔文学奖获得者弗雷德里克·米斯特拉尔曾用奥克语写下："当一个民族沦为奴隶时，妥善保存自己的语言就等于掌握了打开监狱的钥匙。"

语言是人在世界上生活的主要工具之一，同人的思想、行动及整个社会活动密切相关。在研究日常生活同社会的关系时，语言对理解两者的关系具有重要意义。语言是社会的实际组织力量。自20世纪，语言更多地被认为是一种权利。法国地方语言在相当长的一段时期内被法语标准语挤压生存空间的过程与法国全社会在慢慢纠正过往"错误"的进程还将相互交错，然而笔者认为，对地方语言的保护与推广应是大势所趋。比如在《地区语言保护及推广法》的第四条和第九条被裁定违背宪法时，马克龙总统曾公开表示："法国的语言是国家的财富并且在不停地丰富法国的文化。几十年来，通过协会学校沉浸式教学进行传播的主要行动……使得这些语言生存下来并保障了它们的未来。任何东西都不能阻碍这一具有决定性的行动。"

此外，当今世界处于数字时代，语言的发展与数字技术密切相关。戴曼纯教授指出，语言技术影响语言的未来，关系到数字时代的语言多样性和语言保护。薄弱的语言技术或技术缺位则使一些语言在网上被边缘化，甚至陷入数字化消亡困境。从长远看，语言技术不但能解决跨语言交流问题，还有助于语言保护[3]。数字技术影响到语言的未来，对于处于数字时代的我们而言，用数字技术保护地方语言是一个非常具有意义的课题。

参考文献

[1] 戴曼纯，贺战茹. 法国的语言政策与语言规划实践：由紧到松的政策变迁[J]. 西安外国语大学学报，2010，18（1）：1–5.

［2］戴冬梅.法国语言政策与其"文化多样性"主张的悖论［J］.北华大学学报（社会科学版），2012，13（6）：20-23.

［3］戴曼纯.数字时代的语言技术与语言保护：以欧洲为例［J］.语言战略研究，2022，7（4）：49-60.

浅谈大学生日语学习情况和动漫的联系

李晓晴[①]　李香春[②]

> **摘　要**：随着中日文化交流的深入，日本动漫文化吸引了大量学生的目光，越来越多的青少年由此对日语产生了浓厚的兴趣，以日本动漫为契机开始日语学习。本文结合问卷调查数据，分析日本动漫对大学生日语学习的影响、其间存在的问题及改进措施。
>
> **关键词**：大学生日语学习；日本动漫；联系；改进措施

自20世纪80年代以来，日本动漫逐渐登陆中国市场，《哆啦A梦》《蜡笔小新》《灌篮高手》《樱桃小丸子》等作品传入中国，极大地吸引了青少年的关注，受到青少年喜爱。随着中日文化交流的深入，日本动漫文化吸引了大量学生的目光，越来越多的青少年由此对日语产生了浓厚的兴趣，以日本动漫为契机开始日语学习。日本动漫在一定程度上影响到国内日语学习者的结构和特点。

1　调查对象与调查内容

为了探究日语学习和动漫间的具体联系，笔者向北京工商大学"新火幻

[①] 李晓晴，北京工商大学法学院法学专业2019级本科生。
[②] 李香春，北京工商大学外国语学院讲师，主要研究方向为日语语言文化、教学法。

旅动漫社"成员，校内参加大学日语、二外日语课程的学生以及参加"人民中国杯"日语翻译大赛的大学生发放了一份调查问卷，希望通过数据归纳日本动漫对中国大学生日语学习产生的影响。问卷中的部分问题将根据填卷人的选项而隐藏。由于题9为多选题，选择结果的总和将大于答题人数。问卷内的问题如下：

题1：是否接触过日语？若接触过，最早是什么时期接触的？（若没接触过则跳过题2）

题2：日语水平如何？

题3：是否喜欢日本动漫？（若没有兴趣则问卷结束）

题4：从什么阶段开始接触日本动漫？

题5：看过多少部日本动漫？

题6：是否因为日本动漫对日语更感兴趣？（若选否则跳过题7）

题7：是否曾为了看懂无字幕的日本动漫而主动学习日语？

题8：是否认为自己因为观看日本动漫日语能力进步了？

题9：是否系统地学习过日语？（多选题，若选择没学过则跳过题10、题11）

题10：你认为自己的词汇量足够现阶段使用吗？

题11：学习日语的过程中有过什么困难？

2 调查分析及大学生日语学习情况和动漫的联系

上述问卷迅速收到了138份结果反馈，笔者在对其结果进行图表分析后，得到了以下结论：

从图1中可以看出，只有7.97%的填卷人没有接触过日语，且接触日语的时期分配较为平均。

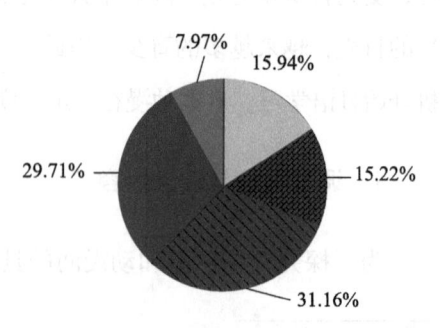

图1 题1：从什么时期开始接触日语？

在调查者中，有 65.22% 的人表示非常喜欢日本动漫。而且观看日本动漫的人群里，有 86.20% 的人从高中前就开始观看日本动漫，到大学为止他们都有数年时间能经常性地进入日语环境进行较长时间的听力训练，这对于语言学习是得天独厚的优势。在问卷结果中，观看的日本动漫数量小于 20 部、小于 50 部、小于 100 部和大于 100 部这几个档次都有 25% 左右的比例，这也说明观看动漫的群体整体呈现稳定的态势，没有由于动漫的热度变化而产生断层。

针对本文研究的重点——日本动漫和日语学习的关系，调查者中有 85.50% 的人因为日本动漫对日语学习更感兴趣了。相应地有 87.02% 的人认为因为日本动漫自己的日语能力变强了，说明观看日本动漫可以成为学习日语的契机和助力，同时可以使很多人喜欢上日语并逐渐掌握日语。为了看懂无字幕的动漫而主动学习日语的人数占 63.39%，如此看来大部分人都因为对日本动漫的爱好继而对日语产生了浓厚的兴趣。从图 2 题 9 的结果可以看出，此题统计的共 131 位喜欢日本动漫的大学生中，只有 31 位没有主动学过日语的经历，说明日本动漫对中国大学生日语学习者来说具有积极促进作用。

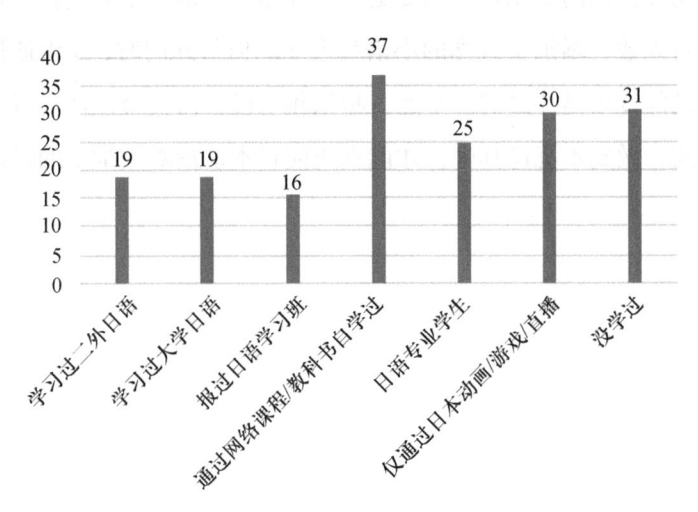

图 2 题 9：是否系统地学习过日语？（单位：人）

3　存在的问题及改进措施

日本动漫不仅激发了学生学习日语的兴趣，还提高了学生学习日语的主动性和积极性。但对日语学习产生的问题也是不容忽视的：调查者中有75%的人认为现阶段自己的词汇量有所欠缺，可以认为这个结果和日本动漫内容的局限性是相关的。很多调查者在学习日语中的困难里指出语法不好的漏洞，也有不少人认为自己虽然对日语有兴趣，但缺乏系统学习的勇气。针对以上问题，大学的日语课堂可以适当地作出改变。首先可以适当引入日本动漫内容作为示例，激发学生兴趣，也可以协助动漫爱好者利用自己的知识储备对其进行梳理。此外还可以针对动漫爱好者的弱点语法和词汇进行着重学习，补全他们日语能力的短板，以此来增强他们对日语学习的自信。

4　结语

日本动漫是日本文化输出中最重要的部分之一，对于年轻人居多的语言学习者来说，动漫这个载体更能直接影响其学习取向。动漫爱好者来到大学校园，能够通过校内课程系统地学习日语。在世界文化交流逐渐深入的当今，日本动漫在国内的流行成功使更多人开始对日语产生兴趣，间接增加了日语学习者人数，增加了我国的小语种人才。但与此同时，仅仅通过观看日本动漫学到的日语是片面的。不能一味依赖动漫，需要辩证地看待这种轻松的学习方式，做到不沉迷其中，才能真正使日本动漫对大学生的日语学习起到积极作用。

"产出导向法"视域下培养大学生中华文化传播能力的探索与实践

马晓彤[①]

> **摘　要**：新时代背景下，大学英语课程需要培养学生的中华文化传播能力，满足国家战略需要，助力中国文化的国际传播。本文对大学英语综合课程中使用产出导向法开展课程设计、提升学生讲好中国故事的能力进行了有益探索。
>
> **关键词**：大学英语；中华文化传播能力；产出导向法

1　引言

党的十九大报告指出要讲好中国故事，传播好中国声音，展示真实、立体、全面的中国。《大学英语教学指南（2020版）》明确提出，"大学英语课程培养学生对中国文化的理解和阐释能力，服务中国文化对外传播"[1]。由此可见培养大学生的中华文化传播能力符合国家和社会的需要，也是大学英语教育的新目标。本文将以《新目标大学英语系列教材（第二版）综合教程》为例，提出培养大学生讲好中国故事的创新路径，探索如何结合产出导

---

① 马晓彤，北京工商大学外国语学院讲师，主要研究方向为外语课程和外语教学教育。

向法设计课程，培养学生的国际传播能力，使外语教育更好地服务国家战略需要。

2 文献综述

现有的研究大多聚焦在培养学生中华文化传播能力的必要性、理论指导和较为宏观的实施路径，也有部分学者讨论如何在口语、演讲和翻译等实践类课程中培养大学生讲好中国故事的能力[2-3]。但是目前针对大学英语综合课程中理论与实践相结合的微观教学设计的研究明显缺乏，这使得很多教师无法有效地挖掘现有教材中的元素来培养学生讲好中国故事的素养和能力。

产出导向法（product-oriented approach）是文秋芳教授于2008年首创的英语教学理论。产出导向法强调在教师有针对性的输入下，学生依次完成子产出任务，最终实现总产出任务目标[4]。产出导向法强调语言技能中说、写、译的产出能力，尤其符合国际传播中对学生语言素养的要求。同时，产出导向法兼具中国特色和国际视野，历经多年发展，是一线教师熟悉并且认为较为有效的外语教学理论。因此，本文将聚焦于大学英语综合课程，使用产出导向法来开展大学生中华文化传播能力的微观教学设计和研究。

3 培养大学生中华文化传播能力的探索与实践

《新目标大学英语系列教材（第二版）综合教程》第一单元的主题为理解中国传统文化，在对本单元的两篇阅读进行批判性的分析后，笔者重点围绕讲好中国故事中的"给谁听"（whom）和"如何讲"（how）[5]这两个维度设定有关中华文化传播能力的教学目标，即学生在国际传播中能够考虑各国文化的差异性、应用具体的策略（将中国文化符号与他国相似文化符号作比较、举例子）来传播中国传统文化思想。

基于以上教学目标，教师设定本单元的产出任务，即学生在完成这一单元的学习后，需要以小组为单位，在学校为外国留学生举办的中国文化节上介绍一个中国传统思想文化中的重要概念（例如儒家思想中的"和而不同""仁爱")。单元教学的流程涉及驱动、促成和评价三个环节,具体步骤见表1。

表 1　Unit1　Understanding Chinese Culture and Tradition 教学设计

POA	Teaching Procedures
motivating	session 1: Introduction to final speech project.
enabling	session 1: Text A What Can Americans Learn from Confucianism? (global reading + structure analysis)
	session 2: 1.Identify strategies to develop extended definition paragraphs of a complicated concept in text A. 2.Identify culturally appropriate ways to tell China's stories to a global audience. 3.Assignment: Finish the outline of final writing project.
	session 3: 1.Students make critical adjustments of text B to introduce the oneness of tea and Zen to target global audience. 2.Assignment: Finish the 1st draft for final writing project.
assessing	session 1: 1.Peer evaluation and teacher's feedback on speech draft. 2.Revise the 1st draft and publish their speech on Unipus.

4　结语

本文以被各学校广泛使用的教材为例,初步讨论了如何使用产出导向法聚焦讲好中国故事的不同维度来开展微观课程设计,通过教师有针对性的输入和真实有效的产出任务帮助学生切实提升国际传播中的表达能力,同时弥补了现有研究中的不足,为广大英语教师提供参考。

参考文献

[1] 教育部高等学校大学外语教学指导委员会.大学英语教学指南(2020版)[M].北京:高等教育出版社,2020:5.

[2] 孙曙光.思政教育融入"用英语讲中国故事"实践课程的研究[J].外语教育研

究前沿，2021，4（4）：26-33.

[3] 崔琳琳. 大学生"用英语讲中国故事"演讲模块的思政课程探究[J]. 外语教育研究前沿，2021，4（4）：18-25.

[4] 文秋芳. "产出导向法"与对外汉语教学[J]. 世界汉语教学，2018，32（3）：387-400.

[5] 岳豪，庄恩平. 大学英语课程思政的实践路径探索：用跨文化方式讲好中国故事[J]. 外语教学，2022，43（5）：55-59.

简析莎剧语言的音韵美

全凤霞[①]

> **摘　要**：诗歌具有其他文学体裁所不具备或不完全具备的韵律和格律形式。在形式上，诗歌韵律和谐，节奏鲜明，具有音乐美，适于歌唱吟咏。音乐美是诗歌与其他体裁的文学形式相比所拥有的独特的形式美。莎士比亚戏剧语言总体来讲是戏剧诗，有着诗歌的共性美——文辞美、凝练美和形式美。本文简要论述莎剧语言的音韵美。
>
> **关键词**：音韵；节奏；莎士比亚戏剧

1　英语诗歌的音韵

诗歌具有其他文学体裁所不具备或不完全具备的韵律和格律形式。在形式上，诗歌韵律和谐，节奏鲜明，具有音乐美，适于歌唱吟咏。音乐美是诗歌与其他体裁的文学形式相比所拥有的独特的形式美。莎士比亚戏剧语言总体来讲是戏剧诗，有着诗歌的共性美，即诗歌音乐美。诗人营造诗歌音乐美的一种重要手段就是词汇的选择，即所选择的词汇在语音方面有很多共

[①] 全凤霞，北京工商大学外国语学院副教授，主要研究方向为英美文学，主攻莎士比亚戏剧。

同点，或以同样的语音开头，或以同样的语音结束，从而形成押韵。所谓押韵，就是同样的语音在同一行或邻近诗行的重复出现。语音的重复可以出现在语言的多重层面，如单个的元音、单个的辅音、单词、词组，甚至诗行、诗节，从而形成头韵、元音韵、辅音韵、行内韵、偶韵、连锁韵。多重韵种相互缭绕，不仅创造出音乐效果，还有强调和衔接主题意义的修辞功能。

2　莎剧语言的音韵美

莎士比亚是公认的语言魔术大师，他的语言魔术手法之多令人称奇。他的想象天马行空，万千自然物象尽在他笔触控制范围之内，为他的戏剧情节和戏剧人物所用。莎士比亚的高明之处在于，他既能使用各种高超的技艺和手法构造语言形式，又能写尽人间万种风情。从诗歌音乐美的角度看，莎剧语言往往多种韵式并用，韵味十足。

在莎剧中，有时同一种押韵形式单独使用，有时各种押韵形式交相辉映于同一首诗歌中，错落有致，相互呼应，共同有力烘托同一个主题，从而使音韵形式与内容达到完美结合。多种韵律类型一起使用，极大地丰富了诗歌的韵律格式，增强了诗歌的音乐性，使诗歌更易于诵读。

让我们通过莎士比亚的历史剧《理查二世》的一个片段简要而又深刻地感受莎剧语言的音韵魅力。理查二世的叔父兰开斯特公爵病重垂危，一直忠君爱国的他不忍看到现任国王理查二世的奢靡之风，准备拼尽最后一点力气谏言国王，相信自己"垂死的哀音也许可以惊醒他的聋聩"（My death's sad tale may yet undeaf his ear）：

O,but they say the tongues of dying men

Enforce attention like deep harmony:

Where words are scarce,they are seldom spent in vain,

For they breathe truth that breathe their words in pain.

He that no more must say is listened more

Than they whom youth and ease have taught to gloze.

第三篇　文学、文化、教育、社会类等

More are men's ends marked than their lives before.

The setting sun and music is the close,

As the last taste of sweets is sweetest last,

Writ in remembrance more than things long past.

译文：啊！可是人家说，一个人的临死遗言，就像深沉的音乐一般，有一种自然吸引注意的力量；到了奄奄一息的时候，他的话绝不会白费，因为真理往往是在痛苦呻吟中说出来的。一个从此以后不再说话的人，他的意见总比那些少年浮华之徒的甘言巧辩更能被人听取。正像垂暮的斜阳、曲终的余奏和最后一口啜下的美酒留给人们最温馨的回忆一样，一个人的结局也总比他生前的一切格外受人注目。

　　这是一个典型的多韵叠用的例子，充满了无与伦比的音韵美和节奏美，头韵、元音韵、辅音韵、行内韵、偶韵、连锁韵，韵韵相绕，荡气回肠。在这短短的十行中，第三行的 where words 和 seldom spent，第五行的 more must，第七行的 More、men's、marked，第八行的 setting sun，都相互押头韵；第七行的 men's ends 押元音韵；第六行的 ease、gloze 都有 /z/ 音，押辅音韵；第九行的 last、taste 都有 /s/ 音，押辅音韵；第七行的 more、before 押行内韵；第三行的 vain 和第四行的 pain 相互押偶韵；第五、第六、第七、第八行的结尾词 more、gloze、before、close 构成连锁韵。在这临终的病床前，一遍又一遍的 /s/ 音弥漫在耳际，仿佛让人听到了死神有力的脚步声。最突出的声音应该就是 /s/ 和 /z/ 音，其中 /s/ 音总共出现多达 21 次，/z/ 音总共出现了 9 次；第四行 breathe 多次重复，仿佛让人听到垂死之人艰难的呼吸，last、sweet 等单词在同一行内的重复使用更强化了声音的回旋。就这样，在这短短的十行里，几十次从一而终的 /s/、/z/ 音仿佛让人听到了满堂唏嘘，让人不由产生对生命的长长感叹。其中的第九行是最凄美的一句诗行，"最甜"却是"最后"，甜到极致却也甜到尽头，意蕴着甜尽苦来，醇香但凄美。在这里，音韵与意蕴相互和谐，声音衬托内容，更加渲染了意境，声、形、义达到完美的和谐。老兰开斯特公爵德高望重，阅历深厚，他临终的话语是他

几十年人生感慨的高度凝练，是他一辈子感性和理性交织的人性的最后闪光，他给世人留下的诗一般精彩的哲思将启迪后人的智慧；临终的老公爵就像夏日的残阳，在天边留下了一片火红的余晖。

3　结语

诗歌可以押韵也可以不押韵，押韵也不是越多越好的。情到深处自成韵，莎剧的用韵往往出现在情节高潮或人物情绪高昂的时刻，以强化感情或推进剧情。诗歌的美在于音、形、义的完美结合，刻意追求音韵效果而忽略了其他方面只能让条条框框束缚了手脚，不仅妨碍意思的表达，而且使诗歌变得矫揉造作。

背后的真相——从奈保尔获诺奖谈起

孙小清[1]

> **摘　要**：诺贝尔文学奖在世界文学界中可谓是最具多元文化特性的奖项，移民文学家奈保尔也因其跨文化写作背景获得了2001年诺贝尔文学奖。这次获奖似乎证明了诺奖对文化多元主义的认可，但是深究奈保尔的作品，不难发现作品背后藏着巨大的讽刺：多元文化主义反映了不同种族和文化的不平等，且无法体现文化发展的多样性。
>
> **关键词**：多元文化主义；诺贝尔文学奖；奈保尔

2001年10月11日，瑞典文学院宣布，将本年度诺贝尔文学奖授予移民作家维·苏·奈保尔。作为一个印度契约劳工的后代，他出生在特立尼达的西班牙港，自幼接受英式教育，成年后又留学牛津大学，感受着三种文化（古老的印度文化、西印度群岛的殖民地文化和英国文化）的交织作用[1]。更重要的是，奈保尔的获奖似乎证实了不同民族、不同文化可以实现平等对话、得到多样性发展。这一重要的世界文学事件似乎证实了世界文学理论中极其重要的"多元文化主义"获得了有效践行。

因鼓励"多元文化"，诺贝尔文学奖成为世界文学时代最具代表性的大

---

[1] 孙小清，北京工商大学外国语学院讲师，主要研究方向为跨文化研究。

奖。法国的龚古尔文学奖、英国的布克文学奖、美国的普利策奖、西班牙的塞万提斯奖等都是知名度很高的文学大奖。但是，就"多元文化"奖励这个层面，诺贝尔文学奖是有绝对优势的。尽管英国的布克文学奖、西班牙的塞万提斯奖也有国际性的意味，但前者只面向英语文学界，后者只面向西班牙和拉美作家，唯有诺贝尔文学奖面对世界上的多种文化，具有真正意义上的"多元文化"色彩[2]。首先看一下洲际的跨度：诺奖到2001年时已跨越了欧洲、亚洲、北美洲、大洋洲、非洲、拉丁美洲等几大洲的疆界。再看一下国度的覆盖面：获奖作家来自近30个国家。随着时间的推移，越来越多的具有跨文化特征的作家被诺贝尔文学奖所选择，越到后来，这种趋势就越明显[2]。表面上看，诺奖以"奖"为矛，戳破各民族间的文化屏障，打通各种语言的障碍，把既不属于同一个国家又不属于同一个民族的在不同文化背景、不同文化体系、不同写作方式和不同价值观念下创作的作家及他们的作品带入同一片文学天地，使各民族文学在相互碰撞中交流与沟通。

然而，仔细深究起来，却会发现事实恰恰相反。奈保尔获得诺奖恰恰是对多元文化主义的最大讽刺，两大核心理念都不可能实现，即无论是不同种族和文化之间的平等还是多样性的发展，都难以得到保证。

瑞典文学院给予奈保尔的获奖理由是：奈保尔"作品中具有统一的叙事感和未受世俗侵蚀的洞察力，使我们看到了被扭曲的历史的存在，并激发了我们探寻真实状况的动力"[3]。此外，对其自传体小说《抵达之谜》(1987)的评价是，作者用文字体现了"旧殖民统治文化悄然坍塌和欧洲各邻国消亡的连续画面"；而对游记《信徒的国度》(1981)、《不止信仰》(1998)的评价是，作者提出了"伊斯兰教与其他由占领者引进并占主流的文化有很多共同性"[3]。这些评语透露了一个重要的信息：奈保尔获奖的原因是诺奖对弱势文化的关注、对弱势民族受压迫历史的关注在逐年加强，而他的作品恰好在一定程度上反映了弱势文化（印度本土、伊斯兰原教旨文化）原貌，描述了后殖民社会中这些文化的变异，并评价了它们与强势欧洲文化的冲突、磨合，以及在强势文化冲击下由于精神家园的失去而显现出来的不足、颓废和失重。也就是说，这一获奖是建立在承认世界上的文化并非平等，存在强势文化与弱势文化、先进文化与落后文化之分基础上的。

不仅不同种族、不同文化之间的平等对话难以实现，多元文化主义的另一个核心理念——发展种族和文化多样性在目前的阶段也是不可能的。

多元文化主义所宣称要保护和发展的对象、移民人群所代表的文化并未被移民自身继承和得到重视。奈保尔在诺贝尔文学奖获奖演说《两个世界》中说道："没有人教我们印地语，有的时候会有一个人把字母写出来让我们学，仅此而已。"[4]谈到印度文化重要的组成部分宗教，他说，尽管"外祖母家的房子里充满了宗教气氛，有很多的仪式和诵读，但是，我们再也听不懂那种语言了，没有人给我们解释和翻译。就这样，我们祖传的信仰逐渐衰退，变得神秘，并且与我们的生活毫无联系了"[4]。

与丢失本民族文化传统相对的是对西方文化的无限尊崇。奈保尔在1990年的一次演讲中将英国文明等同于普世的文明。他说，从特立尼达到英格兰意味着从边缘到中心，这旅程是在同一种普世的文明中完成的。他曾这样表达对英国的心仪已久："我从来就没有想到要留在特立尼达。当我在四年级的时候，我……就写下了一句誓言，要在五年后离开特立尼达。我在六年后离开了，但到英国后许多年……我还会被回到了赤道地带的特立尼达的噩梦惊醒。"[5]他初到英国时给家里人写信时也说："英国确实是一个让人感觉很好的国家。"作品《浮生》中，以英国作家毛姆名字命名的威利想尽一切办法希望有朝一日能被宗主国所认可、所接受，哪怕以抹除自身文化种族身份为代价。在伦敦他将自己的印度出身修改得很彻底。"他突然想到他妈妈的叔叔是某个工会领导，为工人权利奋斗的先驱者。他说他妈妈属于次大陆的一个古老的基督教群体，这个群体几乎与基督教一样久远。他仍让他的父亲是婆罗门，让他的爷爷成为朝臣。通过卖弄文字，他重新设计了自己。令他兴奋的是，他开始感觉到一种生存的力量。"[6]而来自牙买加的马库斯到英国的目的是接受外交官的训练，以备国家独立之后飞黄腾达，实现他的两个野心：第一，子女纯白；第二，成为英国女王顾资银行的第一个黑人客户。这岂不可笑,在这个后殖民地的移民看来,民族独立远不如让后代成为高贵的"白种人"来得重要。

到此为止,我们看到,多元文化主义的两个核心理念:保障不同种族和文化平等、保护和发展多样性,都由于前殖民统治的副作用而宣告破产。不过,多元文化主义绝不是像有些学者指出的"是不带有任何实用内容"的。只是,它真正的实用价值不在于"文化",而在于"政治"。

回头看文中多次提到的奈保尔的《浮生》,其英文书名中"half life"显得意味深长。库切说该作品更像"将本名为《一生》的作品一分为二的上半部分"[7]。我们也可以认为书名指的是威利这个多元文化背景的移民来到鼓励发展多元文化的社会却完全不被接受,而且丢失了本民族的文化,被允诺的美好前景只是表面现象、故事的一半,真相永远在背后。其实何止如此,表面上,奈保尔因为多元文化背景和写作赢得了诺贝尔文学奖——这个状似鼓励多元文化平等对话、共同发展的全球性文学奖项。可惜,故事的另一半才是真相,无论是奈保尔的作品还是他的获奖,都不是多元文化主义成功践行的正面典型,相反恰恰是个巨大讽刺。这些事实都说明多元文化主义宣扬的核心理念是不可能实现的,或者更确切地说,"政治统一"而非保障种族和文化的平等及多样性才是多元文化主义制定的真实目的。从这一点上讲,多元文化主义本身也是一个"half-told story",真相深深地掩藏在其背后。

参考文献

[1] 王晓路,肖庆华,潘纯琳.局外人与局内人:V.S.奈保尔、多丽丝·莱辛与空间书写——诺贝尔文学奖与文学研究三人谈[J].西南民族大学学报(人文社科版),2008(1):152-158.

[2] 肖淑芬.跨文化语境下的诺贝尔文学奖[J].当代外国文学,2006(3):154-158.

[3] 张喜洋.奈保尔、诺贝尔文学奖与"文学本土性"[J].湛江师范学院学报,

2002（5）：52-54.

［4］孙妮.V.S.奈保尔小说研究［M］.合肥：安徽人民出版社，2007：80.

［5］奈保尔.奈保尔核心文集：奈保尔家书［M］.北塔，常文祺，译.杭州：浙江文艺出版社，2006：58.

［6］奈保尔.浮生［M］.孟祥森，译.上海：上海译文出版社，2010：58.

［7］聂薇.沿袭与超越：评奈保尔的小说《半生》［J］.当代外国文学，2007（4）：109-114.

人工智能技术应用于英汉同声传译的前景分析

王致虹[①]

摘　要：以 GPT-4 为代表的生成式人工智能技术显著提高了机器翻译的准确性，增强了机器翻译的可用性，然而目前人工智能技术在翻译领域的应用场景仍主要集中于笔译而非口译。本文将结合笔者的会议同传实践经验，讨论人工智能技术应用于英汉双向同声传译所面临的障碍，并提出相应建议。

关键词：英汉同声传译；生成式人工智能；机器翻译

机器同传在中国大陆口译市场存在已有多年，自 2016 年科大讯飞推出机器同传业务以来，机器同传正式在国内实现了商业化落地。科大讯飞官方网站公布的数据显示，迄今为止，科大讯飞机器同传已为超过一万场国际会议提供了同声传译服务，服务人群超 3 亿人次，识别准确率高达 97.5%。在科大讯飞之后，百度、搜狗、腾讯等诸多科技公司都陆续进入这一赛道，相继推出了各自的机器同传产品和服务。

[①] 王致虹，北京工商大学外国语学院讲师，主要研究方向为口译理论研究。

然而，多年以来，在英汉双向同传领域，机器同传的表现一直不尽如人意，主要表现为以下几个方面。

第一，只有当原语规范的时候，机器同传才能实现较高的同传准确率。这里所述"原语规范"指的是原语逻辑合理且清晰、语法结构规范无误、用词搭配属高频搭配、发音标准无明显口音、无明显副语言等。只有当原语规范时，机器同传才能比较准确地识别原语，然后将识别出的原语翻译成目的语，从而实现较高的同传准确率。

第二，文字展示的速度不稳定、不连贯。现有的机器同传系统均以文字形式来展示所识别的原语和所译出的目的语。然而，在实际应用中，一旦出现所输入的原语不甚规范的情况，机器同传的文字展示就会忽快忽慢、断断续续，甚至会在已展示的段落里插入大量新的增补文字，给观众阅读文字展示带来极大不便。

第三，尚不能实现以声音来展示目的语。

第四，在将已识别出的原语翻译成目的语时，常出现不地道乃至错误的目的语表达。

上述四大问题的存在导致机器同声传译在包括中国大陆在内的口译市场中并未得到广泛应用，机器同传仍属小众。实际上，绝大多数国际会议组织方仍聘用人工译员提供同声传译服务，而非使用机器同传。即便在使用了机器同传的国际会议上，机器同传也只起到辅助作用，组织方仍聘用人工译员，观众也大多依赖人工同传。甚至在有的国际会议中，机器同传识别的并非讲者的原语（例如往往不规范的中文表达），而是人工译员输出的目的语（大多规范），并将其转换为文字展示在大屏幕上。

2023年初，OpenAI公司正式推出GPT-4这一基于海量数据的生成式人工智能技术。我们欣喜地看到，GPT-4在机器笔译领域的表现相较已有的机器翻译软件（如谷歌翻译）已经有了较大进步。那么，在机器同传领域，以GPT-4为代表的人工智能技术能否解决前述机器同传的四大问题呢？由于篇幅限制，这里笔者将只重点讨论第一个问题，也是最核心的问题。

当原语不规范时，以汉语为例，由于汉语相较英语具有"意合"特点，因而常出现逻辑混乱、语法错乱、搭配错误的原语表达。生成式人工智能技术的基本逻辑是基于海量数据和算法进行训练，从而预测出针对输入内容的最高频匹配结果[1]。可以想见，将其应用于翻译领域，越是规范的语言体系，所需要的数据和训练的量就越少，所预测的最高频匹配结果的正确概率也就越高。前面提到，汉语相较于英语具有"意合"特点，即汉语并不严格依赖字面实体来传递意思，在很多情况下，即便字面表述不完整、不严谨乃至有一定错误，汉语仍可"意会"。而英语却恰恰相反，较严格地依赖字面表达来传递意思，因此英语讲话者的表达大多逻辑合理且清晰、语法严谨、用词搭配规范。因此，如果想将生成式人工智能技术较好地应用于汉语和英语之间的同声传译，所需的数据和训练将远远超出规范语言体系之间的机器同声传译。归根到底，人工智能的"思考"模式与人脑的思考模式有本质区别，如果人工智能技术无法跳出"量"的牢笼，那么想实现高质量的中英机器同传恐怕仍需较多时日。

不过，想在中英同声传译领域实现中等质量的机器同传，难度就小得多了。而当前中英口译市场，能够达到中等同传质量的译员恐怕尚不在多数。

人工智能不是人的敌人，而是人的有力工具和助手。笔者认为，译员应一方面不断强化自身专业实力，另一方面要与时俱进，充分了解人工智能技术并在工作中积极运用先进的人工智能技术，这样才能有效提升翻译质量，促进全行业总体向好发展。

参考文献

[1] BUBECK S, CHANDRASEKARAN V, ELDAN R, et al. Sparks of artificial general intelligence: early experiments with gpt-4[EB/OL].（2023-04-12）[2023-04-14]. https://doi.org/10.48550/arXiv.2303.12712.

未完结的旧梦：论《$10^1/_2$ 章世界史》中的叙梦文本

赵嘉竑[①]

> **摘 要**：朱利安·巴恩斯的小说《$10^1/_2$ 章世界史》中包含的两个叙梦文本对西方传统宗教梦幻文学进行了改编挪用。作者通过特殊的叙事处理，打破了过去叙梦文本的梦/醒框架，进而动摇了梦传递意义和启示的文学程式，使意义与真实被悬置。
>
> **关键词**：叙梦；《$10^1/_2$ 章世界史》；梦/醒框架；意义悬置

在中外文学作品中，叙梦是一个普遍的现象。许多早期的叙梦文本大致依照"入梦—梦—梦醒"的程式，比如在寓言故事、西方的梦幻文学中，梦总要醒来，以便梦者将梦所蕴含的寓意或深意向世人道出。可以说，在较为传统的叙梦文本中，醒为梦提供叙述的边界、事件的解决，并且是梦完成其自身价值或显现意义的条件，所以在这些文本中，梦和醒的界分是较为清晰的。但是，正如庄子梦蝶的故事所告诉我们的，我们对梦和醒的感知区别其实并不那么有把握——在梦中，我们无疑将梦境当作现实

[①] 赵嘉竑，北京工商大学外国语学院讲师，主要研究方向为英美文学、比较文学、文学理论。

来体验。许多当代的叙梦文本尽管都明显地指涉、移用了过去的叙梦经典或传统，但在另一方面，它们都通过特殊的叙事处理模糊了原本梦和醒的界分。

本文以英国作家朱利安·巴恩斯的小说《$10\frac{1}{2}$章世界史》中的两个叙梦章节为例，对当代叙梦进行探讨与分析。这两个叙梦文本虽倚重过去的文化、文学经典，但体现出了叙事上的先锋性质，反映出作者对梦的认知与思考，展示了当代叙梦文学的一些新走向：当代的叙梦作品有意识地"呼应"自身文化的叙梦传统，又对模式化的叙梦形式进行突破，通过对梦/醒的消解，而将传统叙梦所要传达的"意涵"悬置。

《$10\frac{1}{2}$章世界史》是一部后现代特色鲜明的作品，每一章都讲述一个独立的故事，章节之间没有明显的联系，这些虚构故事被冠以"历史"之名，其中第四章《幸存者》和最后一章《梦》都包含大量的叙梦情节。《幸存者》讲述女主人公凯斯驾小艇流落荒岛的故事，其情节让人联想起笛福的小说《鲁滨孙漂流记》。《鲁滨孙漂流记》中记叙了比较详细的两个梦：一是鲁滨孙在疟疾发作时做的噩梦，这个梦使他开始转向对上帝的虔信；另一个梦出现在解救星期五之前，被鲁滨孙理解为上帝旨意的神秘传达，是一个预言梦。而《幸存者》中的梦表面上看具有现代病理学的特点，但对"诱惑""上帝"的提及又使这个梦带有对超自然梦境戏仿的色彩。而最后一章《梦》对《圣经》中的叙梦以及中世纪梦幻文学的指涉则更加明显。它对《启示录》中的天堂图景进行了改写，原本的灵性天堂被完全世俗化，梦不再传递超自然力量的意志，而纯粹是欲望的满足，甚至这种超自然力量也成了欲望的对象。《梦》中取消了"审判"的重要性，这一审判一方面可理解为宗教意义上的最后审判——不论好人坏人都上了天堂；也可理解为弗洛伊德意义上的梦的审查机制——欲望得以直接满足，而不是以迂曲的方式。

斯戴茨（States）在对梦和故事进行比较研究时，认为"梦是一切虚构的原始形式"（ur-form）[1]，梦将我们大脑中共时存在的记忆再创造为历时的形式[1]。如果将过去的经典作品视为我们累积起来的文学记忆，那么《幸存者》《梦》对梦幻文学传统等的戏仿就如同梦基于记忆的再创造。于是,巴恩斯故意在梦境中提及虚构的问题也就颇耐人寻味了。在《幸存者》的最后,有两句看似点明这一章节意义的话,即:"我们一定要看事物的真相;我们不能再依靠虚构。这是我们唯一的生存之道。"但反讽的是,直到最后读者也无法决断,故事中哪部分是真相,哪部分是虚构。柯勒律治所谓读者在阅读时的"自愿终止怀疑"(willing suspension of disbelief)其实与梦的状态有许多相似之处。在阅读《幸存者》时,读者既可以相信两个不同叙事视角的共同说法,即荒岛生活为现实,医院治疗为梦境;又可以结合前半部分主人公的遭遇,通过逻辑推理,而赞同医院治疗为现实、荒岛生活为主人公之虚构的说法。原文借梦中男子之口对"虚构"这一术语进行了解释,即"编造一个故事来掩盖不知道或无法接受的事实""保留一些事实,围绕它们编造一个新的故事"[2],这其实和梦的机制有许多共同之处,于是对真实地位的争夺暗示了梦和虚构的相似性。《梦》一章开始于"我梦见我醒了。这是最古老的梦了,而我刚刚做了这个梦",也结束于这句话,如此,原本被读者认为是清醒现实的部分在结尾处变成了一个梦见自己醒来的梦,并且这结尾的醒来也与开头的醒来一样可疑,主人公"我"可能在最后真正醒来,但更可能的是,他将一次次经历对天堂的厌倦而选择死亡,而后又复苏醒于同样的天堂迷梦中。在《梦》中,梦和醒、生与死变得无差别,这和《幸存者》模糊梦和醒、虚构与真实、因果关系与普遍联系,以及整部《10$\frac{1}{2}$章世界史》中不断消解洁净/不洁净、神圣/亵渎、正常/反常、宗教/科学等二元对立概念的做法是一致的。巴恩斯通过《梦》表达了20世纪的西方千年末(fin-de-millenium)情结,是一种面对意义动摇、不确定性的焦虑。

《一千零一夜》表明故事拥有对抗死亡的能力。而在布朗肖看来,没有形象的睡眠即纯粹睡眠就是死亡,因为梦的存在,睡眠中才蕴藏着纯粹睡眠或者说死亡的不可能性。而对斯戴茨而言,梦和醒提供的都是一种生活的条件,人在其中体验存在。梦和虚构最终都令人们以新的方式获取旧的经验,经历将可能以不同方式发生的事件。巴恩斯通过虚构使读者以全新的方式从旧梦中发现新的意涵或意涵的缺失。

参考文献

［1］STATES B. Dreaming and storytelling［M］. New York: Cornell University Press, 2011: 3, 40.
［2］巴恩斯. $10^1/_2$ 章世界史［M］. 林本椿, 宋东升, 译. 南京: 译林出版社, 2015: 109.

浅析中国、阿根廷茶文化中蕴含的民族共性

杨柠缦[①] 朱婕[②] 张馨予[③]

> **摘　要**：2022年是我国与阿根廷建交50周年。建交以来，两国关系顺利发展，并在贸易等诸多领域合作日益深化。与此同时，两国在茶文化的合作与发展方面存在巨大潜力。本文将中国茶文化和阿根廷马黛茶文化中所蕴含的文化现象与内涵进行对比分析，以揭示两国茶文化中所蕴含的民族共性对增强两国人民对彼此茶文化认同感、促进两国茶文化交流与合作的重要意义。
>
> **关键词**：茶文化；马黛茶；民族共性

1　引言

中国作为最早开始种茶、制茶和饮茶的国家，是茶文化的摇篮。中国茶在我国乃至全世界的发展历史中占据着极其重要的地位。而在阿根廷，也有一种茶饮被阿根廷人民视为"天赐神茶"，并享有"国饮"美誉。这种茶名叫马黛茶，原产于南美洲的拉普拉塔河流域，一直深受阿根廷国民喜爱。中

[①] 杨柠缦，北京工商大学外国语学院西班牙语专业2020级本科生。
[②] 朱婕，北京工商大学外国语学院讲师，主要研究方向为西班牙语翻译。
[③] 张馨予，北京工商大学外国语学院讲师，主要研究方向为对外西班牙语教学。

国和阿根廷都拥有历史悠久的茶文化，这是探析两国民族共性的基础。

2　中、阿茶文化所展现的民族共性

2.1　茶中的"苦"味

中国有句老话曾说，"不苦不涩，不是茶"，苦茶中总能品出回味甘甜。而与绿茶和红茶相比，马黛茶的口感则苦了许多[1]。随着时间流逝，中、阿人民的饮茶理念早已从味蕾上升到精神层面。中国茶和马黛茶中所蕴含的"苦"正是人生失意时刻的倒影，人们独自坐下或与家人围坐，慢饮一口热茶，便有了"人生如茶，苦尽甘来"的感叹，这进一步体现出中、阿两国人民看待生活的积极心态以及丰沛达观的民族性格。

2.2　深入两国人民的日常生活

对于中、阿两国人民来说，喝茶不仅是一种生活习惯，也是文化和社会习俗的体现。首先，茶文化影响人们的语言表达，产生了许多与茶有关的俗语和谚语，例如中国老百姓的开门七件事"柴米油盐酱醋茶"和俗语"宁可一日无食，不可一日无茶"等。阿根廷也有类似谚语，比如"No se viva sin yerba"（居不可无茶）和"Los secretos de mate"（茶杯的秘密）等[2]。其次，人际交往中往往以茶会友。中国是礼仪之邦，通过沏茶、赏茶、品茶等一系列步骤来展现优秀的茶道礼仪；而在阿根廷，饮茶时人们大多围坐一圈，在主人喝下冲泡的第一口茶后，客人按顺时针或逆时针方向传递茶壶分享茶水[3]。虽然两国饮茶习俗不同，但饮茶内涵是基本一致的，都体现了两国人民热情好客、善于沟通和交流的民族共性。最后，饮茶是健康养生之道[3]。中国茶和马黛茶都富含对人体有益的营养成分，具有提神醒脑、消除疲劳等功效，因此，中、阿人民都通过饮茶以达到修身养性的目的。

2.3　中、阿文学作品中通过茶展现的民族性

中国茶和马黛茶是各自文化的载体，其民族性在文学作品中也得到充分展现。唐代诗人元稹的宝塔茶诗《一字至七字诗·茶》，其内容从茶叶形态

到饮茶之时，无不体现作者对茶的赞美与喜爱之情；而老舍先生的《茶馆》中展现的是北京特色茶文化，用茶馆的没落隐喻时代的更迭与衰亡。中国文学作品中所展现的茶文化更像一面镜子，映射出中华民族历经千年所沉淀出的文化精髓。不少阿根廷文学作品中都出现了马黛茶的身影，例如：阿根廷作家埃尔南德斯的《马丁·菲耶罗》结合马黛茶来刻画高乔民族的日常生活和风俗习惯；科塔萨尔的小说《跳房子》对马黛茶进行细致描写，体现出作者对马黛茶热切深挚的情怀。随着时间的推移，马黛茶逐渐成为阿根廷民族的精神寄托。

3　结语

虽然中、阿两国茶文化不存在亲缘关系和历史渊源，在制茶、奉茶和茶道礼仪方面也不存在相似性，但两国人民在以茶会友、以茶养生等方面呈现出民族共性。因此，中、阿茶文化在两国社会生活中所展现的共性部分有助于增进两国人民的民族情感共鸣，深化对中国茶和马黛茶的茶文化认同感，从而进一步促进两国在政治、经济和文化方面的交流与合作。

参考文献

[1] 傅军.阿根廷马黛茶［J］.上海茶业，2013（1）：37.

[2] 马慧琳.马黛茶文化习俗与传播研究［D］.青岛：青岛大学，2018.

[3] 陈智平，张姣姣.中阿茶文化的异同分析及其对西班牙语国家概况课程教学的启示［J］.福建茶叶，2021，43（4）：118–119.

涩泽荣一和日本的商业教育

侯丽颖[1]

> **摘　要**：涩泽荣一是日本商业教育的启蒙者。在日本没有商业教育的时代，涩泽荣一创办商业学校，为日本资本主义发展培养商业人才，促进了日本商业教育的发展。此外，他经营创办企业，在发展福祉事业、医疗等方面成绩卓著，为日本近代化的建设做出了重要贡献，是日本资本主义社会发展道路的奠基者。
>
> **关键词**：涩泽荣一；商业教育；学校

在德川幕府统治日本的近300年的时间里，商业教育一片空白。江户时期，商人社会地位极其低下。明治维新后，明治政府提出"殖产兴业""富国强兵"，兴起了学习西方思想、引进西方技术的社会潮流。深受西方近代思想洗礼的涩泽荣一意识到商业的重要性，他认为商业决定着一个国家的贫富，商业教育是决定商业兴衰的原动力。涩泽荣一是日本商业教育的先驱。

---

[1] 侯丽颖，北京工商大学外国语学院讲师，主要研究方向为日本语教育、日本文化。

1 传播商业教育

日本通过明治维新进入了近代化,但是人们思想领域的轻商意识并没有"现代化",贬低商业的行为一直存在,商业教育更无从谈起。涩泽荣一为了扭转世人固有的轻商贱商观念,只要有演讲机会,就会大力宣扬商业教育的重要性。1910年,在横滨商业学校的讲话中,他以美国学校为例,重申工商业者要接受秩序的教育,不可懈怠学问和常识的融合以及精神修养等问题。1918年,涩泽荣一在名古屋商业学校讲述了商业教育的必要性和培养高尚人格的必要性。活跃在明治、大正时期的评论家山路爱山在自述《现代富豪论》中评价道:涩泽荣一提倡合资事业的利益,援助他人的商业活动,为社会的景气不惜余力,立足政府和民众之间,为培养将来的商人尽心竭力,为设立学校呕心沥血。

2 创办商业学校

涩泽荣一冲破传统社会的思想束缚,倾注心血发展日本的商业教育,致力于培养经营管理、会计等方面的商业人才。1875年,涩泽荣一与美国公使森有礼的理念产生了强烈共鸣,在其提议下发起创建"东京商法讲习所",旨在培养国际通用经济型人才。涩泽荣一不仅参与商业学院的建设,还在财政和运营上给予大力支援。当时社会的流行观念认为,从商之道不是从学校的讲坛上学来的,而应通过实地见习来获得[1]。涩泽荣一不顾社会偏见,奔走于政府部门,终于在1884年使濒临倒闭的"东京商业学校"得以延续,成为东京商法讲习所,这是农商务省管辖的官立学校。东京商法讲习所的创立彻底颠覆了商业从业人员的教育观,开创了商业教育的先河,成为商业学校的先驱。1885年,东京商法讲习所转由文部省(现文部科学省)管辖,涩泽荣一被委任为校务协商委员。1889年,东京商法讲习所改名为高等商业学校,1902年改称东京高等商业学校,1920年,经过涩泽荣一与政界人士的斡旋,东京高等商业学校与东京外国语学校以及附属高等商业学校合并,升格为东京商科大学。可以说，没有涩泽荣一的努力与坚持，就没有东京商科大学。1945年，东京商科大学更名为一桥大学并延续至今。《一桥50年史》记载了东京商法讲习所从1875年创建到1920年升格为东京商科大学的"血泪故事"：学校在这期间面临多次废校、更换主管、学生全部退学等困难，在窘境中奋勇登场、扭转危局的就是涩泽荣一。在近半个世纪的时间里，涩泽荣一始终坚持"为公"，坚持不懈地支援学校建设，不为名誉地位和利益所累。

为了不断培养更多的商业人才，涩泽荣一亲赴各地参加商业补习学校的开学典礼和毕业典礼，每次演讲都大力宣传商业教育理念，给予学生莫大的鼓舞。

3 重视女性商业教育

涩泽荣一还重视培养女性商业人才。日本在1872年颁布了"学制"，推行男女平等接受教育，但当时社会上对女子教育必要性的认识尚薄弱。涩泽荣一认为，若想在日本构建与欧美同等水平的社会，女性教育是不可缺少的。1897年，涩泽荣一发起创建了日本女子大学，并向日本女子高等商业学校和第一女子商业学院等学校进行捐赠。

深受儒家思想影响的涩泽荣一对女性教育具有独特理解。他在《论语与算盘》里写道：作为国民，必须给予女性和男性同样的才能、智慧和道德，并提供帮助。他认为女子教育的要素是由妇德、知识和经济观念构成的。

涩泽荣一被誉为日本的"资本主义之父"，他为日本近代发展做出了不可磨灭的贡献，为日本近代商业教育书写了浓墨重彩的一笔。

参考文献

[1] 浅田毅衛. 明治时期的商业教育史回顾[J]. 明治大学史纪要, 1985 (5).